日本語&英語
の音声で学ぶ
書き込み式!

5文型から関係副詞まで

新装版

Mr. Evineの

中学英文法 +αで

話せる ドリル

まず、はじめに

皆さん、こんにちは。Evine（エヴィン）です。
本書を手にしていただきありがとうございます。

「覚えた英文法の知識を実際の会話で使えない！」
「覚えた動詞が自分で使えない！」
「今の勉強を続けても会話ができるようになる気がしない！」

これらの悩みは「動詞の使い方」と「覚えた文法（形）のニュアンス」を意識することで解決します。例えば、皆さんは get という動詞をご存じだと思いますが、「着く」「…を手に入れる」という用法以外で、とっさに使えるでしょうか？

get は SV、SVC、SVO、SVOO、SVOC 文型すべてのパターンで用いることが可能で、日常英会話でもかなり重宝するマルチな動詞です。しかし、いざ自分で使うとなるとほんの 1、2 パターンでしか使えない人が多いようです。さらに実際のコミュニケーションの場では、文型パターンだけでなく時制や話し手の気持ちによって様々な英文法を駆使しなければならず、想像以上にスピーキング習得への道のりは遠く険しいものになっています。英文法を学んだのに会話でどう使っていいのか分からない状態、これをなんとかしましょう！

本書の最大の特徴として、**5 文型を柱とした表現を 12 のパターンに分け、それぞれのパターンに合った動詞の使い方（語法）を学ぶと同時に、日常英会話のコア（核）である中学英文法のより的確な使い方**はもちろん、表現力を豊かにするための**厳選した発展レベルの英文法**を学びます。また類似表現のニュアンスの違いなど誤解が生じやすいものについては適宜注釈を入れ、すべての Unit を通して、スピーキングのために習得すべきスキルを懇切丁寧に解説しています。こうした Input Stage の次に Output Stage を設け、**学んだ知識を豊富な演習問題と音声を利用したスピーキング英作文により発信レベルまで引き上げる**ことができるように構成しています。

「とにかく話せるようになりたい！」という皆さんの夢を実現していただくために気合いを入れて本書を完成させました。本書とのご縁を信じ最後まで読破し、ボロボロになるまで使い込んでください。そして、**本書で学んだスキルを実際のコミュニケーションの場でどうか「勇気」と「自信」を持って積極的に披露してください。**報われない努力はありません。皆さんのご健闘を心よりお祈りいたします。

末筆になりましたが本書を含むこれまでの Evine シリーズ刊行に際しご尽力くださいました担当 Y.M. さん、J.I. さん、U.M. さん、（株）アルク編集部スタッフの皆さま、そして刊行に関わるすべての関係者の皆さまに改めて感謝申し上げます。そして、いつも陰ながら執筆を支えてくれている僕の家族にも感謝します。

Good luck to you all!
Evine

Contents

Section 1

Evineの中学英文法
復習レッスン

Section 2

「話せる」ための
語法＋英文法の感覚

この本の構成と進め方

この本には 3 つの Section があります。Section 1 では中学英文法を復習し、メイン部分である Section 2 で「語法」と「英文法の感覚（ニュアンス）」を学びます。そして、Section 3 では、Section 2 で学んだことを総復習します。

Section 1　Evineの中学英文法復習レッスン

ここでは、中学英文法のおさらいをします。まずは中学 1 〜 3 年の学習項目について、それぞれ復習するための演習問題を解き、その後に中学英文法総まとめテストを行います。
総まとめテストを解き終えたら、別冊で答え合わせをしましょう。その後、自己評価チェックを確認し、Grade B 以上の人は Section 2 に進んでください。残念ながら目標 Grade B の点数に到達しなかった人は、間違えた個所をもう一度復習し、再度テストを受けましょう！

Section 2　「話せる」ための語法＋英文法の感覚

全 12 Unit から構成されていて、それぞれの Unit で「語法」と「英文法の感覚」を学び、その後、演習問題を行う流れになっています。
中学 3 年間で学ぶ必須英文法に加え、＋αとして高校基礎レベルの内容も含まれています。
1 日 1 Unit が一応の目安ですが、自分の学習ペースに合わせて無理のない範囲で進めてください。

Input Stage 1　語法ー動詞力を高める！

ここでは、5 文型を基本としてそれぞれの文型でよく使われる主要動詞の語法を学んでいきます。
この Stage での学習を通して、「動詞力」を高めていきましょう！

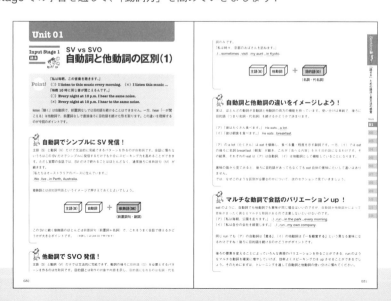

〔 Warm-Up 1 〕
Input Stage 1 で学んだことを復習するページです。

問題 　　　　　　　　　　　　　　解答&解説　解答部分が色文字になっています

Input Stage 2 　英文法の感覚－自分の気持ちを表せるようになる!

ここでは、中学３年間で学ぶ必須英文法＋αを使って伝えられる、英語のニュアンスを学んで
いきます。
自分の伝えたい気持ちを的確な文法を使って話せるようになるために、しっかりトレーニングし
ていきましょう!

〔 Warm-Up 2 〕
Input Stage 2 で学んだことを復習するページです。

Output Stage 1

Input Stage 1、2 で学んだ内容を演習する Stage です。並べ替え、穴埋めなどバラエティー豊かな演習問題が収められています。

問題を解き終えたら、別冊の Answer Key（解答集）で答え合わせをしましょう。ここでは、問題の解説に加え、関連する重要事項についても触れていますので、全ての解答に目を通すようにしてください。また、必要に応じて文型も明確にしていますので、ぜひ学習に役立ててください。

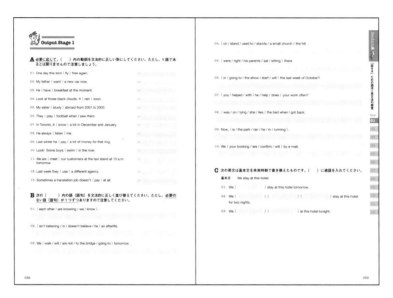

Output Stage 2

Input Stage 1、2 で学んだ内容を演習する Stage です。ここでは、日本語を英語にする演習を行います。

Output Stage 2 で問われる英文は、Output Stage 1 で出てきたものですが、いざ日本語のみを目の前にしてみると瞬時に英語にするのは難しいものです。伝えたい内容をすぐに話すことができるようになるために、Output Stage 2 の演習を何度も行いましょう。

音声のトラック番号

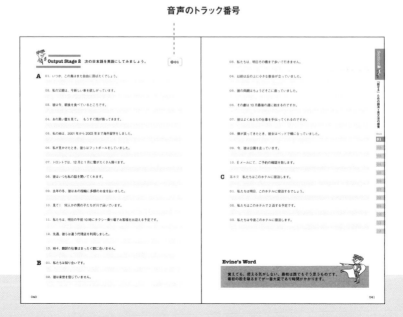

Shuffle Stage

Section 2 の Unit 01 ～ 06 と Unit 07 ～ 12 それぞれの後で、学んだ項目がシャッフルされた
演習問題を行う Stage になります。

Communication Stage

Section 2 の Unit 01 ～ 06 と Unit 07 ～ 12 それぞれの後で行う、会話形式の演習問題です。
音声に収録されている二人の会話を聞き、Dictation に挑戦しましょう。学んだ単語、英文法を
総動員して、Speaking & Dictation にチャレンジしてみましょう!

Section 3 　全Unit修了テスト

Section 2 で学んだ全 12 Unit の修了テストが設けられています。学んできた「語法」と「英文
法の感覚」が身に付いているか、ここで確認しましょう。
習熟度は別冊回答(p. 67)にある、「自己評価チェック」を参考にしてください。

付録

あればうれしい文型別動詞リスト

本書で収録されたすべての動詞と、会話においてよく使う必須動詞を文型別にリスト化しました。
動詞がそのほかの文型をとる場合は、その文型とその文型の場合の意味を掲載しています。独
学にぜひ役立ててください!

「話せる」ための日・英対応リスト

本書で学習した Output Stage 1、2 の問題に出てきたセンテンスを基に、左に日本文、右に英
文という対応方式のリストを収録しました。
切り取って、持ち運びながら利用することもできます。
音声【日本文→ポーズ→英文】と併用したり、リストのみで学習したりして、「話せる」ための
トレーニングに役立てましょう!

♪ **音声のダウンロードについて (無料)**

本書では、音声マーク ▶ の箇所で学習のための音声をお聞きいただけます。音声はパソコンまたはスマートフォンで、無
料でダウンロードできます。

●パソコンで　https://portal-dlc.alc.co.jp
上記のURLで「アルク・ダウンロードセンター」にアクセ
スの上、商品コード(7024071)で検索し、画面の指示に
従って音声ファイルをダウンロードしてください。

●スマートフォンで
右のQRコードから学習用アプリ「booco」を
インストールの上、ホーム画面下の「さがす」
から、商品コード(7024071)で検索し、音声
ファイルをダウンロードしてください。
詳しくはこちら
https://booco.page.link/4zHd

Pre-Section 英語の素

本書全編にわたって出てくる主な必須知識を簡単に整理整頓しておきましょう。

主な品詞の働き

■名詞（可算名詞と不可算名詞）

人や物事の名前や総称を示す名詞は数えられる名詞（可算名詞）と数えられない名詞（不可算名詞）に分かれます。可算名詞は**単数形**（原形のまま）と**複数形**（s の付く変化）の区別が必要ですが不可算名詞は常に原形のままです。

この不可算名詞という概念は日本人にとって理解しにくいものですが、基本イメージとして「**パッと具体的に絵にしづらいもの！**」が不可算名詞と覚えましょう。例えば、いざ「情報」を絵にしてください、と言われても困りますよね？　一方、可算名詞は比較的、絵にしやすいものが多いです。まずはこのポイントを、可算・不可算の概念に慣れるまでの予備知識としてください。

可算名詞	book（本）、dog（犬）、apple（リンゴ）、friend（友人）など
不可算名詞	milk（ミルク）、water（水）、information（情報）、damage（損害）など

■動詞（be動詞と一般動詞）

主語の状態や具体的な動作を示す be 動詞と一般動詞は大きく自動詞と他動詞に分かれ、英文の構造（文型）を決める重要な役目を果たします。**主語や時制などに合わせて形が変化**しますので、注意しなければなりません。本書ではこの動詞の使い方を中心に様々な発信方法を身に付けます。

be 動詞	am、is、are、was、were
一般動詞	play（遊ぶ）、study（勉強する）、read（読む）、jump（跳ぶ）など

■形容詞

形容詞は、基本的に**名詞の前**で用いて、その名詞の「**性質・状態・数量**」などを示す修飾語です。また修飾語の機能とは別に英文の主要素となる補語としても働きます。

easy（簡単な）、cute（可愛い）、tall（背が高い）、small（小さな）など

■副詞

副詞は名詞以外の色々なものを修飾し「**場所・時・頻度・程度・状態**」などを示す修飾語です。形容詞とは違い、修飾語としてのみ働く、修飾のプロフェッショナルです。

here（ここ）、then（その時）、sometimes（時々）、very（とても）など

※品詞による変化例　名詞：happiness（幸せ、幸運）、形容詞：happy（幸せな）、副詞：happily（幸せに）

■前置詞句（形容詞句と副詞句）

「前置詞＋名詞」のカタマリで１つのフレーズを作る前置詞句は、**形容詞**または**副詞**の働きをします。名詞を修飾していれば形容詞句、名詞以外を修飾していれば副詞句です。

The glaciers are melting 動詞を修飾する副詞句 in the Himalayas.
（ヒマラヤ山脈で氷河が溶けています）
The children 名詞を修飾する形容詞句 in the park are waving their hands.
（公園にいる子供たちが手を振っています）

■冠詞（不定冠詞と定冠詞）

冠詞は「1つの」「ある〜」という意味の不定冠詞 a/an、「その〜」という意味の定冠詞 the に大きく分かれます。働きとしては形容詞に近いため、名詞の直前あるいは名詞句（副詞＋形容詞＋名詞）の頭に置かれます。不定冠詞 a/an は相手に「新情報」であるイメージを与え、定冠詞 the はお互いに周知の事実、つまり「旧情報」であるイメージを与えるというのが基本ポイントです。慣用的に付ける場合と付けない場合とがあるので、多くの英文に触れる中で慣れていきましょう。

I bought a very interesting book.（私はあるとても面白い本を買いました）
　※不定冠詞は可算名詞の単数形のみに用いられます。
The book was interesting.（その本は面白かったです）

代名詞（人称代名詞）の活用表

数	人称	意味	主格 （〜は、が）	所有格 （〜の）	目的格 （〜に、を）	所有代名詞 （〜のもの）
単数	1人称	私	I	my	me	mine
	2人称	あなた	you	your	you	yours
	3人称	彼	he	his	him	his
		彼女	she	her	her	hers
		それ	it	its	it	
複数	1人称	私たち	we	our	us	ours
	2人称	あなたたち	you	your	you	yours
	3人称	彼ら・彼女ら それら	they	their	them	theirs

※所有代名詞は「所有格＋名詞」を1語で言い換えたものです。

My camera is good.（私のカメラは優れています）＝ Mine is good.（私のは優れています）

［本書の記号・略号］

S	主語（＝名詞）		Vpp	動詞の過去分詞形（eaten、seen など）
V	動詞（＝自動詞、他動詞）		Ving	動詞の現在分詞形（ing 形）、動名詞
O	目的語（＝名詞）		to Vg	不定詞（＝ to ＋動詞の原形）
C	補語（＝名詞、形容詞）		（ ）	省略可能
M	修飾語（句・節）（＝形容詞、副詞など）		［ ］	言い換え可能
Vg	動詞の原形（eat、see など）		S' V' C' O' M'	要素記号の（'）は節の中にある 要素を意味する
Ved	動詞の過去形（ate、saw など）			

Evineの中学英文法
復習レッスン

このSectionでは、まず中学英
文法のおさらいをします。
中1～中3、それぞれの演習問題
の後に、中学英文法の総まとめテ
ストが設けられています。
あやふやな知識はこのSection
の演習でしっかり定着させましょ
う！

中1レベル

A 日本語に合うように、次の（　　）内の動詞を適切な形で言い換えましょう。

01. 私の娘は今、長イスで寝ています。
My daughter（ sleep ）on the couch now.

02. 私たちは昨夜、一生懸命に勉強しました。
We（ study ）hard last night.

03. ヒロミは素晴らしいパスタを料理します。
Hiromi（ cook ）an excellent pasta.

04. リョウは 3 日前に私に電話をくれました。
Ryo（ call ）me three days ago.

05. あなたの妹たちはとても可愛いです。
Your sisters（ be ）very pretty.

B 次の下線部を代名詞で言い換えましょう。

01. Helen's brother teaches English in Japan.

02. We were looking for Emi yesterday.

03. He has two cats at home. The cats are very friendly.

04. I have a very interesting book. The book is about a young chef.

05. Rieko's husband is gentle.

C 次の（　　）内の指示に従って英文を言い換えましょう。

01. We have some pets at the moment.（否定文に）

02. Junko looked tired after the long flight.（疑問文に）

03. We need a good coach.（下線部を複数形に）

04. They are my classmates.（疑問文に）

05. Do you listen to your mom?（現在進行形に）

D 次の日本語を参考に（　　）に適語を入れて英文を完成させましょう。

01. あなたは何が好きですか。

（　　　　　　　　　）（　　　　　　　　　　　） you like?

02. 彼は本を読みますか。

（　　　　　　　　　　　） he read （　　　　　　　　　）?

03. ［ドア越しに］どちら様ですか。

（　　　　　　　　　　）（　　　　　　　　　　　） it?

04. 彼女のあのパーティーは最高でした。

（　　　　　　　　） party of （　　　　　　　　） was great.

05. ここでフットボールはできません。

You （　　　　　　　　） play football （　　　　　　　　　　）.

06. 彼を怖がらないで。

（　　　　　　　　　）（　　　　　　　　　　） afraid of him.

07. 昨日は弟に会っていません。

I （　　　　　　　　　） see my brother yesterday.

08. これらのイスはとても快適です。

（　　　　　　　　）（　　　　　　　　　）（　　　　　　　　　　） very comfortable.

E 次の（　　）に適切な冠詞 a/an/the を入れて英文を完成させましょう。必要のない場合は×としてください。

01. This is （　　　　　） new dictionary. It's very useful.

02. My （　　　　　） teacher is very nice.

03. My father plays （　　　　　） guitar.

04. I only had （　　　　　） glass of water this morning.

05. Shut （　　　　　） gate, please.

06. （　　　　　） kilometer has 1,000 meters, and （　　　　　） hour has 3,600 seconds.

F 次の日本語を英語にしてみましょう。

01. 私はネコが大好きです。

02. 私は自分のシャツを洗っていました。

03. 彼女たちは私にとても親切でした。

04. あの庭は美しいです。

05. 私の娘はバスで学校に行きます。

Evine's Column

初心者は代名詞 it と one の使い分けを混同しがちです。次の英文の中でどちらが適切なのか考えてみましょう。

Do you have a smartphone? — No, but I'm getting (it / one) for my birthday.

one は「話し手にとって不特定の1つ」を指します。一方、it は「話し手にとって特定の1つ」を指します。この英文では別に特定のある1台を示唆しているわけではありませんので one が正解でした。one は a smartphone を言い換えたものですね。

（スマートフォンを持っていますか。——いえ、でも誕生日に買うんですよ）

Evine's review

中2レベル

A 次の（　）内の語（語句）のうち正しいものを選びましょう。

01. We enjoyed (to stay / staying) with our host family. 　01.

02. She cannot afford to buy it (so / because) she is a student. 　02.
※ cannot afford to Vg「…する余裕がない」

03. There (was / were) lots of things (doing / to do) this morning. 　03.
※ lots = a lot

04. I'm not good at (remember / remembering) birthdays. 　04.

05. (Who / Whose) dirty socks are these? 　05.

B 次の日本語を参考に（　）に適語を入れて英文を完成させましょう。

01. 私たちはもっとうまくやらなければなりません。

We (　　　　　　　　) do better.

02. 僕の友人の1人が、あなたに会いたがっています。

A friend (　　　　　　　　) mine wants to see you.

03. あなたは何時間働くことができますか。

(　　　　　　　) (　　　　　　　　) hours can you work?

04. 私は午後7時までにそこに着きます。

(　　　　　　) be (　　　　　　　) by 7 p.m.

05. あなたはお金を借りる必要はありません。

You (　　　　　　) (　　　　　　　) (　　　　　　　) borrow money.

06. 音楽を作るのは大変な労働です。

(　　　　　　　) music is hard work.

07. 赤ちゃんにとって夜間に目を覚ますのは正常です。

(　　　　　　　) is normal (　　　　　　) babies (　　　　　　　) wake up in
the night.

08. 明日は友人と会う予定です。

I'm (　　　　　　) (　　　　　　　) see my friend tomorrow.

09. どこに行くところですか。

(　　　　　　　) are you (　　　　　　　)?

10. そのクラスは1月から始まります。

The class starts ( ) January.

C ( ) 内の語（語句）を文法的に正しく並び換えましょう。

01. I'll (to use / you / how / show) this computer.

02. (or / like / tea / you / some / would) coffee?

03. (be / back / till / won't / I) the 3rd of October.

04. (was / EZS / this system / named).

05. (go / I / to / not / decided) after all.

06. He (came / in the kitchen / when / was / I / cooking) home.

D ほぼ同じ内容になるように、( ) に適切な語を入れて英文を完成させましょう。

01. (a) Her daughter looks older than I do.

(b) I look ( ) than her daughter.

02. (a) She likes to exercise.

(b) She likes ( ).

03. (a) Lake Tekapo is the most attractive spot around here.

(b) Lake Tekapo is ( ) attractive than ( ) other spot around here.

04. (a) I was scolded by the teacher the other day.

(b) The teacher ( ) ( ) the other day.

05. (a) Don't smoke here.

(b) You ( ) not smoke here.

E 次の日本語を英語にしてみましょう。

01. 今夜は雨が降るだろう。

02. 僕は時々それをチェックするのを忘れます。

F 次の英文の文法的な誤りを正しましょう。

01. His book wasn't as more useful as my dictionary.

02. How old do you?

03. Please remember posting your comments. We would like to read your feedback.

Evine's Column

前置詞 from を「…から」という日本語の感覚だけで押さえると危険な場合があります。次の英文は from についてよく見られる誤用例です。

The boy suddenly came (×from) out of his room. (男の子が突然、部屋から出てきました)

「部屋の中」から「部屋の外」へという動的ニュアンスが from にはなく、この場合は out of ...「…から(…の中から外へ)」が状況にマッチします。ではあえて from を用いた場合はどうなるのでしょうか。いわゆる「…出身」というニュアンスで「その少年は突然、部屋のところからやってきました」という少し不自然な状況になります。

Evine's review

中3レベル

A 次の（　　）内の語（語句）のうち正しいものを選びましょう。

01. I've already (learning / learned) so much about myself. 　　01.

02. This is the Christmas present (giving / given) to me last year. 　　02.

03. It was very kind (for / of) you to help me with my paper. 　　03.

04. The computer should (checked / be checked) for viruses. 　　04.

05. There were people (which / who) could speak some Japanese. 　　05.

06. I (have watched / watched) the movie last night. 　　06.

07. You are busy, (are / aren't) you? 　　07.

08. The people (working / worked) for this company (is / are) well educated. 　　08.

B ほぼ同じ内容になるように、（　　）に適切な語を入れて英文を完成させましょう。

01. (a)　The watch was too expensive for me to buy.

　　(b)　The watch was (　　　　　　　　　) expensive that I (　　　　　　　　　) buy it.

02. (a)　I went to New Zealand two years ago.

　　(b)　I have (　　　　　　　　　) to New Zealand before.

03. (a)　Who is that man who is talking on the phone?

　　(b)　Who is that man (　　　　　　　　　) (　　　　　　　　　) the phone?

04. (a)　We had a lot of fun during our stay in New York.

　　(b)　We had a lot of fun (　　　　　　　　　) (　　　　　　　　　) were (　　　　　　　　　) in New York.

05. (a)　I have a pet whose tail is long.

　　(b)　I have a pet (　　　　　　　　　) a (　　　　　　　　　) tail.

06. (a)　Aya went to Paris two months ago, and she is still there.

　　(b)　Aya (　　　　　　　　　) (　　　　　　　　　) in Paris (　　　　　　　　　) two months.

07. (a)　This is a letter my wife wrote to her father.

　　(b)　This is a letter (　　　　　　　　　) by my wife (　　　　　　　　　) her father.

C 次の日本語を参考に（　）に適語を入れて英文を完成させましょう。

01. 彼女はロンドンに向けて出発したところです。

She （　　　　　　　　　） just （　　　　　　　　　） for London.

02. それにはきっと正当な理由があるはずです。

（　　　　　　　　　）（　　　　　　　　　） be a good reason for it.

03. その氷には彼の体重を支えるだけの十分な厚さがありませんでした。

The ice wasn't thick （　　　　　　　　）（　　　　　　　　） support his weight.

04. あの動いている影を見て。

Look at that （　　　　　　　　）（　　　　　　　　）.

05. 私たちはお互い、今までに一度も話し掛けたことがありません。

We （　　　　　　　　）（　　　　　　　　） talked to each other.

06. スイスは私が訪れたい国の1つです。

Switzerland is one of the countries （　　　　　　　　）（　　　　　　　　）

（　　　　　　　　） visit.

D （　）内の語（語句）を文法的に正しく並び換えましょう。

01. You'll （ be / it / to / difficult / find) a good leader.

02. （ some / bought / for / books / I) my son.

03. （ at the party / the girl / met / was / we) really shy.

04. （ found / yet / a / they / have / new house)?

05. This （ in / is / that / a new computer / made / was / China).

E 次の日本語を英語にしてみましょう。

01. 明日雨なら、私は買い物に行くつもりはありません。

02. 僕はすでに朝食を食べてしまいました。

F 日本語を参考にして、次の英文の文法的な誤りを正しましょう。

01. 彼女がいつ戻ってくるのか分かりません。
I don't know when she is back.

02. 彼女は疲れていましたが、親切に私をそこへ連れて行ってくれました。
But she was tired, she kindly took me there.

03. 私はユーモアのセンスがある人が好きです。
I like someone who have a good sense of humor.

Evine's Column

中学英文法の復習は順調でしょうか。放置すれば忘れるのは当然でして、伸び悩みは復習の詰めの甘さも原因の1つです。最初から最後までテキストを読破しても「使える」状態になっているものはまだその半分ほどでしょう。ですがその50%からのスタートで構いません。2周目から10%ずつ確実に吸収し5周目で100%に近づけばいいわけです。その場合、文字をダラダラ読むよりも演習を中心に復習を進める方がモチベーションがはるかに長く継続します。最終的に自分の言葉で内容を説明できるレベルを目指し、徹底的に復習を継続してください。復習こそが伸び悩みを打破する特効薬です。

総まとめテスト

A　次の（　）内の語（語句）のうち正しいものを選びましょう。

01. I had a cheeseburger for lunch. (The / A) cheeseburger wasn't very good.　01

02. Heat the pan on the kitchen stove (to boil / boiling) the water.　02

03. My father showed me how (removing / to remove) the SIM card.　03

04. It was (harder / hardest) than I expected, (because / but) I didn't give up.　04

05. I saw the lady who (was crossing / crossing) the street.　05

06. These days he (teach / teaches) three classes a day.　06

B　次の（　）内の動詞を必要であれば正しい形に直しましょう。

01. I was very thirsty, but there (be) no water in the bottle.　01

02. Will you stop (stare) at me?　02

03. It will (be) sunny next week.　03

04. Where (be) you last night?　04

05. Potatoes (bake) in the oven taste great.　05

06. Arisa has (know) Akiko for a long time.　06

07. What language is (speak) in your country?　07

08. I'm very interested in (ride) a motorcycle.　08

09. That (smile) girl is his daughter.　09

C　次の（　）内の指示に従って英文を言い換えましょう。

01. She doesn't run. （現在進行形に）

02. I must repeat the course. （過去形に）

03. This <u>book</u> is yours. （下線部を複数形に）

04. Tomoko received a scholarship. （下線部の内容を尋ねる疑問文に）

05. He needs a lot of money to pay all the debts. （下線部の内容を尋ねる疑問文に）

06. They were looking for Mr. Kanno yesterday. （下線部を代名詞に）

07. Hiroshi broke those cups. （受け身の表現に）

D ほぼ同じ内容になるように、（　　）に適切な語を入れて英文を完成させましょう。

01. (a) I went to a bookstore because I wanted to buy a new magazine.
　　(b) I went to a bookstore （　　　　　　　） （　　　　　　　　） a new magazine.

02. (a) I didn't work as hard as you.
　　(b) You （　　　　　　　　） （　　　　　　　　　） than I did.

03. (a) What do you call this flower in English?
　　(b) What is this flower （　　　　　　　　　） in English?

04. (a) This is the house built by my uncle.
　　(b) This is the house （　　　　　　　） was （　　　　　　　　　） by my uncle.

05. (a) Having a dream is very important for us.
　　(b) （　　　　　　　　） （　　　　　　　　） very important for us （　　　　　　　　　　　）
　　　　（　　　　　　　　） a dream.

06. (a) Tomoko is in Canada now.
　　(b) Tomoko has （　　　　　　　　） to Canada.

07. (a) I couldn't study at all because I was very sleepy.
　　(b) I was very sleepy, （　　　　　　　　） I couldn't study at all.

08. (a) He gave her a biscuit.
　　(b) He gave a biscuit （　　　　　　　　） her.

09. (a) My sister sings well.
　　(b) My sister （　　　　　　　　） a （　　　　　　　　） （　　　　　　　　　）.

E 次の日本語を参考に（　　）に適語を入れて英文を完成させましょう。

01. 彼女は小説を決して読みません。

She never （　　　　　　　　　　） （　　　　　　　　　　）.

02. 仕事が済んだら、そのメッセージを確認します。

I'll check the message when I （　　　　　　　　　） （　　　　　　　　） my work.

03. 彼女は彼を手伝わないように私に頼みました。

She asked me （　　　　　　　　　） （　　　　　　　　　） （　　　　　　　　　） him.

04. 私の仕事はひどいんです。大嫌いです。

My job is terrible. I hate （　　　　　　　　）.

05. 彼女の名前はどんなつづりですか。

（　　　　　　　　） do you spell her name?

06. ひざを曲げてはいけません。

（　　　　　　　　） bend your knees.

07. 私たちの新しいオフィスは来年の４月にオープンします。

Our new office will open （　　　　　　　　　） April next year.

08. 今日の午後、僕は何も勉強しませんでした。

I （　　　　　　　） （　　　　　　　　　） this afternoon.

09. ペットボトルの水は水道水よりもいいです。

Bottled water is （　　　　　　　　） （　　　　　　　　　） tap water.

10. 彼は目と耳が不自由な女性と一緒でした。

He was with a woman （　　　　　　　　） was blind and deaf.

11. あなたは宿泊施設を手配するべきです。

You （　　　　　　） arrange for accommodations.

12. 私はあなたにまた会えてとても嬉しいです。

I'm very happy （　　　　　　　　） see you again.

13. 現実のはずがありません。

It （　　　　　　　） be real.

14. 僕はホームランを打とうとしましたが、とても難しくてできませんでした。

（　　　　　　　　） I tried to hit a home run, it was （　　　　　　　　） difficult.

15. 太陽は他のどの星よりもはるかに私たちに近い距離にあります。

The sun is (   ) closer to us than (   ) (   ) star.

16. サトシはインドに何度も行ったことがあります。

Satoshi (   ) (   ) to India many (   ).

F （　）内の語（語句）を文法的に正しく並べ替えましょう。ただし、必要のないものが１つずつありますので注意してください。

01. (fold / you / your clothes / folding / can)?

02. (dogs / have / he / does / how many / dog)?

03. I (to telling / special / to tell / something / had) you.

04. (me / very / he / for / made / uncomfortable).

05. (still / rooms / to / available / enough / are) now.

06. (I / while / what / expect / during / should) my interview?

07. This site (preparing / very much / am / me / was / when / helped / I) for the test.

08. I still sometimes (the book / I / then / refer to / who / bought).

G 日本語を参考にして、次の英文の文法的な誤りを正しましょう。

01. 彼女の父親はとても悲しそうでした。
Her father looked very sadly.

02. 私は朝食にごはんを食べます。
I eat a rice for breakfast.

03. 私の弟は今日、とても早く帰宅しました。
My brother came to home very early today.

04. 私の母は静かにドアを閉めました。
My mother closed the door quiet.

05. 5月2日の日曜日までに、こちらの申込用紙を返送してください。
Please return this form on Sunday, May 2.

06. 彼が今どこに住んでいるのか分かりません。
I don't know where does he live at the moment.

07. 彼女は日本でもっとも人気のある選手の1人です。
She is one of the most popular player in Japan.

08. もう少し時間が必要でしょうか。
Would you like a few more time?

2

「話せる」ための
語法＋英文法の感覚

このSectionでは、「話せる」よ
うになるための語法と英文法の感
覚（ニュアンス）を学んでいきます。
Unitは全部で12あり、中学3
年間で学ぶ必須英文法に＋αして、
表現力を高めるための発展レベル
の英文法も学習します。
このSectionでの学びで、「語法」
と「文法」をしっかり定着させま
しょう！

Unit 01

Input Stage 1
語法

SV vs SVO
自動詞と他動詞の区別(1)

Point!

「私は毎朝、この音楽を聴きます。」

(○) I listen to this music every morning. (×) I listen this music …

「毎晩 10 時に同じ音が聞こえるんです。」

(○) Every night at 10 p.m. I hear the same noise.

(×) Every night at 10 p.m. I hear to the same noise.

listen「聴く」は自動詞で、前置詞なしでは目的語を続けることはできません。一方、hear「…が聞こえる」は他動詞で、前置詞なしで直接後ろに目的語を続けた形を取ります。この違いを理解するのが今回のポイントです。

 ## 自動詞でシンプルに SV 発信！

主語（S）と動詞（V）だけで文法的に完結できるパターンを作るのが自動詞です。会話に慣れないうちは、この SV だけでシンプルに発信するだけでもかまいません。ただし実際の会話では、SV だけで終わることはほとんどなく、通常後ろに修飾語句（M）が続きます。

「私たちはオーストラリアのパースに住んでいます。」

ₛWe ᵥlive ₘin Perth, Australia.

修飾語とは追加説明語というイメージで押さえておくとよいでしょう。

このSVに続く修飾語のほとんどは前置詞句（前置詞＋名詞）で、これをうまく会話で使えるかどうかが大きなポイントです。　（※詳しくは Unit 03 で学びます）

 ## 他動詞で SVO 発信！

主語（S）と動詞（V）だけでは文法的に完結できず、動詞の後ろに目的語（O）を必要とするパターンを作るのは他動詞です。目的語とは動作の対象や内容を示し、目的語になれるのは名詞・代名詞のみです。

「私は時々、京都のおばさんを訪ねます。」

_SI _Msometimes _Vvisit _Omy aunt _Min Kyoto.

主語(S)　他動詞　＋　目的語(O)
（名詞・代名詞）

 ## 自動詞と他動詞の違いをイメージしよう！

実は、ほとんどの動詞が自動詞と他動詞の両方の機能を持っています。使い分けは単純で、後ろに目的語（つまり名詞・代名詞）を続けるかどうかで決まります。

（ア）「彼はたくさん食べます。」　He eats _Ma lot.
（イ）「彼は朝食を食べます。」　He eats _Obreakfast.

（ア）の a lot（たくさん）は eat を修飾し、食べる量・程度を示す副詞です。一方、（イ）では eat の後ろに名詞 breakfast（朝食）が続き、これが「食べる内容」を示す目的語になるわけです。その結果、（ア）の eat は自動詞、（イ）の eat は他動詞として機能していることになります。

eat 自体の意味には、後ろに目的語があってもなくてもたいして違いはありません。
では、なぜこのような区別が必要なのかについて、次のセクションで見ていきましょう。

 ## マルチな動詞で会話のバリエーションUP！

eat のように、自動詞でも他動詞でも意味が同じ場合はいいのですが、自動詞か他動詞かによって意味がまったく異なるマルチな動詞があるので注意しないといけないのです。
（ア）「私は毎朝、公園を走ります。」　_SI _Vrun _Min the park _Mevery morning.
（イ）「私は自分の会社を経営します。」　_SI _Vrun _Omy own company.

同じ run でも（ア）の自動詞は「走る」、（イ）の他動詞は「…を経営する」という異なる意味になるわけですね！　後ろに目的語を続けるのかどうかがポイントです。

後ろの要素を変えることによって表現のバリエーションを作ることができる、run のようなマルチな動詞を確実に増やしていけば、効率よくスピーキング力を UP させることができるでしょう。そのためにまずは、トレーニングを通して自動詞と他動詞の使い分けに慣れてください。

 **Warm-Up 1**

次の日本語を参考に、正しい英文になるように語（語句）を並べ替えましょう。

01. 彼はそれからいくらかの利益を得ています。
（ benefit / gets / some / he) from it.

02. ユリコは決して残業をしません。
Yuriko (overtime / works / never).

03. 私たちはあなたの助けが必要です。
(help / we / need / your).

04. そのコンビニは午前 6 時に開きます。
(at / opens / the convenience store) 6 a.m.

05. あのアイデアは駄目です。
(won't / that idea / work).

06. 彼女はいつも事務所に遅刻します。
She (to the office / gets / always) late.

07. タカシは子どもたちに英語を教えています。
Takashi (children / English / teaches / to).

08. そのプログラムはあまりうまく起動しません。
(run / the program / doesn't) very well.

09. 彼女は流暢な英語を話します。
(fluent English / speaks / she).

10. 私はクリスマスのための買い物をしました。
(some shopping / I / for / did) Christmas.

Warm-Up 1
Answer Key

解説を読んで文の形をしっかり理解したら、
すべてのセンテンスを音読しましょう!

01. He gets some benefit **from it.**

他動詞 get「…を手に入れる」で、後ろに手に入れる内容を示す目的語 some benefit を置いた形ですね。また他動詞 gain「…を得る」も get の同意語として押さえておきましょう。

02. **Yuriko** never works overtime.

work「働く」は自動詞で、後ろの overtime（時間外に）は副詞です。否定語の副詞 never（決して…ない）は、通常、一般動詞の前に置きます。

03. We need your help.

need は「…を必要とする」という意味の他動詞で、後ろに直接目的語（your help）を置くことができます。この help は名詞で、動詞ではありません。注意しましょう。

04. The convenience store opens at **6 a.m.**

この open「開く」は自動詞で、at 6 a.m.（午前 6 時に）は時を表す副詞句です。

05. That idea won't **work.**

この work は「（計画・方法などが）うまくいく」という意味の自動詞です。won't は「…しないだろう」と話し手の予測を表現しています。（※助動詞 will については Unit 03 で詳しく学びます）

06. **She** always gets to the office **late.**

問題 01. の他動詞 get と比較しましょう。ここでは直接、目的語を続けるのではなく、前置詞 to を必要とする自動詞「着く」の用法です。get to ... で「…に着く」という意味ですね。

07. **Takashi** teaches English to children.

目的語（English）を取る他動詞 teach「…を教える」です。文末の to children（子どもたちに）は「教える相手」を追加情報として示す修飾語句（M）です。

08. The program doesn't run **very well.**

この run は自動詞で、主にプログラムやシステムを主語にして「起動する」「作動する」という意味を表します。very well（とてもうまく）は run を修飾する副詞ですね。not ... very で「あまり…（し）ない」となります。

09. She speaks fluent English.

speak「…を話す」は、目的語（fluent English）を取る他動詞です。speak の後に前置詞 in を加えて in fluent English（流暢な英語で）と言い換えると、speak は自動詞「話す」になります。cf. She speaks in fluent English.（彼女は流暢な英語で話します）

10. I dld some shopping for **Christmas.**

この do は他動詞で「…をする」という意味です。目的語に some shopping を取った形ですね。

基本時制と関連表現

> **Point!** 基本時制である現在形、過去形、未来形を間違って発信すると、相手に状況がうまく伝わらず誤解を招くこともあります。ここでは、時制をしっかりと意識し、スムーズかつ的確に使い分けられるように勉強していきましょう。

現在形と現在進行形

現在の習慣や状態を表す現在形を、現在進行形に言い換えた場合のニュアンスの変化に注目しましょう。まず、現在進行形の典型的な解釈は「…している（ところだ）」ですね。

「僕は静かな場所で読書をします。」 I read books in a quiet place.（現在形）

「僕は読書中です。」 I'm reading a book.（現在進行形）

現在進行形で、まさに今何らかの動作が進行中であることを表しているわけですが、このほかにも「一時的」「期間限定」のニュアンスも表現することができます。

「私はいつも車で通勤していますが、今週はバスで通勤しています。」
I usually go to the office by car, but I'm taking a bus this week.

このように日常習慣としてはバスで通勤しないが、何らかの理由でここ最近はバス通勤をしている状況を be Ving を使って相手に伝えることができるのです。

※ know「知っている」、have「持っている」、believe「信じている」など、「…している」という状態を示す状態動詞は、原則として進行形にしませんので注意しましょう。

また、応用編として現在形と現在進行形で表すことのできる未来の用法もチェックしておきましょう。

「バスは明日の午前 8 時の出発です。」 Our bus leaves at 8 a.m. tomorrow.（現在形）

「もうすぐ私たちは出発するところです。」 We are leaving soon.（現在進行形）

現在形は実現の可能性が高い確定されたスケジュールを示し、現在進行形では実現に向けてすでに動きのある、避けられないイベントやすでに手配済みに近い計画を表します。どちらも原則として、未来の時を示す修飾語句を伴うので未来表現であることは簡単に判断できるでしょう。

過去形と used to Vg

過去形で過去に起こった出来事や動作を表現することができます。

「私は先週、外出しませんでした。」 I didn't go out last week.

「私は昨日、バス停まで歩いて行きました。」 I walked to a bus stop yesterday.

また、used to Vg 表現は**「（以前は）…したものだ」という意味**で、現在と対比させた過去の習慣や状態について表現することができます。

「近所に小さなカフェがありました。」　There used to be a small cafe in the neighborhood.

※元の形は there is/are ...「…がある、いる」構文です。

used to Vg を用いたこの英文は、次のようなニュアンスも含んでいます。

→ 「その小さなカフェは**そこにはもうありません。**」　The small cafe isn't there any more.

used to Vg を使わなくても過去の習慣や状態を表すことはできますが、動詞を過去形にするだけでは現在とは異なる状況であることを明確にすることはできません。

過去形と過去進行形

「帰宅したとき、息子がリビングで泣いていました。」
When I came home, my son was crying in the living room.

過去のある時点で起こった動作や出来事は**過去形**で表し、同じタイミングで一時的に進行していた過去の状況を**過去進行形**で表現することができます。

過去進行形

過去形
（一回で完了した過去の出来事や動作）

未来の表現 will Vg と be going to Vg

「彼女はいつか、東京に引っ越すでしょう。」　She will move to Tokyo someday.
「彼女は今月、東京に引っ越す予定です。」　She is going to move to Tokyo this month.

客観的な予測や自然のなりゆきでそうなっている未来の内容を表現できるのが will です。これを be going to に置き換えると、すでに出発の準備が整っている内容を表し、実現度の高さがアップします。

少し異なる用法として、will は話し手の意志を含むこともあり、そこからとっさの意志決定や判断を表現することも可能です。　※助動詞 will について詳しくは Unit 03 でも学びます。
「僕が君のジャケットを取ってきてあげますよ。」　I'll get your jacket.（意志）

また、be going to Vg は現在の状況変化をとらえた予測を表現することも可能です。
「あの暗雲を見て。もうすぐ雨になりますよ。」
Look at those black clouds. It's going to rain soon.（状況予測）

次の日本語を参考に、(　　) 内のうち適切なものを選びましょう。

01. 彼らはその新しいレストランを明日の午後 5 時にオープンします。
They (open / opened) the new restaurant at 5 p.m. tomorrow.

02. 出社したとき、私の上司はすでに働いていました。
When I (was getting / got) to the office, my boss was already (working / worked).

03. 今月、私は小学校で英語を教えています。
I'm (teaching / teach) English at an elementary school this month.

04. 私たちはあなたの助言を必要とするでしょう。
We (will need / need) your advice.

05. 今夜はぐっすり寝るつもりです。
I (will get / going to get) a good sleep tonight.

06. 彼らはもうすぐ出発するところです。
They (are leaving / were leaving) soon.

07. 昔、私のおじさんは流暢にドイツ語を話したものです。
My uncle used to (speaking / speak) German fluently.

08. 彼女は毎年東京マラソンで走りますが、今回は走ることができませんでした。
She (ran / runs) in the Tokyo Marathon every year, but this time she couldn't.

09. 分かりました、私が今彼に電話します。
OK, (I'll / I'm going to) ring him now.

10. エミコは月に 3 回ジムに通っています。
Emiko (went / goes) to the gym three times a month.

Warm-Up 2 Answer Key

解説を読んで文の形をしっかり理解したら、
すべてのセンテンスを音読しましょう!

01. They open the new restaurant at 5 p.m. tomorrow.

現在形で確実な未来の予定を示したものです。現在形の未来表現は、通常未来を示す副詞句（at 5 p.m. tomorrow）を伴います。open は他動詞「…を開く」で the new restaurant を目的語としています。

02. When I got to the office, my boss was already working.

過去の動作（When I got to the office）と同じタイミングで一時的に進行していた出来事を過去進行形で表したものです。副詞 already（すでに）は通常 be 動詞の後ろに置きます。

03. I'm teaching English at an elementary school this month.

期間限定ニュアンスの現在進行形です。今月のみ（短期間）臨時的に勤務しているという状況を示しています。

04. We will need your advice.

「…するだろう」と客観的な予測を表現する will です。自然の成り行きでそうなるだろうという話し手の気持ちを表すこともできます。現在形で確定された予定を示すには、通常、問題 01. のように未来を示す語句を伴いますので、ここでは will need が適切と判断してください。

05. I will get a good sleep tonight.

「…するつもりだ」と話し手の意志を表現する will です。I（主語）の後に be 動詞 am を加えて I'm going to get a good sleep tonight. とすると、すでに寝る時間の確保をしているような状況を示します。

06. They are leaving soon.

予定や計画の実行の直前であることを示す現在進行形です。soon（すぐに）などの副詞を用いて出発寸前の未来ニュアンスを演出します。この leave は自動詞「出発する」です。

07. My uncle used to speak German fluently.

used to で現在と対比させた過去の習慣を表現しています。to の後ろは必ず動詞の原形です。今では流暢にドイツ語を話せないということを、暗にほのめかした英文でもあります。

08. She runs in the Tokyo Marathon every year, but this time she couldn't.

毎年行っている習慣を現在形で示し、今回（this time）は「走れなかった」という過去の出来事を現在と区別して過去形で表現したものです。couldn't の後ろには run が省略されています。（※助動詞 can/could については Unit 03 で詳しく学びます）

09. OK, I'll ring him now.

とっさの話し手の判断は、will を用いるのが適当です。be going to Vg は、すでに計画的に電話をする心の準備があったときに使います。

10. Emiko goes to the gym three times a month.

「…に通っています」という現在の習慣は現在形で表します。went（過去形）の場合は、現在はどのような状況であるかには一切触れず、「現在との離別」のニュアンスを表現します。

Output Stage 1

A 必要に応じて、（　　）内の動詞を文法的に正しい形にしてください。ただし、１語であるとは限りませんので注意しましょう。

01. One day this bird（fly）free again.

02. My father（want）a new car now.

03. He（have）breakfast at the moment.

04. Look at those black clouds. It（rain）soon.

05. My sister（study）abroad from 2001 to 2003.

06. They（play）football when I saw them.

07. In Toronto, it（snow）a lot in December and January.

08. He always（listen）me.

09. Last winter he（pay）a lot of money for that ring.

10. Look! Some boys（swim）in the river.

11. We are（meet）our customers at the taxi stand at 10 a.m. tomorrow.

12. Last week they（use）a different agency.

13. Sometimes a translation job doesn't（pay）at all.

01
02
03
04
05
06
07
08
09
10
11
12
13

B 次の（　　　）内の語（語句）を文法的に正しく並べ替えてください。ただし、必要のない語（語句）が１つずつありますので注意してください。

01.（each other / are knowing / we / know）.

02.（isn't believing / in / doesn't believe / he）an afterlife.

03. We（walk / will / are not / to the bridge / going to）tomorrow.

04. (on / stand / used to / stands / a small church) the hill.

05. (were / right / his parents / sat / sitting) there.

06. (in / going to / the show / start / will) the last week of October?

07. (you / helped / with / he / help / does) your work often?

08. (was / on / lying / she / lies) the bed when I got back.

09. Now, (is / the park / ran / he / in / running).

10. We (your booking / are / confirm / will) by email.

C 次の英文は基本文を未来時制で書き換えたものです。(　　) に適切な語を入れてください。

基本文　　We stay at this hotel.

01. We (　　　　　　　　) stay at this hotel tomorrow.

02. We (　　　　　) (　　　　　　　　) (　　　　　　　) stay at this hotel for two nights.

03. We (　　　　　　　　) (　　　　　　　　) at this hotel tonight.

Output Stage 2　次の日本語を英語にしてみましょう。　▶01

A 01. いつか、この鳥はまた自由に羽ばたくでしょう。

02. 私の父親は、今新しい車を欲しがっています。

03. 彼は今、朝食を食べているところです。

04. あの黒い雲を見て。もうすぐ雨が降ってきます。

05. 私の姉は、2001 年から 2003 年まで海外留学をしました。

06. 私が見かけたとき、彼らはフットボールをしていました。

07. トロントでは、12 月と 1 月に雪がたくさん降ります。

08. 彼はいつも私の話を聞いてくれます。

09. 去年の冬、彼はあの指輪に多額のお金を払いました。

10. 見て！　何人かの男の子たちが川で泳いでいます。

11. 私たちは、明日の午前 10 時にタクシー乗り場でお客様を出迎える予定です。

12. 先週、彼らは違う代理店を利用しました。

13. 時々、翻訳の仕事はまったく割に合いません。

B 01. 私たちは知り合いです。

02. 彼は来世を信じていません。

03. 私たちは、明日その橋まで歩いて行きません。

04. 以前は丘の上に小さな教会が立っていました。

05. 彼の両親はちょうどそこに座っていました。

06. その劇は 10 月最後の週に始まるのですか。

07. 彼はよくあなたの仕事を手伝ってくれるのですか。

08. 僕が戻ってきたとき、彼女はベッドで横になっていました。

09. 今、彼は公園を走っています。

10. E メールにて、ご予約の確認を致します。

C 基本文　私たちはこのホテルに宿泊します。

01. 私たちは明日、このホテルに宿泊するでしょう。

02. 私たちはこのホテルで 2 泊する予定です。

03. 私たちは今夜このホテルに宿泊します。

Evine's Word

覚えても、使える気がしない。最初は誰でもそう思うものです。
最初の殻を破るまでが一番大変で、時間もかかります。

Unit 02

Input Stage 1
語法

SV vs SVO
自動詞と他動詞の区別(2)

Point!

「私は間違った部屋に入りました。」
(○) I entered the wrong room.
(×) I entered in the wrong room.

enter は他動詞で「…に入る」という意味です。ついつい（×）enter in と口をついて出てしまいそうになりますが、他動詞であれば前置詞なしで目的語を続けることができましたね。今回は使い分けに注意すべき自動詞と他動詞を見ていきましょう。

 ## 自動詞と勘違いしがちな他動詞に注意しよう！

Unit 01 で学んだように、他動詞の後ろに前置詞は NG でしたね。ところが enter のように、日本語訳につられてついつい前置詞をくっつけて発信してしまいそうになる他動詞があります。

「私は明日の朝 8 時に大阪を出発する予定です。」
_SI _Vam going to leave _OOsaka _Mat eight _Mtomorrow morning.

leave は「…を出発する」という意味の他動詞です。「…を出発する」と言いたい場合、前置詞は不要なので（×）leave from ... としないように注意してください。ただし、leave は for を用いた**自動詞用法もあり注意が必要**です。

「彼は昨日、カナダに向けて出発しました。」
_SHe _Vleft _Mfor Canada _Myesterday.

leave for ... で「…に向けて出発する」という表現になっています。後ろに前置詞を置くと自動詞用法になり意味も微妙に異なってきます。他動詞の場合は直接後ろに「出発点」が置かれ、自動詞の場合は for の後ろに「到着点」がきます。

それでは、もう少し注意すべき他動詞の例を挙げておきましょう。

「交通規則に従わないドライバーがいます。」
(○) Some drivers do not obey traffic laws.　※［他動詞］obey：…に従う
(×) Some drivers do not obey to traffic laws.

「僕と結婚してくれませんか？」

（○）Will you marry me?　※［他動詞］marry：…と結婚する

（×）Will you marry with me?

 # 自動詞と他動詞の似たもの系

以下の動詞は形が似ており混同しがちなパターンの代表格です。自動詞なのか他動詞なのか、まずはその区別を感覚として身に付けてください。

動詞の種類	原形（3人称単数現在形）	過去形	過去分詞	現在分詞
自動詞	lie（lies）「横になる」	lay	lain	lying
	rise（rises）「上がる」	rose	risen	rising
他動詞	lay（lays）「…を横にする」「…〈卵〉を生む」	laid	laid	laying
	raise（raises）「…を上げる」「…を育てる」	raised	raised	raising

（ア）「その男の子は床に寝ころびました。」　$_S$The boy $_V$lay $_M$on the floor.（自動詞）

（イ）「その男の子は自分の服をベッドの上に置きました。」

$_S$The boy $_V$laid $_O$his clothes $_M$on the bed.（他動詞）

（ウ）「めんどりが今朝、卵を産みました。」

$_S$The hen $_V$laid $_O$an egg $_M$this morning.（他動詞）

英文（ア）の lay は後ろに前置詞句が続くことから自動詞と判断できますね。この自動詞の原形は lie です。一方、英文（イ）（ウ）の laid は後ろに目的語が続いていることから他動詞と判断し、原形は lay と分かります。lie の過去形と同じ形というのが紛らわしいですね。

※自動詞 lie には「嘘をつく」というまったく異なる意味もあります。「横になる」の lie とスペルは同じでも語源が違いますし、活用形も異なりますので注意しましょう。lie － lied － lied：嘘をつく

➡「サトシは今までに一度も僕に嘘をついたことがありません。」　Satoshi has never lied to me.

それでは自動詞 rise と他動詞 raise の例文もチェックしておきましょう。

「ガソリン税がまた上がるでしょう。」$_S$The gas tax $_V$will rise $_M$again.（自動詞）

「市は所得税率を上げる予定です。」$_S$The city $_V$will raise $_O$the income tax rate.（他動詞）

「私の娘は1人で3人の子どもを育てました。」

$_S$My daughter $_V$raised $_O$three children $_M$by herself.（他動詞）

自動詞か他動詞かで表現方法が変化するわけですね。この区別ができるようになれば自信を持って実際のコミュニケーションの場で発信できるようになるはずです！

 **Warm-Up 1**

次の日本語を参考に、正しい英文になるように語（語句）を並べ替えましょう。

01. 彼らはたいてい、進捗状況をマネージャーと話し合います。
Usually, they (with / their progress / discuss) their manager.

02. 太陽は東から昇ります。
(rises / in / the sun) the east.

03. 実際、僕は母親似です。
In fact, (my mother / resemble / I).

04. 和平交渉の間に、彼らは合意に達しました。
During peace talks, (an agreement / reached / they).

05. ガイドブックにはハチについての記述がありませんでした。
(didn't / the guidebook / the bees / mention).

06. 明日、私はロンドンに向けて出発するつもりです。
I (for / London / will / leave) tomorrow.

07. その男は怒って拳を振り上げました。
(his fist / the man / raised) in anger.

08. このシャツはあなたにお似合いですよ。
(suits / shirt / you / this).

09. 大型の台風が沖縄に接近中です。
(Okinawa / approaching / a big typhoon / is).

10. 彼女はみんなに嘘をつきました。
(lied / us / she / to) all.

**Warm-Up 1
Answer Key**

解説を読んで文の形をしっかり理解したら、
すべてのセンテンスを音読しましょう!

01. Usually, they discuss their progress with their manager.

discuss は「…について議論する、話し合う」という意味の他動詞で、後ろに直接、目的語（their progress）を置くことができます。他動詞ですから前置詞は不要です。（×）discuss about ... としないように。

02. The sun rises in the east.

rise「昇る」は自動詞です。in the east（東から）は方向を示す副詞句です。from ではなく「方向・方角」を示す in を用いることも覚えておきましょう。

03. In fact, I resemble my mother.

resemble は「…に似ている」という意味の他動詞です。前置詞なしで直接、目的語を置くことができます。※ in fact：実際は

04. During peace talks, they reached an agreement.

reach は「…に達する、至る」という意味の他動詞です。（×）reach to とは言わないので注意しましょう。during（…の間）は「特定の期間」を示す前置詞です。※ peace talks：和平交渉、[名詞] agreement：合意

05. The guidebook didn't mention the bees.

mention は「…について言及する」という意味の他動詞です。（×）mention about は NG ですよ。この文の The guidebook のような無生物主語は日本語ではあまりなじみがなく少し抵抗感はありますが、ネイティブ同士の会話ではよく使われますので慣れていきましょう。無生物主語の文を日本語にする際のイメージは「…には、…では」「…によると」「…が原因で」などになります。

06. I will leave for London tomorrow.

この leave は自動詞で、前置詞 for を伴って目的地を示しています。「leave for ＋目的地」の語順を覚えておきましょう。

07. The man raised his fist in anger.

raise は「…を上げる」という意味の他動詞です。問題 02. の自動詞、rise「上がる」と混同しないように注意しましょう。※ in anger：怒って

08. This shirt suits you.

suit は無生物主語に続く場合「…（人）に似合う」「…（人）に都合がよい」という意味になる他動詞です。目的語に「人」を取るのが特徴です。

09. A big typhoon is approaching Okinawa.

approach「…に接近する」は他動詞で後ろに直接「場所」などを示す目的語を取ります。ただし、自動詞としてシンプルな SV 文型で用いることも可能です。cf. Mother's Day was approaching.（母の日が近づいていました）

10. She lied to us all.

過去形 lied の原形は lie「嘘をつく」で自動詞です。同じ自動詞の lie「横たわる」は lie → lay と変化し活用形が異なるため注意が必要です。※「横たわる」lie － lay － lain、「嘘をつく」lie － lied － lied

基本時制と完了時制

Point! 過去形と現在完了形の区別がしっかり頭の中でイメージできているでしょうか？
今回勉強する現在完了形の「回想」ニュアンスをマスターすれば、状況に応じて的確に気持ちを伝えることができるようになります！

過去形と現在完了形

「私はチケットをなくしました。」

（ア）I lost my ticket.（過去形）

（イ）I have lost my ticket.（現在完了形）

両者の違いを知る前に、まずは基本を整理しましょう。

過去形は「過去」、現在完了形はあくまでも「現在」について述べる表現です。ここを押さえた上で、意識したいのがそれぞれの形が持つニュアンスです。簡単に整理しておきましょう。

過去形（**Ved**）	過去のある時点における習慣や状態。過去の出来事や動作。
現在完了形（**have Vpp**）	現在から過去を回想する。過去から現在までのつながり。ある過去から現在までの完了、結果、経験、継続の内容を示す。

注目したいのは、現在完了形の「回想」ニュアンスです。

現在の視点から過去を回想するのが現在完了形で、過去を振り返ることによって、**経験したこと・継続していること・完了したことと、その結果、現在はどのような状況になっているのかが表現できるわけです。**

過去形の英文（ア）は「なくした！」という単なる過去の出来事を表現したにすぎませんが、現在完了形の英文（イ）は気持ちが現在にありますから、失くしたことによって話し手が現在どう感じているのか、どんな結果が生じているのかに焦点が当てられています。

例えば、現在完了形を用いた英文（イ）は次のように言い換えることができます。

I have lost my ticket.

↔ I lost my ticket, and I don't have it now.（チケットを失くして、今は手元にありません）

現在完了形

I have lost my ticket.

過去形
I lost my ticket.

現在形
I don't have it now.

現在完了形には、過去と現在、ダブルの感覚があることを押さえてください。過去形にはこのよう

な現在の含みは一切ありません。

「ちょうど昼ごはんを食べたところです。」 I have just eaten lunch. （完了）

「彼の飛行機はすでに出発してしまいました。」 His airplane has already left. （結果）

「私の母はこの小説を何度も読んだことがあります。」

My mother has read this novel many times. （経験）

「僕の弟は5日間ずっと沖縄にいます。」 My brother has been in Okinawa for five days. （継続）

※継続用法では since（…以来）、for（…間）などがよく用いられます。

現在完了進行形 have been Ving

現在完了形には「ずっと…している」という意味の継続用法がありますが、**動作動詞**の場合は現在完了進行形 have been Ving の形がよく用いられます。

「昨日から雨がずっと降っています。」

（○）It has been raining since yesterday. （△）It has rained since yesterday.

since「…以来」が継続ニュアンスを含んでいますので現在完了形でも継続を表現できますが、日常会話では継続が明確になる**現在完了進行形を用いるのが一般的**です。

また since や for などで継続であることが明確にされない場合は、動作動詞を用いた現在完了形で継続の意味は表現できません。

It has rained. （×）「雨がずっと降っています。」 ➡ 「雨が降った。」という完了用法の表現になる！

継続を表す際の現在完了形と現在完了進行形の使い分けについては、**「状態動詞」の場合は現在完了形、「動作動詞」の場合は現在完了進行形**と押さえておきましょう。

「私たちは20年来の仲です。」We have known each other for 20 years. ※ know は状態動詞

「私たちは昨夜から酒を飲んでいます。」We have been drinking since last night. ※ drink は動作動詞

have been to ... の経験用法と完了用法

「私たちは以前にサイパンへ行ったことがあります。」 We have been to Saipan before.

この have been to ... は現在完了形の**経験用法**として「…へ行ったことがある」という意味でよく見かけますよね。しかし、この意味だけでは次のような英文は正しく解釈できません。

We have just been to the station to see her off.

to see her off は「彼女を見送るために」という意味ですが、この文意で「駅に行ったことがある」という解釈は不自然ですね。そこで覚えておきたいのが「…へ行ってきたところだ」という完了用法です。副詞 just はこの完了用法でよく用いられます。

（○）「私たちはちょうど彼女を見送るために駅まで行ってきたところです。」

Warm-Up 2

次の日本語を参考に、（　　　）内のうち適切なものを選びましょう。

01. 先週から彼に会っていません。
I (didn't see / haven't seen) him since last week.

02. 彼女は昨年、デビューアルバムで大成功を収めました。
She (achieved / has achieved) a lot of success with her debut album last year.

03. 彼は SF 小説を書きません。
He (hasn't written / doesn't write) science-fiction novels.

04. 私たちはちょうど友達を見送るために空港に行ってきたところです。
We have just (gone / been) to the airport to see our friend off.

05. ヒロミの夫は 3 日前に風邪をひきました。
Hiromi's husband (has caught / caught) a cold three days ago.

06. 健康保険証がまだ見つかっていません。
I (haven't found / didn't find) my health insurance card yet.

07. 僕と彼のお姉さんとは 20 年来の付き合いです。
I (am knowing / have known) his sister for 20 years.

08. 私は今までに一度もロンドンに行ったことがありません。
I (have never gone / have never been) to London.

09. 今週、私の姉は京都に滞在しています。
My sister (was staying / has been) in Kyoto this week.

10. 今日はまだ母に会っていません。
I (haven't seen / don't see) my mother today.

Warm-Up 2
Answer Key

解説を読んで文の形をしっかり理解したら、
すべてのセンテンスを音読しましょう!

01. I haven't seen him since last week.

現在完了形の継続用法です。「彼に会っていない」状態の継続が last week（先週）から続いていることを示したものです。see は他動詞「…に会う」です。see は状態動詞ですので「継続」を表す場合は現在完了形を用います。動作動詞の場合は現在完了進行形でしたね。※［前置詞］since ... : …以来

02. She achieved a lot of success with her debut album last year.

明確に過去を示す表現（last year）と現在完了形を一緒にしてはいけません。（※ since の後ろであれば可能）ここは去年の出来事を示す過去形です。achieve は他動詞で「…を獲得する、達成する」です。

03. He doesn't write science-fiction novels.

現在の習慣を示す現在形ですね。現在から過去を振り返る回想ニュアンスがなければ現在完了形は不要です。この write は他動詞「…を書く」です。

04. We have just been to the airport to see our friend off.

現在完了形の完了用法で have (just) been to ...「…に（ちょうど）行ってきたところだ」という意味です。to see our ... の to は不定詞の目的を表現する副詞的用法「…するために」です。※ see（人）off :（人）を見送る

05. Hiromi's husband caught a cold three days ago.

問題 02. 同様、過去を明示する three days ago があることから過去形と判断します。この catch は他動詞で「（病気など）にかかる」「…を捕まえる」という意味です。※ catch a cold : 風邪をひく

06. I haven't found my health insurance card yet.

否定文の yet は「まだ…していない」という意味で現在完了形の完了用法で主に使われます。過去形だと「見つけなかった」で日本語の文意に合いません。find は他動詞「…を見つける」です。

07. I have known his sister for 20 years.

know「…を知っている」を現在完了形の継続用法で用いた形です。for 20 years（20年間）は継続期間を示します。know は状態動詞ですので、進行形にはならないのでしたね。

08. I have never been to London.

問題 04. と比較。have been to ... で「…へ行ったことがある」といっ現在完了形の経験用法です。この場合は never（今まで…ない）によって未経験を表現したものです。

09. My sister has been in Kyoto this week.

現在完了の継続用法ですね。過去進行形の was staying でなく現在進行形の is staying であれば「…している」という「一時的な滞在」のニュアンスを表現することができます。

10. I haven't seen my mother today.

「まだ…していない」は現在完了形の完了用法です。today や this week/month/year など過去と現在の両方の意味が含まれる語句は、現在形だけでなく現在完了形でも使えます。

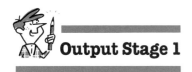

A 必要であれば、（　　）内の動詞を文法的に正しい形にしてください。ただし、1語とは限らないので注意しましょう。

01. I（ see ）my colleague just now.

01 ....

02. He hasn't（ complete ）his project yet.

02 ....

03. His grandmother（ lie ）in bed since last month.

03 ....

04. The woman（ travel ）thousands of miles in 2000.

04 ....

05. I（ watch ）this DVD many times before.

05 ....

06. It（ rain ）since last night.

06 ....

07. Three years（ pass ）since we last met.

07 ....

08. Has he（ mention ）the matter yet?

08 ....

09. We（ discuss ）it with him yesterday.

09 ....

10. In some ways she（ resemble ）my sister.

10 ....

11. I have never（ be ）to any foreign countries.

11 ....

12. We（ go ）to the amusement park a week ago.

12 ....

13. Over the years, the team（ win ）Olympic gold four times.

13 ....

B 次の（　　）内の語（語句）を文法的に正しく並べ替えてください。ただし、必要のない語（語句）が1つずつありますので注意してください。

01. （ laid / she / her baby / lay ）in the crib.

02. （ my question / hasn't / to / he / answered ）yet.

03. （ has changed / a lot / your life / will change ）this past year.

04. Her boyfriend（ since / contacted / for / hasn't / her ）the end of June.

05. （ on / the recession / affected / has ） workers.

06. （ didn't / tell / to her / I / talk ） last night.

07. This year（ founded / we / our company / found ）.

08. （ to / never / I / lied / have / lay ） you.

C ほぼ同じ内容になるように、（　　）に適切な語を入れてください。

01. (a)　She's gone to Canada.

　　(b)　She（　　　　　　　　）to Canada, and she isn't here now.

02. (a)　A small boat is coming to the island.

　　(b)　A small boat is（　　　　　　　　）the island.

03. (a)　Ryo and I met that summer, and we still sometimes see each other.

　　(b)　Ryo and I（　　　　　　　）（　　　　　　　　）each other since that summer.

04. (a)　They are still on the way to the village.

　　(b)　They haven't（　　　　　　　　）the village yet.

05. (a)　They will raise airfares by 10 percent in October.

　　(b)　Airfares will（　　　　　　　　）by 10 percent in October.

Evine's Word

どんな方法でもやらなければならない絶対量と時間はそれほど
変わりません。方法を検討する時間がもったいない。

Output Stage 2　次の日本語を英語にしてみましょう。

02

A　01. 私はたった今、同僚に会いました。

02. 彼はまだ自分のプロジェクトを完成させていません。

03. 彼のおばあさんは先月からベッドで横になっています。

04. その女性は 2000 年に何千マイルも旅をしました。

05. 私はこの DVD を以前に何度も見たことがあります。

06. 昨夜から雨が降っています。

07. 最後に私たちが会ってから、3 年が経過しています。

08. 彼はもうその件について述べましたか。

09. 私たちは昨日、彼とそれについて議論しました。

10. いくつかの点で、彼女は私の姉に似ています。

11. 私は今までに一度も外国に行ったことがありません。

12. 私たちは 1 週間前にその遊園地に行きました。

13. 長年かけて、そのチームはオリンピックの金メダルを 4 度獲得しています。

B　01. 彼女は赤ちゃんをそのベビーベッドに寝かせました。

02. 彼はまだ私の質問に答えていません。

03. あなたの人生は、この1年でずいぶんと変わりました。

04. 彼女のボーイフレンドは、6月の終わりから彼女と連絡を取っていません。

05. 不況は労働者たちに影響を与えています。

06. 私は昨夜、彼女と話しませんでした。

07. 今年、私たちは会社を設立しました。

08. 私は今までに一度も君に嘘をついたことがありません。

C **01.** (a) 彼女はカナダに行ってしまいました。

　　 (b) 彼女はカナダに行って、そして今ここにはいません。

02. (a) 小さなボートが1そう、島に近づいています。

　　 (b) *(a) とは別の言い方で

03. (a) リョウと私は、あの夏に出会いました。そして今も時々会います。

　　 (b) リョウと私は、あの夏以来の付き合いです。

04. (a) 彼らはまだその村に行く途中です。

　　 (b) 彼らはまだその村にたどり着いていません。

05. (a) 彼らは10月に航空運賃を10パーセント値上げするでしょう。

　　 (b) 10月に航空運賃が10パーセント値上がりするでしょう。

Unit 03

Input Stage 1
語法

SV vs SVO
自動詞と他動詞の区別(3)

Point!

「私は彼らを待っているところです。」
(○) **I'm waiting for them.** (×) **I'm waiting them.**

wait「待つ」は自動詞で、「待つ相手」を伝えるには前置詞 for が必要です。つまり、「自動詞＋前置詞」でひとまとまりになるわけです。
Unit 03 では、自動詞と前置詞を別々に解釈するのではなく、「自動詞＋前置詞」で1つの他動詞として解釈をするという「まとまりの意識」を学んでいきます！

前置詞の目的語

実は、目的語は他動詞の後ろだけに存在するのではありません。前置詞の後ろに続く名詞、代名詞、動名詞（※詳しくは Unit 06 で）も目的語なのです。
では、ここで自動詞 graduate「卒業する」、belong「所属する」、listen「聞く」を用いた以下の英文を見てみましょう。

「弟は来年、大学を卒業します。」
_SMy brother _Vwill graduate _Mfrom _{前置詞の目的語} university next year.
「私は水泳部に所属していました。」
_SI _Vbelonged _Mto _{前置詞の目的語} the swimming club.
「父は母の話をまったく聞きません。」
_SMy father _Vnever listens _Mto _{前置詞の目的語} my mother.

「自動詞＋前置詞」のまとまりを意識しよう！

上の3つの例文の動詞はすべて自動詞なので SV 文型になりますね。
しかし、実際的な解釈としては少し細か過ぎますし、前置詞 from と to の後ろの名詞は目的語になるわけですから、次のようにとらえるとよりシンプルになります。

_SMy brother _Vwill graduate from _Ouniversity next year.
_SI _Vbelonged to _Othe swimming club.
_SMy father _Vnever listens to _Omy mother.

このように、「自動詞＋前置詞」を、目的語を取る1つの他動詞のように考えてまとまりを意識し

ていけば、発信がスムーズになるでしょう！

また実際に「自動詞＋前置詞」を1つの他動詞で言い換えることができる場合もあります。
いくつか例を挙げておきましょう。

「このネクタイはあなたのスーツに合います。」
This tie goes with your suit. ↔ This tie matches your suit.
「アメリカ軍は戦争に突入しました。」
U.S. forces got into the war. ↔ U.S. forces entered the war.
「私たちは一日中、彼の作品について話をしました。」
We talked about his work all day. ↔ We discussed his work all day.
「彼女は父親似です。」
She takes after her father. ↔ She resembles her father.

実際の会話においては**「自動詞＋前置詞」フレーズ**のほうが好まれ、他動詞1語で置き換えた場合は、**より学術的で形式的な雰囲気になる傾向**があります。

 # 他動詞と勘違いしがちな自動詞に注意しよう！

では次に、他動詞と勘違いして、いきなり目的語を続けてしまいそうになる自動詞をチェックしたいと思います。前置詞が決め手です。　※自動詞と勘違いしがちな他動詞は Unit 02 を復習してください。

「僕はあなたの成功を願っています。」
I hope for your success. 　※［自動詞］hope：願う
（×）I hope your success.

「彼はめったに私のEメールに返信しません。」
He rarely replies to my emails. 　※［自動詞］reply：返信する
（×）He rarely replies my emails.

「私は昨夜、その書類を探していました。」
I was looking for the documents last night. 　※［自動詞］look：見る
（×）I was looking the documents last night.

先ほどの graduate や belong も他動詞と誤解される自動詞の代表格ですので意識しておいてください。ただせっかく自動詞を覚えても、どのような前置詞と一緒になるのかも押さえておかなければ、実際の会話では使い物になりません。前置詞の存在も常に意識してください！

 **Warm-Up 1**

次の日本語を参考に、正しい英文になるように語（語句）を並べ替えましょう。

01. 彼女はよく家族について考えます。
(her family / about / she / thinks) a lot.

02. 誰もその科学者の話を聞きませんでした。
(to / nobody / listened / the scientist).

03. 母はいつも僕に同意してくれました。
(always / me / agreed / my mother / with).

04. 昨夜、私たちはニューヨークに到着しました。
Last night, (New York / in / arrived / we).

05. 世界中の人々が平和を願っています。
(hope / people / peace / for / around the world).

06. 私はまだ彼に返事をしていません。
(haven't / to / I / him / replied) yet.

07. 僕はその資格について話しているんです。
(the license / I'm / about / talking).

08. 彼は他の女性たちを見ませんでした。
(he / at / other women / look / didn't).

09. 彼女はそこであなたを待っていました。
(was / you / for / she / waiting) there.

10. 私の上司は彼に今日、話しかけていません。
(him / to / my boss / talked / hasn't) today.

**Warm-Up 1
Answer Key**

解説を読んで文の形をしっかり理解したら、
すべてのセンテンスを音読しましょう！

01. She thinks about her family **a lot.**

think「考える」はその内容を示す名詞を続ける場合、自動詞として前置詞 about または of が必要です。
※ think about[of] ...：…について考える（＝ consider）。その内容に焦点を当てる of に対して about はその内容をテーマにあれこれ考えるニュアンスです。

02. Nobody listened to the scientist.

listen「聞く」は自動詞です。聞く内容は前置詞 to を用いて表現します。listen to ... で「…を聞く」。また hear は他動詞「…が聞こえる」で、自然に耳に入るというニュアンスです。

03. My mother always agreed with me.

agree「同意する」は自動詞です。問題文のように「（人）に同意する」であれば agree with ...、「（提案・計画など）に賛同する」であれば agree to ... のように前置詞を使い分ける必要があります。

04. **Last night,** we arrived in New York.

arrive「到着する」は自動詞で到着地を示すには前置詞 in や at を用いる必要があります。
※ arrive in[at] ...：…に到着する（at は主に in よりも狭い・小さい場所を表します）

05. People around the world hope for peace.

hope「願う」は自動詞で、直接、目的語を置けず、その前に for が必要です。hope for ... で「…を願う」。around the world（世界中の）は形容詞句として名詞 people を修飾しています。peace「平和」は不可算名詞で、冠詞 a は不要です。

06. I haven't replied to him **yet.**

reply「返事をする」「答える」は自動詞で、前置詞 to を伴って reply to ...「…に返事をする」という意味になります。この英文は yet（まだ…していない）を用いた現在完了形の完了用法ですね。

07. I'm talking about the license.

talk「話す」は自動詞なので、直接、目的語の the license は置けません。必ず前置詞が必要です。talk about ... で「…について話す」という意味になります。

08. He didn't look at other women.

look「見る」は自動詞です。この look は前置詞によっていろんな意味になりますが、ここでは look at ... で「…を見る」です。ちなみに同じ「見る」という意味の see との違いですが、see は「見える」「目に入る」、look at は「意識して見る」です。※［形容詞］other：他の

09. She was waiting for you **there.**

wait「待つ」は自動詞で、「待つ相手」を表現するには wait for ...「…を待つ」の形を使います。

10. My boss hasn't talked to him **today.**

talk「話す」は自動詞で、talk to ... で「…に話しかける」という意味になります。この意味で speak to ... と言い換えることができますが、talk は通例、話し相手が明確な状況でなければならないのに対して speak はどちらでも OK という違いがあります。today は現在完了形でも使えるんでしたね。

助動詞の基本用法

Point! 助動詞は「助動詞＋動詞の原形」の形で、動詞に新しいニュアンスを与え、うまく使い分けることで状況に合った話し手の気持ちを発信することができます。ここでは助動詞をマスターし、表現力を更に高めていきましょう！

単純未来と意志未来の will

助動詞	単純未来	意志未来
will（would）	「…だろう」 ※自然のなりゆきや客観的な予測を表現します。	「…するつもりだ」（意志） （否定文で）「…しようとしない」（拒絶） 「…する」（[その場での急な] 判断）

「妻は来年 32 歳になります。」 My wife will be 32 years old next year. （**単純未来**）

「今夜、彼女に電話するつもりです。」 I will call her tonight. （**意志**）

「彼女は僕の電話にでようとしませんでした。」 She wouldn't pick up my calls. （**拒絶**）

「それじゃあ、僕が彼女に E メールを送ります。」
Then I'll send an email to her. （**[その場での急な] 判断**）

※その場での急な判断の場合は、このように短縮形（'ll）で表現します。通常、明確な意志表示の場合は短縮形は用いません。

可能性、推量、許可の can と may

助動詞	可能性、推量	許可
can（could）	（肯定文で）「…することもありうる」 （否定文で）「…のはずがない」 （疑問文で）「…であり得ようか」	「…してもよい」
may（might）	「…かもしれない」	

「プロでさえミスを犯すこともあります。」 Even professionals can make mistakes. （**可能性**）

「それが本当であるはずがありません。」 It can't be true. （**可能性**）

「それが本当であり得ましょうか。」 Can it be true? （**可能性**）

「私は遅刻するかもしれません。」 I may be late. （**推量**）

※ may を過去形 might で言い換えると、話し手の確信度が弱まり「ひょっとしたら」の気持ちが含まれます。

「無料でこの雑誌を持ち帰ることができます。」 You can[may] take this magazine for free. （**許可**）

※ can よりも may のほうが形式的です。

能力・可能「…できる」の can と be able to Vg

「…できる」という能力用法において can と be able to は言い換え可能ですが、be able to で話すほうがフォーマルに聞こえますので、基本的には can でよいでしょう。

「彼は韓国語を話すことができます。」　He can [is able to] speak Korean.

ただし、過去において「実際に…することができた」という話をする場合は <u>was/were</u> able to のみで could を使うことはできません。could は単純に能力の所有を示し「…しようと思えばできた」というニュアンスになります。

「2年前、アユミはアメリカの就労ビザを取得することができました。」
Ayumi was able to get a work visa for the U.S. two years ago.
（×）Ayumi **could** get a work visa for the U.S. two years ago.

義務、推量の have to [must] と should の用法

助動詞	義務	推量
have to (had to)	「…しなければならない」※客観的で must より弱いニュアンス。 （否定文）「…する必要はない」	「きっと…だ（…にちがいない）」 ※おもに be 動詞の前で用いる。
must	「…しなければならない」※話し手の主観的な気持ち （否定文）「…してはいけない」	「きっと…だ（…にちがいない）」
should	「…するべきだ」※must のような強制・命令調ではない。 「…するほうがよい、望ましい」	「…のはずだ」

「私は祖母の世話をしなければなりませんでした。」　I had to take care of my grandmother.（**義務**）
「あなたはそれを送り返さないといけないのですか。」
Do you have to send it back?　↔　Must you send it back?（**義務**）
「あなたは自分自身に正直であるべきです。」　You should be honest with yourself.（**義務**）
have to は助動詞の働きをする**一般動詞の表現**で、疑問文や否定文の場合は主語に応じて Do/Does を使う形になる点に注意です。純粋な助動詞である must はそれ自体を利用した形になります。ちなみに must に過去形はなく、過去の場合は had to で代用します。

また両者を**否定文にした場合**の解釈の違いも、しっかり区別して覚えておきましょう。
「彼はお金を稼ぐ必要がありません。」　He doesn't have to earn money.
「父はタバコを吸ってはいけません。」　My father must not smoke.

では、最後に「推量」用法の例文をチェックしておきましょう。
「君は冗談を言っているにちがいありません。」　You have to be joking.（**推量**）
「彼はあなたの住所を知っているはずです。」　He must know your address.（**推量**）
「彼はそこにいるはずです。」　He should be there.（**推量**）

 **Warm-Up 2**

次の日本語を参考に、(　　) 内のうち適切なものを選びましょう。

01. 僕は彼の考えに同意できます。
I (can / may) agree to his idea.

02. あなたはこのメッセージに返信する必要はありません。
You (mustn't / don't have to) reply to this message.

03. このお金のいくらかはあなたのものかもしれません。
Some of this money (should / may) belong to you.

04. きっとより良い方法があるはずです。
There (has to / can) be a better way.

05. 妹はどうしても起きようとしませんでした。
My sister (wouldn't / couldn't) get up.

06. 彼が会社にいるはずがありません。彼は今、沖縄に滞在しています。
He (mustn't / can't) be at the office. He is staying in Okinawa now.

07. 弟は来年、大学を卒業します。
My brother (should / will) graduate from college next year.

08. あなたは地球の温暖化について知っておくべきです。
You (have to / should) know about the global warming.

09. そのような事故がひょっとしたら明日、私たちに起こるかもしれません。
Such an accident (can / might) happen to us tomorrow.

10. バルコニーから鳥に餌をやってはいけません。
You (must / can) not feed birds from the balcony.

Warm-Up 2 Answer Key

解説を読んで文の形をしっかり理解したら、
すべてのセンテンスを音読しましょう！

01. I can agree to his idea.

「…できる」は可能であることを表現する can ですね。may にこの用法はありません。can は be able to Vg で言い換えられ、過去において「実際に…することができた」という状況では原則として was/were able to が用いられます。cf. I was able to agree to his idea. ※ can の否定形は can't または cannot。通常は can not とはしません。

02. You don't have to reply to this message.

don't have to Vg「…する必要はない」という意味です。mustn't Vg「…してはいけない」と混同しないように注意しましょう。

03. Some of this money may belong to you.

「…かもしれない」という推量を表現する may です。belong to ... で「…に属する」という意味です。ちなみに may を過去形 might にすると確信度が低くなり、さらにあいまいなニュアンスになります。

04. There has to be a better way.

推量を示す have to be ... で「きっと…だ」ですね。there is/are ...（…がある）構文の be 動詞をこの表現に置き換えた形です。※ a better way：より良い方法

05. My sister wouldn't get up.

「どうしても…しようとしなかった」という過去の拒絶は wouldn't で表現します。※ get up：起きる

06. He can't be at the office. He is staying in Okinawa now.

「…であるはずがない」という強い否定の推量は can't で表現できます。mustn't は must not の縮約形で「…してはいけない」という禁止を表現しますのでここでは文意に合いません。

07. My brother will graduate from college next year.

単純未来の will ですね。「…するだろう」という客観的に未来の出来事を述べたものです。graduate「卒業する」は自動詞で、「卒業する場所」を示すには前置詞 from が必要です。

08. You should know about the global warming.

「…すべきだ」は should を用います。know が他動詞「…を知っている」として直接、目的語をとる場合は目的語についての事実や内容を直接、理解しているニュアンスです。一方、know about ...「…について知っている」はそれに関する情報や知識を持っているというニュアンスになります。※ global warming：地球温暖化

09. Such an accident might happen to us tomorrow.

問題文のような「ひょっとしたら…するかも」という話し手のあいまいな推量は might で表現され、can は might、may よりも確信度の高い推量「…であり得る」を示します。※［形容詞］such：そのような。冠詞の a/an は後ろに置きます。

10. You must not feed birds from the balcony.

must not Vg で「…してはいけない」という禁止表現でしたね。feed「（動物）に餌を与える」は他動詞で、後ろに目的語 birds が続いています。

Output Stage 1

A （　）内のうち適切なものを選びましょう。

01. A good idea (occurred / occurred to) us.

02. I was (talking on / talking with) the phone for about an hour.

03. The brothers won't (object / object to) the marriage.

04. I must (apologize / apologize for) the delay.

05. He is always (complaining / complaining about) his boss.

06. She might be (waiting for / waiting) in the car.

07. His brother (resembles / resembles to) you a lot.

08. You shouldn't (point / point at) people like that.

09. The girl (wished for / wished) blue eyes.

10. This path may (lead / lead to) the top of the hill.

11. My father was able to (succeed in / succeed) business.

12. I'll (pay / pay for) your dinner tonight.

13. They wouldn't (argue / argue with) their parents.

B 次の日本語に合うように、（　）内の語（語句）を文法的に正しく並べ替えてください。ただし、必要のない語（語句）が1つずつありますので注意してください。

01. 私はあなたのリーダーシップに頼ることができます。
I (your leadership / may / on / can / rely).

02. ひょっとしたらこの問題に応じてくれる学校があるかもしれません。
Some schools (to / should / this problem / might / respond).

03. 私たちはちょうど旅行から帰宅したところです。
We (home / just / returned / from / have / to) our trip.

04. 今日はたくさんの課題があるはずがありません。
（ a lot of / aren't / there / be / assignments / can't ）today.

05. 私たちの電車は予定どおりに出発しました。
（ left / on / schedule / our train / for ）.

06. それについてあなたは話す必要はありませんでした。
You（ have / about / didn't / talk / it / had / to ）.

07. 彼女はあなたの計画のことを知っているにちがいありません。
She（ about / can't / your plan / know / must ）.

08. 私たちは彼らを理解できるようになるでしょう。
We（ them / can / understand / will / be able to ）.

09. 彼女は彼の大きな声に我慢できませんでした。
She（ stand in / his loud voice / stand / couldn't ）.

C 次の（　　）内のうち適切なものを選びましょう。

01. We should（ think / consider ）about our future.

03. You mustn't（ tell / talk ）anybody.

03. She wasn't able to（ answer / reply ）to my question.

04. You（ don't have to / must ）do this job by yourself. We will help you.

Output Stage 2 次の日本語を英語にしてみましょう。 ▶03

A 01. ある名案が私たちに浮かびました。

02. 私は1時間ほど、電話で話していました。

03. 兄弟たちは、その結婚に反対しないでしょう。

04. 遅れたことをおわびしなければなりません。

05. 彼はいつも上司の文句ばかり言っています。

06. ひょっとしたら彼女は車の中で待っているかもしれません。

07. 彼の兄はあなたによく似ています。

08. あなたはそのように、人を指差すべきではありません。

09. その少女は青い目を欲しがりました。

10. この小道は丘の頂上に続いているかもしれません。

11. 私の父は仕事で成功することができました。

12. 今夜は、私があなたの夕食代を支払いますよ。

13. 彼らは両親と議論しようとはしませんでした。

B 01. 私はあなたのリーダーシップに頼ることができます。

02. ひょっとしたらこの問題に応じてくれる学校があるかもしれません。

03. 私たちはちょうど旅行から帰宅したところです。

04. 今日はたくさんの課題があるはずがありません。

05. 私たちの電車は予定どおりに出発しました。

06. それについてあなたは話す必要はありませんでした。

07. 彼女はあなたの計画のことを知っているにちがいありません。

08. 私たちは彼らを理解できるようになるでしょう。

09. 彼女は彼の大きな声に我慢できませんでした。

C **01.** 私たちは将来について考えるべきです。

02. あなたは誰にも言ってはいけません。

03. 彼女は私の質問に答えることができませんでした。

04. あなたは一人でこの仕事をする必要はありません。私たちが手伝います。

Evine's Word

なぜこんなに難しいのかと悩むよりも、なんてやりがいのあるチャレンジなのかとポジティブ思考で思いっきり楽しんでください。

Unit 04

Input Stage 1
語法

SVO
他動詞＋副詞パターン

Point!

「私は新しいジャケットを身につけました。」
（○）**I put on a new jacket.** （○）**I put a new jacket on.**
「私はそれを身につけました。」（○）**I put it on.** （×）**I put on it.**

put on O「…を身につける」は他動詞 put ＋副詞 on から成る表現です。他動詞は後ろに目的語を続けることができるため、この表現は put O on と言い換えることも可能です。注意したいのは目的語に代名詞を用いる場合は必ず「他動詞＋代名詞＋副詞」の語順になるということです。

他動詞＋代名詞＋副詞

他動詞は後ろに目的語（名詞・代名詞）を置くので、「他動詞＋名詞＋副詞」の語順は問題ありませんね。
「母は彼女のコートを試着した。」 My mother tried <u>her coat</u> on.

そして、今回の目玉テクニックなのですが、この表現は副詞を前に移動させることができるんです。
↔ My mother tried on <u>her coat</u>.

ただし、冒頭にもあるように目的語が代名詞の場合は、必ず他動詞の後ろに置かなければなりません。
「母はそれを試着しました。」 （○）My mother tried <u>it</u> on.（×）My mother tried on <u>it</u>.

このパターンの表現をもう少しチェックしておきましょう。
「彼らはまだその事業を実行していません。」 They haven't carried out the project yet.
↔ They haven't **carried** the project **out** yet. ※ carry out ... : …を実行する
「彼女は先週その報告書を提出しました。」 She handed in the report last week.
↔ She **handed** the report **in** last week. ※ hand in ... : …を提出する

副詞を用いた慣用フレーズ

これまでの Unit ですでに登場した **look** や **think** はどちらも**自動詞**ですが、副詞を用いた場合のみ慣用的に他動詞となるパターンがあります。早速、チェックしておきましょう。

「彼はそれに目を通しました。」 _SHe _√looked _Oit _{副詞}over . ※ look O over : …にざっと目を通す

look は「見る」という意味では look at it（それを見る）のように、**必ず自動詞で前置詞を挟んで目的語 it** でしたね。

しかし、副詞 over を用いて「…にざっと目を通す」という表現になると他動詞となります。その場合、（×）look over it ではなく look it over、と直接、目的語を続けなければなりません。

ただし、目的語が代名詞でなければ look over ＋目的語（名詞）の語順も OK です。

つまり、すべての動詞に自動詞と他動詞の両方の機能があり、大切なのは発信方法（語法）を学ぶことなのです。

では他にもチェックしておきましょう。

「その単語を辞書で引きました。」 I looked the word up in the dictionary. ※ look O up：…を調べる

「私たちは何度も繰り返しそれを検討しました。」 We thought it over again and again.

※ think O over：…を熟考する

他にも think O up「…を考えだす、発案する」、look O in the eye[face]「O の目［顔］をじっと見る」なども押さえておきましょう。

自動詞＋前置詞 vs 他動詞＋副詞

ご存じ on には冒頭で登場した副詞機能だけではなく前置詞機能もありましたね。比較しましょう。

「彼は素早くバスに乗り込んだ。」 He 自動詞 got 前置詞 on the bus quickly.

「ラジオをつけないで。」 Don't 他動詞 turn 副詞 on the radio, please.

※ turn on ...：（ラジオ、テレビなど）をつける

この on のように多くの副詞が前置詞機能も併せ持っています。用法の違いを見ておきましょう。

①「自動詞＋前置詞」であれば語順変更はできない。**（動詞と切り離せない！）**

（×）He got the bus 前置詞 on quickly.　（○）Don't turn the radio 副詞 on, please.

②発音のストレス（強勢）位置が異なる。

He **GOT** on the bus quickly.　➡　自動詞にストレスを置く。

Don't turn **ON** the radio, please.　➡　副詞にストレスを置く。

前置詞は**機能語**（文法構造に関係する言葉）、副詞は**内容語**（名前、性質、動作、状況などを示す言葉）に分けられ、英語ではこの内容語にストレスを置くのが一般的ですので、上のようなストレスになります。※**機能語**…前置詞、助動詞、冠詞、接続詞など、**内容語**…名詞、形容詞、動詞、副詞など

このように、大きく 2 つの注意点がありますので、動詞フレーズを押さえる際は必ず辞書で小まめに品詞を確認し、実践で使えるように準備をしておきましょう！

Warm-Up 1

次の日本語を参考に、正しい英文になるように語（語句）を並び替えましょう。

01. 靴を脱ぐ必要はありません。
You (have to / off / don't / take) your shoes.

02. 携帯電話が振動するので、電源を切りました。
My cellphone vibrates so (it / I / off / turned).

03. 夢をあきらめないで。
(give up / don't / your dreams).

04. 今朝、その記事にざっと目を通しました。
This morning (the article / looked / I) over.

05. その計画は費用がかかります。彼らはそれを中止するでしょう。
The plan costs too much. (are going to / call / they / off / it).

06. 彼女たちをホテルまで車で迎えに行ってもいいですよ。
I (at / them / up / can / pick) their hotel.

07. 父はそのズボンを試着しました。
(a pair of / tried on / my father / the pants).

08. 明日、プレゼンをする予定でしたが、上司が来週まで延期しました。
We were supposed to make a presentation tomorrow, but (put / our boss / off / it) until next week.

09. 私は昨日、昔付き合っていた彼氏に偶然バーで会いました。
(ran into / at / I / an ex-boyfriend) a bar yesterday.

10. 彼は彼女に結婚を申し込みましたが、断られました。
He proposed to her and (him / turned / down / she).

Warm-Up 1 Answer Key

解説を読んで文の形をしっかり理解したら、
すべてのセンテンスを音読しましょう!

01. You don't have to take off **your shoes.**

take off ...「…を脱ぐ」。「他動詞＋副詞」表現なので、take your shoes off と言い換え可能。take off は「（飛行機などが）離陸する」（自動詞＋副詞）という意味もあり、この場合は 1 つの自動詞として働くため、目的語を続けることはできません。cf. Our plane is taking off.（私たちの飛行機は離陸するところです）

02. My cellphone vibrates so I turned it off.

turn off ...「（電源）を切る」。副詞を伴う他動詞フレーズは、目的語に代名詞を続ける場合、「他動詞＋代名詞＋副詞」の語順になるのでしたね。（×）turn off it とは言えませんので注意しましょう。※［自動詞］vibrate：振動する、震える

03. Don't give up your dreams.

give up ...「…を諦める」。give は他動詞なので give your dreams up で言い換え可能です。これは「他動詞＋副詞」の表現ですが、もし up が前置詞であれば語順変更はできません。

04. This morning I looked the article **over.**

look O over「…にざっと目を通す」。この look は自動詞ではなく、副詞 over を伴って慣用的な表現として他動詞になっています。looked over the article で言い換え可能です。

05. The plan costs too much. They are going to call it off.

call off ...「…を中止にする」。目的語が代名詞であれば必ず call it off（他動詞＋代名詞＋副詞）の語順になります。（×）call off it とは言いません。ただし、例外として、see O off「…を見送る」という「他動詞＋副詞」フレーズでは、目的語が代名詞でなくても必ず see ＋目的語（名詞・代名詞）＋ off の語順になるので注意しましょう。※［自動詞］cost：（費用が）かかる

06. I can pick them up at **their hotel.**

pick up ...「（車などで）…を迎えに行く」。「他動詞＋副詞」の表現です。them は代名詞のため（×）pick up them とは言えません。反意表現 drop off ...「…を乗り物から途中で降ろす」も押さえておきましょう。

07. My father tried on a pair of pants.

try on ...「…を試着する」。「他動詞＋副詞」の表現で tried a pair of pants on と言い換え可能です。ちなみに「ズボン」は必ず複数形 pants[trousers] で表現します。

08. We were supposed to make a presentation tomorrow, but our boss put it off **until next week.**

put off ...「…を延期する」（＝ postpone）。it は代名詞のため（×）put off it という語順にはできません。be supposed to Vg は「…することになっている」などと訳され、あらかじめ決められている予定や計画などを表現します。個人の意志とは無関係の外的な要因であることが多いです。※［前置詞］until：…まで

09. I ran into an ex-boyfriend at **a bar yesterday.**

run into ...「…と偶然に会う」。「自動詞＋前置詞」で 1 つの他動詞として機能するため（×）run O into とは言えません。

10. He proposed to her and she turned him down.

turn down ...「…を拒否する」。「他動詞＋副詞」の表現です。him は代名詞のため（×）turn down him とは言えません。※ propose to ... ：…に結婚を申し込む

助動詞を用いた表現

> **Point!** 動詞に様々なニュアンスを与える助動詞は、会話表現としても非常に重宝します。特に「許可」、「依頼・要求」、そして「提案・申し出」の表現は、最低限ここで押さえておきましょう！

相手に許可を求める表現

助動詞表現	使い分けポイント	意味
Can I …?	その場の状況で可能かどうかが視点となる	…してもいいですか
Could I …?	Can I …? をより丁寧にフォーマルにした印象を与える	…してもよろしいですか
May I …?	相手が許可してくれるかどうかが視点となる	…させていただけますか

一般的には can が幅広い会話シーンで使われていますが、フォーマルな場面では could や may を用いたほうが良いでしょう。基本的に、相手に許可を求める may には堅い印象があります。
「ちょっとお話ししてもよろしいですか。」 Could[May] I talk to you for a minute?
「いくつか質問してもいいですか。」 Can I ask a few questions?

相手に依頼・要求する表現

丁寧度	助動詞表現	意味
高	**Could you** (please) …?	…していただけませんか
↓	**Would you** (please) …?	
	Can you (please) …?	…してくれますか
低	**Will you** (please) …?	

please は文頭・文中・文末に置かれ、主に「依頼・要求」表現で丁寧さを示すために用いられますが、親しい間柄でも日常的に使われるもので、これ 1 語だけで特別丁寧になるわけではありません。
「お手伝いしていただけませんか。」 Could[Would] you please help me?
※実際には could と would は丁寧度において、それほど差はなく使用されています。

「窓を開けてくれますか。」 Can[Will] you open the window, please?

could［would］you は丁寧すぎる表現というのは誤解で、さまざまな場面でごく当たり前に使われています。can［will］you の依頼表現は身内、親しい間柄、部下、後輩などに対して使い、目上の人に対してやフォーマルな場面ではやや失礼な印象を与えますので注意しましょう。

※親しい関係でも相手に負担を与えるような要求や依頼は could［would］you がベターです。

また、この表現における can と will の使い分けポイントですが、can は相手の能力や可能性、will は相手の意志を尋ねる点を押さえてください。

Will you help me? 「私を手伝う意志はありますか。」（意志確認）

Can you help me? 「私を手伝うことはできますか。」（能力・可能性の状況確認）

両者の区別をそれほど気にする必要はありませんが、このような話し手の気持ちがある上で、日本語では単純に「手伝ってくれますか」と解釈されていることは参考までに覚えておきましょう。

 ## 相手に提案・申し出をする表現

助動詞表現	使い分けポイント	意味
Could I ...?	もっともフォーマルで礼儀正しい	…しましょうか
May I ...?	許可をもらえれば「…できますよ」という気持ち	
Shall I ...?	「…しますよ」という決心の気持ち	
Shall we ...?	相手も含めた提案で Let's Vg で言い換え可能	（一緒に）…しましょうか

「僕のノートパソコンを持って行きましょうか。」 Shall I bring my laptop?

「飲みに行きましょうか。」 Shall we go out for a drink?

couldと may は許可だけでなく丁寧に手助けなどの申し出をする場面でも使うことができます。

「荷物を2階に運びましょうか。」 Could I carry your baggage upstairs?

「いらっしゃいませ。（お手伝いしましょうか）」 May I help you?

 ## 過去の出来事「助動詞＋ have Vpp」表現

では最後に助動詞の応用表現をチェックしておきましょう。まずは以下の英文を比較してください。

「彼はプロに違いありません。」 He must be a professional.

「彼はプロだったに違いありません。」 He must have been a professional.

比較すれば一目瞭然ですね。助動詞の後ろに完了形の have Vpp を続けることで助動詞ニュアンスを含んだ過去の出来事を表現できます。例文の must には推量用法で「…に違いない」という意味があり、must have Vpp で「…だったに違いない」と過去の推量用法になります。

この反意表現 cannot have Vpp「…したはずがない」も一緒に押さえおきましょう。

「彼女がこの仕事をしたはずがありません。」 She cannot have done this work.

「彼女はこの仕事をしたにちがいありません。」 She must have done this work.

Warm-Up 2

次の日本語を参考に、（　　）内のうち適切なものを選びましょう。

01. [受付で] お名前を頂戴してもよろしいでしょうか。
（ Can / Could) I have your name, please?

02. ここでタバコを吸ってもいいですか。 — すみません、ここは禁煙です。
（ Can / Will) I smoke here? — Sorry, this is a no-smoking area.

03. それを後で棚に戻していただけませんか。 — もちろんです。
（ May / Would) you put it back on the shelf later? — Certainly, I will.

04. そのとき、僕は大きな間違いをしたはずです。
I must (make / have made) a big mistake then.

05. 今夜は中華料理にしようか。— いいねぇ、（中華）好きなんだよなぁ。
Shall (we / I) have Chinese food tonight? — Why not? I love it.

06. 彼にお伝えしたいことはありますか。— いいえ、大丈夫です。後でかけ直します。
（ Could I / Could you) take a message for him? — No, that's fine. I'll call him back later.

07. 彼女が約束を破ったはずがありません。
She cannot (have broken / break) her promise.

08. 明日、私に会いに来てくれない。— いや、無理なんだ。明日は大きな会議があるから。
（ Will / Would) you come and see me tomorrow? — No, I can't. I have a big meeting tomorrow.

09. ここにスーツケースを置いておいてもよろしいですか。— はい、構いませんよ。
（ May I / Could you) leave my suitcase here? — Yes, you can.

10. もう少しゆっくり話していただけませんか。— もちろんです。
（ Could you / Shall we) talk a little more slowly? — Sure.

Warm-Up 2 Answer Key

解説を読んで文の形をしっかり理解したら、
すべてのセンテンスを音読しましょう!

01. Could I have your name, please?

とても丁寧に相手に許可を求める表現です。Can I ... ? とすれば「…してもいいですか」と少し相手との立場が近くなるような感じです。ここでは「受付で」というフォーマルな場面ですので Could I ... ? が適切です。

02. Can I smoke here? — Sorry, this is a no-smoking area.

相手に「(自分が) していいのかどうか」を尋ねる表現で、許可を求めるカジュアルな場面で使われます。ちなみに応答文として Sorry, no smoking here. と表現しても自然です。

03. Would you put it back on the shelf later? — Certainly, I will.

とても丁寧に相手に依頼・要求する表現です。相手の意志確認「…してくださる意志はありますか?」が根本的なニュアンスです。相手との関係が近くなれば Will you ... ?「…してくれますか」でも OK です。また Would[Could] you ... ? の返事として、そのまま would[could] とは言わず will[can] に戻しますので注意してください。Certainly. は「もちろん」という意味で、他にも Definitely.、Sure.、Absolutely.、Of course. などで同意や賛成などの強い意志表明をすることができます。※ put O back：…を戻す

04. I must have made a big mistake then.

助動詞＋ have Vpp で過去の内容を表現します。must には推量「…にちがいない」の意味があり have Vpp を合わせることで過去の推量「…したはずだ」を表現することができます。※ make a mistake：間違える

05. Shall we have Chinese food tonight? — Why not? I love it.

Shall we ... ? は提案表現の 1 つで Let's ... . で言い換えることができます。Shall I ... ? と違って、相手も含めて「一緒に」という気持ちがあります。Why not? は否定的な意味はなく、「もちろんです。」という Yes の強調表現です。

06. Could I take a message for him? — No, that's fine. I'll call him back later.

とても丁寧に相手に提案・申し出をする表現です。直訳は「伝言をお聞きしましょうか。」です。

07. She cannot have broken her promise.

問題 04. 参照。cannot Vg は「…のはずがない」、cannot have Vpp で「…したはずがない」となります。示唆する時制の違いを区別して押さえておきましょう。反意表現は must have Vpp ですね。

08. Will you come and see me tomorrow? — No, I can't. I have a big meeting tomorrow.

親しい間柄で「…してくれますか」と依頼・要求する表現です。「…する意志 (気持ち) はあるの?」と相手の意志を問うニュアンスが暗に含まれるため、相手との関係によっては失礼に聞こえるので注意しましょう。さて、問題文では断りの返事になっていますが will not [won't] ではなく can't になっていることに注目です。意志は関係なく、事情により不可能であるという気持ちが込められています。これを will not [won't] にしてしまうと場合によっては話し手の意志として伝わるため、「行くつもりはない」と相手に冷たい印象を与えることもあります。状況に合わせて使い分けましょう。※ come and see：…に会いに来る

09. May I leave my suitcase here? — Yes, you can.

丁寧に許可を求める表現で、Could I ... ? で言い換えることもできます。May I ... の方がフォーマルな響きがあります。返事として Yes, you may. も文法的に問題ありませんが、相手の立場が自分よりも下（部下や子どもなど）でなければ失礼に当たります。

10. Could you talk a little more slowly? — Sure.

とても丁寧に相手に依頼・要求する表現です。カジュアルな場面では Can you ... ?「…してくれますか」も広く一般的に使われています。※ a little：少し、[副詞] slowly：ゆっくりと

Output Stage 1

A 次の日本語を英語にしたとき、それが正しければ T、誤っていれば F としてください。

01. ここで靴を脱いでいただけませんか。— 分かりました。
Could you take off your shoes here, please? — OK.

01

02. お父さんはあわてて紙切れにそれを書きとめました。
My dad hastily wrote down it on the slip of paper.

02

03. 時刻表をもらえますか。— もちろんです。少々お待ちください。
Can I have a timetable? — Certainly. Just a moment.

03

04. 私たちは次の停留所でバスを降りないといけません。
We have to get the bus off at the next stop.

04

05. あなたは眼鏡をかけるべきです。
You should put your glasses on.

05

06. そのジェット機は離陸したにちがいありません。
The jet must have taken it off.

06

07. この新聞を捨ててくれませんか。
Can you throw away this paper, please?

07

08. ここに駐車してもよろしいですか。— すみません、ここは駐車禁止です。
Could I park my car here? — Sorry, there's no parking here.

08

09. それについてよく考えて、明日電話をかけ直してもよろしいですか。
May I think over it and call you back tomorrow?

09

10. そのデータを見ることはできますが、持ち去ることはできません。
You can look at the data, but you cannot take it away.

10

11. 駅まで歩きましょうか。— はい、そうしましょう。
Shall I walk to the station? — Yes, let's.

11

12. ろうそくを消してくれない。— いいよ。
Will you put out the candles? — All right.

12

13. ホテルまで車で迎えに行きましょうか。— それはありがたいです。
Shall I pick up you at the hotel? — That sounds great.

13

B 次の日本語に合うように、(　　　) 内の語（語句）を文法的に正しく並べ替えてください。ただし、必要のない語（語句）が１つずつありますので注意してください。

01. 電話帳でそれを調べてみます。
(look / I'll / it / look up / up) in the telephone directory.

02. そのおばあさんを探していただけませんか。
(for / do / look / you / would / the old woman), please?

03. 海のそばを通りましょうか。
(we / the sea / will / pass / shall / by)?

04. このスリッパを履いてくれませんか。
(you / on / these slippers / out / will / put)?

05. ヒロシはその契約に目を通したはずです。
Hiroshi (looked / cannot / the contract / have / over / must).

06. テレビを消していただけませんか。
(the TV / down / could / off / turn / you)?

07. これを試着していいですか。
(I / this / on / can / try / shall)?

08. ナオがその計画をあきらめたはずがありません。
(cannot have given / Nao / up / the plan / cannot give).

09. これらのテストを実施してもよろしいですか。
(these tests / out / on / could / carry / I)?

C 次の英文に対する返事として適切なものを記号で答えましょう。同じ記号は一度しか使えません。

01. Shall I turn on the air conditioner?　01

02. Would you call me up tonight?　02

03. Could you put my name on the waiting list?　03

04. Do you see him sometimes?　04

 (a) Yes, of course.
 (b) Sure. Please complete this application form.
 (c) Unfortunately, it doesn't work very well.
 (d) Of course. May I have your phone number, please?

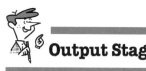

A

01. ここで靴を脱いでいただけませんか。— 分かりました。

02. お父さんはあわてて紙切れにそれを書きとめました。

03. 時刻表をもらえますか。— もちろんです。少々お待ちください。

04. 私たちは次の停留所でバスを降りないといけません。

05. あなたは眼鏡をかけるべきです。

06. そのジェット機は離陸したにちがいありません。

07. この新聞を捨ててくれませんか。

08. ここに駐車してもよろしいですか。— すみません、ここは駐車禁止です。

09. それについてよく考えて、明日電話をかけ直してもよろしいですか。

10. そのデータを見ることはできますが、持ち去ることはできません。

11. 駅まで歩きましょうか。— はい、そうしましょう。

12. ろうそくを消してくれない。— いいよ。

13. ホテルまで車で迎えに行きましょうか。— それはありがたいです。

B **01.** 電話帳でそれを調べてみます。

02. そのおばあさんを探していただけませんか。

03. 海のそばを通りましょうか。

04. このスリッパを履いてくれませんか。

05. ヒロシはその契約に目を通したはずです。

06. テレビを消していただけませんか。

07. これを試着していいですか。

08. ナオがその計画をあきらめたはずがありません。

09. これらのテストを実施してもよろしいですか。

C 01. エアコンをつけましょうか。— 残念ですが、ちゃんと動かないんです。

02. 今夜私に電話していただけませんか。— いいですよ。電話番号を教えてください。

03. キャンセル待ちをさせていただけませんか。— もちろんです。この申込用紙にご記入ください。

04. 彼にときどき会いますか。— はい、もちろんです。

Evine's Word

自分にとって一番効果的な勉強法は他人に聞いても分かりません。
自分が手探りで探し始めて、転んだときに気づくものです。

Unit 05

SVOO vs SVO＋to/for ...

Point! （ア）「私は小包を送りました。」 **I sent a parcel.**（SVO 文型）
（イ）「私は彼に小包を送りました。」 **I sent him a parcel.**（SVO_1O_2 文型）

他動詞 send「…を送る」は（ア）のように「送るモノ」を示す目的語を取ることができますが、（イ）のように、「誰に（送り先）」「何を（送るモノ）」の順番で目的語を 2 つ用いることもできます。今回は SVO_1O_2 文型で表現できる他動詞をメインにチェックしていきます！

SVO_1O_2 文型の特徴

早速ですが、SVO 文型と SVO_1O_2 文型を比較して、その特徴をチェックしましょう。
「彼らは良い助言を提供しました。」 $_S$They $_V$offered $_O$good advice.（SVO 文型）
「彼らは私に良い助言を提供してくれました。」 $_S$They $_V$offered $_{O_1}$me $_{O_2}$good advice.（SVO_1O_2 文型）
offer「…を提供する」のように SVO_1O_2 文型で言い換えることのできる他動詞は授与動詞とも呼ばれ、何らかの「利益」「恩恵」「影響」を与える動詞です。

SVO_1O_2 文型では SVO 文型を基本として、**その「利益」「恩恵」「影響」を受ける「相手・場所」を間接目的語 O_1 とし、何を与えるのかを示したものを直接目的語 O_2** としています。
「（誰か）に（何か）を与える」ニュアンスで押さえましょう。

また、元の SVO 文型でも、前置詞 to/for を用いて間接目的語を示すことができます。
「彼らは良い助言を提供しました。」 $_S$They $_V$offered $_O$good advice.
→「彼らは良い助言を私に提供してくれました。」 $_S$They $_V$offered $_O$good advice $_M$to me.

SVO ＋ to/for ... の使い分け

利益や影響などの受け手を後ろに回す場合は、前置詞 to/for が必要であることを押さえましたが、ここでは前置詞の使い分けをチェックしましょう。

パターン	主な他動詞（授与動詞）	使い分けポイント
SVO ＋ to ...	give、hand、lend、offer、owe、pay、sell、send、show、teach、tell、throw など	「与える先⇒行為の到着点」を意味するため、相手がいなければ成立しない**動作や行動**
SVO ＋ for ...	buy、get、find、make、bring、leave など	相手がいなくても成立する**動作や行動**

前置詞 to は方向「…へ」「…に」、for は利益や恩恵「…のために」というニュアンスをもともと含んでおり、そのニュアンスを押さえつつ他動詞の使い分けを覚えましょう。

※慣用的にセットになっていることもあり、必ずしもニュアンスだけで理解できるとは限りません。

また動詞によっては to と for の両方を取れるものがあります。ただし、それぞれの前置詞のニュアンスによって表現する内容が異なりますので注意してください。

「母は僕に手紙を書きました。」 My mother wrote a letter **to** me.

この英文では、「僕がその手紙を受け取る」ことになりますが、to を for にすると…
➔ My mother wrote a letter for me. 「母は僕のために（➔ 代わりに）手紙を書いてくれました。」

「僕」が「利益」を受けるニュアンスになり、英文の意図はまったく別物になってしまうわけです。

※その他に bring、leave、sing、play なども to と for の両方を取れる動詞です。

また一般的に O_2 に代名詞 it を置かず、前に移動させて基本の SVO ＋ to/for ... の文型で表現します。
「私は彼女にそれを与えました。」 （○） I gave it to her.　（△） I gave her it.

SVO$_1$O$_2$ から SVO に言い換えられない他動詞

「そのサービスで私は 10 ドル請求されました。」

They charged $_{O_1}$me $_{O_2}$$10 for the service.

※不特定の they で「（ある地域・場所・店の）人々」を指し、特に訳出する必要はありません。

charge O_1O_2 で「O_1 に O_2 を請求する」という意味がありますが、これを SVO ＋ to/for パターンにすることはできません。
（×） They charged $10 to/for me for the service.

他にも SVO$_1$O$_2$ から SVO に言い換えができない他動詞を見ておきましょう。

「この仕事は 1 週間かかりました。」 This work took me a week.

※ take O_1（人）O_2（時間・労力）：O_1 に O_2 を必要とさせる（O_1 が O_2 を必要とする）

「コンピューターのおかげでたくさんの時間が省けます。」 Computers save us a lot of time.

※ save O_1（人）O_2（時間・労力・お金）：O_1 に O_2 を省かせる、節約させる（O_1 が O_2 を省ける、節約できる）

「この辞書は 1 万円しました。」 This dictionary cost me 10,000 yen.

※ cost O_1（人）O_2（お金・費用）：O_1 に O_2 がかかる（O_1 が O_2 を支払う）

次の日本語を参考に、正しい英文になるように語（語句）を並べ替えましょう。

01. そのわんぱくな男の子のおかげで、私は頭が痛くなりました。
(a headache / me / the naughty boy / gave).

02. コーヒーを入れてくれませんか。
(you / me / can / make / coffee)?

03. このクーポンで 10 ドル安くなります。
(you / saves / this coupon / $10).

04. あなたに良い本を見つけてあげましょう。
(you / find / a good book / I'll).

05. 彼女にそれを見せないでください。
Don't (her / show / to / it), please.

06. 彼女の父親は僕にお金を差し出しました。
(some money / her father / me / gave / to).

07. あなたにそのコンサートのチケットを手に入れてあげましょう。
(you / to / I'll / a ticket / get) the concert.

08. それを私に作っていただけませんか。
Would (it / make / me / you / for)?

09. 彼の両親は決して彼にテーブルマナーを教えませんでした。
His parents (him / never / table manners / taught).

10. あなたは彼に何か言うべきだったんです。
You should (him / have told / something).

**Warm-Up 1
Answer Key**

解説を読んで文の形をしっかり理解したら、
すべてのセンテンスを音読しましょう！

01. The naughty boy gave me a headache.

give $O_1 O_2$「O_1 に O_2 を与える」。SVO 文型では gave a headache <u>to me</u> となります。ただし、この意味のときは O_1 を省略することはできません。cf.（×）Her father gave a headache. ※［形容詞］naughty：わんぱくな、イタズラ好きな

02. Can you make me coffee?

make $O_1 O_2$「O_1 に O_2 を作ってあげる」。SVO 文型では make coffee <u>for me</u> となります。Can you ... ?「…してくれませんか」はカジュアルな依頼・要求表現でしたね。

03. This coupon saves you $10.

save $O_1 O_2$「O_1 に O_2 を省かせる、節約させる」。この意味では SVO ＋ to/for ... で言い換えることはできません。ただし授与の意味ではなく「…を救う」「…を蓄える」という意味で用いる場合は言い換えが可能です。cf. The rescue team saved 10 people.（そのレスキュー隊は 10 人の命を救いました）、He saved money for the future.（彼は将来のためにお金を貯めました）

04. I'll find you a good book.

find $O_1 O_2$「O_1 に O_2 を見つけてあげる」。SVO 文型では find a good book <u>for you</u> となります。

05. **Don't** show it to her**, please.**

show $O_1 O_2$「O_1 に O_2 を見せる」の O_2 が代名詞（it）になるため SVO 文型で言い換えた形ですね。Don't Vg で「…するな」と否定の命令文になっています。please を付けることで、少し柔らかい印象になります。

06. Her father gave some money to me.

問題 01. と比較。give $O_1 O_2$ を SVO 文型で言い換えたものですね。「与える」という動作が成立するには、その相手がいなければなりません。このように 1 人では成立しない動作を示す授与動詞では to を用います。

07. I'll get you a ticket to **the concert.**

get $O_1 O_2$ で「O_1 に O_2 を手に入れてあげる、買ってあげる」。SVO 文型では get a ticket to the concert <u>for you</u> となります。

08. **Would** you make it for me?

問題 02. と比較。make $O_1 O_2$ を SVO 文型で言い換えたものです。O_2 の位置に代名詞（it）を置くことはできません。make は SVO 文型で言い換えると for を用います。Would you ... ?「…していただけませんか」でとても丁寧に相手に依頼・要求する表現になるんでしたね。

09. **His parents** never taught him table manners.

teach $O_1 O_2$「O_1 に O_2 を教える」。SVO 文型では taught table manners <u>to him</u> となります。過去の習慣を完全に否定する副詞 never「決して（一度も）…しなかった」は一般動詞の前に置きます。※［名詞］manner(s)：（通例複数形で）作法、行儀

10. **You should** have told him something.

tell $O_1 O_2$「O_1 に O_2 を話す、教える」。SVO 文型では told something <u>to him</u> となります。この英文の「助動詞＋ have Vpp」は過去の内容を示し、should を用いた場合は過去に実行しなかった行動や行為に対する後悔の気持ちを表します。should have Vpp で「…すべきだった（のにしなかった）」という意味です。

受け身（受動態）

> **Point!** ここでは、動作や行為の影響を受けた側をクローズアップすることで、相手に与える印象を変えることができる、便利な「受け身」be + Vpp の表現を学びます。

能動態⇔受け身

まず、be + Vpp で「…（さ）れる」という気持ちを表す、受け身の基本形をチェックしましょう。

「シズホは私たちをパーティーに招待しました。」 ₛShizuho ᵥinvited ₒus ₘto the party.

「シズホに私たちはパーティーに招待されました。」

S (← O) We ᵥwere invited ₘto the party M (← S) by Shizuho.

受け身（…される）では能動態（…する）の目的語を主語にします。そして必要に応じて動作主をby や at などの前置詞を用いて後ろに示すのがポイントです。

ここで注意しておきたいのが、目的語がない自動詞を用いた英文は受け身にはできないことです。また、動作主が代名詞である場合や不明である場合は、動作主を省略するのが一般的です。

「そのイベントは、昨日行われました。」 The event **took place** yesterday.

➡ （×）The event was taken place yesterday. ※ take place「行われる」は自動詞の表現

「彼は 1900 年にその機械を発明しました。」 He invented the machine in 1900.

➡ The machine was invented in 1900 **(by him)**.

代名詞は同じ名詞の繰り返しを避けるための表現です。つまり**代名詞は周知の情報**であるため、わざわざ動作主を示さなくても相手が理解してくれると判断し省略することができます。

また、動作主が明確な場合も省略します。

「その国で英語は使われていません。」 English is not used in that country.

動作主はその国にいる人々（people）であるのは明らかなので、わざわざ一言添える必要がないわけです。

➡ （×）English is not used **by people** in that country.

SVO₁O₂ の受け身

「タカシは私にその DVD をくれました。」 ₛTakashi ᵥgave ₒ₁me ₒ₂the DVD.

目的語を主語にしたものが受け身ですから、目的語が 2 つ（me と the DVD）あれば文法的には 2

通りの受け身に言い換えることができます。

O$_1$ を主語に：I was given **the DVD** by Takashi.　O$_2$ を主語に：The DVD was given <u>to me</u> by Takashi.

前置詞 to に注目しましょう。Input Stage 1 でチェックした SVO$_1$O$_2$ を SVO で言い換えるときに必要だった前置詞 to/for ルールがここでも適用されます。O$_1$（人）を後ろに回すと前置詞 to/for が必要であると押さえてください。ただし、O が代名詞の場合は to は省略することも可能です。

➔　The DVD was given <u>me</u> by Takashi.

SVO$_1$O$_2$ の受け身で不自然になるケース

文法的には 2 通りの受け身で言い換えることのできる SVO$_1$O$_2$ 文型ですが、O$_1$（人）を主語にした受け身は不自然なため、あまり好ましくありません。

※特に buy、make、find など SVO 文型で言い換えた場合に for を取る授与動詞。

「彼はその小さな少女に木製のおもちゃを作ってあげました。」

$_S$He $_V$made $_{O_1}$the little girl $_{O_2}$a wooden toy.

➔　（○）A wooden toy was made for the little girl（by him）.
　　（木製のおもちゃはその小さな少女のために作られました）

➔　（×）The little girl was made a wooden toy（by him）.
　　（その小さな少女は、木製のおもちゃを作られました）

受け身を用いるケース

受け身は動作や行為の対象である目的語を主語にするため、受け手側の影響をクローズアップする「焦点の切り替え」効果があるんです。

（ア）「ハチが私を刺しました。」　A bee stung me.（能動態）
（イ）「私はハチに刺されました。」　I was stung by a bee.（受け身）
英文（ア）は出来事を端的に述べる、あるいは「誰（何）がそれを行ったのか」を明確に示すのに対して、受け身で言い換えた英文（イ）は、「私は刺された」ということで、被害意識がより強調されています。このように、**同じ事実でも与える印象が変化する**ことを押さえておきましょう。

また動作主が不明の場合でも受け身はよく用いられます。
「私のカバンが盗まれました。」　My bag **was stolen**.（受け身）

この英文は、次のように能動態で言い換えても OK ですが、やはり印象が変化します。
➔　「誰かが私のカバンを盗みました。」　Someone **stole** my bag.（能動態）
端的な事実説明のような感じで、「誰かが」という謎の人物の存在に焦点が置かれ「盗まれた」という被害意識が薄くなる印象を与えます。

Warm-Up 2

次の日本語に合うように、（　　）内の語（語句）を文法的に正しく並べ替えましょう。

01. そのコンビニでは雑誌は売っていません。
（ sold / at / magazines / are not ）the convenience store.

02. 数冊のマンガが日本から私に送られてきました。
Some comics（ from / sent / me / were / to ）Japan.

03. 日本では素晴らしい交通機関が整備されています。
（ good / they / transportation / have ）in Japan.

04. その山は 1 年中、雪で覆われています。
The mountain（ covered / is / snow / with ）all the year round.

05. 僕は彼女のお母さんにランチに誘われました。
（ to / invited / was / I / lunch ）by her mother.

06. この仕事は 30 分でできます。
（ in / can be / this work / finished ）half an hour.

07. 私はそれに関して、いくつか良いアドバイスをもらいました。
I（ some good advice / given / was ）about it.

08 その子は祖父母に甘やかされています。
（ spoiled / the child / by / is ）the grandparents.

09. その訴訟はまだ決着していません。
The lawsuit（ yet / settled / been / hasn't ）.

10. これらのセーターはカシミアでできています。
These sweaters（ cashmere / made / are / of ）.

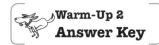

Warm-Up 2
Answer Key

解説を読んで文の形をしっかり理解したら、
すべてのセンテンスを音読しましょう！

01. Magazines are not sold at **the convenience store.**

be not Vpp で否定の受け身です。問題文のように日本語では能動態でも、英語では無生物主語を用いて受け身で表すことはよくあります。また、受け身では常に by ... が後ろに続くとは限りませんので注意してください。ここでは場所を示す at を用いています。

02. **Some comics** were sent to me from **Japan.**

send O_1O_2「O_1 に O_2 を送る」の受け身。この O_2 を主語にした受け身は O_2 be Vpp to O_1 になります。「人」の前に前置詞 to を用いることに注意してください。

03. They have good transportation **in Japan.**

have のような状態動詞は普通、受け身では用いられません。ここは一般の不特定多数を指す They を用いて能動態で表しています。この They は不特定の人々を指し日本人（話し手が日本人）の視点に立つと They → We に、相手の視点に立つと They → You、そして自分も相手も含めない場合に今回の They を用います。※［名詞］transportation：輸送機関・手段

04. **The mountain** is covered with snow **all the year round.**

cover O with ...「O を…で覆う」の目的語を主語にして受け身にしたものです。be covered with ... で「…で覆われている」。目的語の後ろに前置詞句を伴うフレーズ（※詳しくは Unit 07 で）は、受け身で言い換える際に前置詞を落としがちなので注意しましょう。※ all the year (a)round：1 年中、年間を通して

05. I was invited to lunch **by her mother.**

invite O to ...「O を…に招待する」の受け身。問題 04. 参照。前置詞 to を落とさないように注意しましょう。

06. This work can be finished in **half an hour.**

助動詞を用いた受け身です。助動詞がある場合は「助動詞＋ be Vpp」の形になります。can finish O は can be finished になります。※［前置詞］in：（未来の期限を示し）…後に、half an hour：30 分

07. I was given some good advice **about it.**

give O_1O_2「O_1 に O_2 を与える」の受け身。この O_1 を主語にした受け身です。※［名詞］advice：アドバイス、忠告

08. **The child** is spoiled by **the grandparents.**

他動詞 spoil「…を甘やかす」を受け身 be spoiled にしたものです。能動態の例は、The grandparents spoil the child.（祖父母はその子を甘やかします）です。※［名詞］grandparents：（複数形で）祖父母

09. **The lawsuit** hasn't been settled yet.

現在完了形の受け身「have/has been Vpp」です。yet「まだ…ない」を用いた完了用法になっています。能動態の例は、They haven't settled the lawsuit yet.（彼らはまだその訴訟を決着していません）です。※［他動詞］settle：…に決着をつける、［名詞］lawsuit：訴訟、告訴

10. **These sweaters** are made of cashmere.

受け身の慣用表現 be made of ...「…で作られている」です。of は from で言い換えることができますが、一般的に of の場合は材料の質に変化がないもの（見た目で識別できる）、from は原料の質に変化があるもの（見た目で識別できない）という違いがあります。※［名詞］cashmere：カシミア

Output Stage 1

A 日本語を参考にして、文法的に正しい語（語句）を選び英文を完成させましょう。

01. この旅は全部で 5,000 ドルかかりました。
This trip cost（ $5,000 to us / us $5,000 ）altogether.

02. カオリはその古い手紙を私に見せてくれました。
Kaori showed the old letter（ for / to ）me.

03. そのおよそ 3 時間後、その登山家たちは発見されました。
About three hours after that, the climbers（ found / were found ）.

04. パスポートを見せてもらえますか。
Will you show（ your passport me / me your passport ）, please?

05. いとこが足をサルにかまれました。
My cousin（ bit / was bitten ）on the leg by a monkey.

06. アヤコは僕にパンケーキを少し残しておいてくれました。
Ayako left some pancakes（ to / for ）me.

07. バーでそのワインは 50 ドルしました。
The bar（ was charged / charged ）us $50 for the wine.

08. 来週、その契約について議論されるでしょう。
The contract will（ be discussed about / be discussed ）next week.

09. 結局、彼に永住許可は下りませんでした。
Permission for permanent residence（ denied / was denied ）him in the end.

10. 誰かが僕にメモを投げました。
Someone（ was thrown / threw ）a note to me.

11. 私はチケット係に自分のチケットを手渡しました。
I handed my ticket（ for / to ）the ticket collector.

12. 水曜日まで 10 ドル貸してくれませんか。
Can you lend（ $10 for me / me $10 ）until Wednesday?

13. 彼女の父親は車の事故で亡くなりました。
Her father（ was died / was killed ）in a car crash.

B 次の日本語に合うように、（　　）内の語（語句）を文法的に正しく並べ替えてください。ただし、必要のない語（語句）が1つずつありますので注意してください。

01. その少女はある老夫婦の養女になりました。
（ by / the girl / be adopted / was / adopted ）an old couple.

02. その問題はまだ解決していません。(hasn't been / the problem / fixed / haven't) yet.

03. 私は彼女に水を持って行きました。(brought / by / some water / I / her).

04. このデザートはクリームチーズとココナッツで作られています。
(from / is / this dessert / made / by) cream cheese and coconut.

05. その会議は延期になりますか。(will / put off / the meeting / be put off)?

06. 彼は大切に扱われたに違いありません。
He (has / treated / must / have been) well.

07. その瓶には2リットル入ります。
(contains / the bottle / two liters / is contained by).

08. このジャケットはイギリス製でした。
(in / was / England / of / this jacket / made).

09. ひょっとしたら来年、地下鉄の運賃が上がるかもしれません。
Subway fares (risen / might / raised / be) next year.

C ( ) 内の指示に従って英文を言い換えましょう。

01. Someone sent me a letter. (a letter を主語に)

02. They speak English in Fiji. (English を主語に)

03. That ambulance took me to the hospital. (受け身に)

04. The party was held by Jim. (能動態に)

Output Stage 2 次の日本語を英語にしてみましょう。 ▶05

A 01. この旅は全部で 5,000 ドルかかりました。

02. カオリはその古い手紙を私に見せてくれました。

03. そのおよそ 3 時間後、その登山家たちは発見されました。

04. パスポートを見せてもらえますか。

05. いとこが足をサルにかまれました。

06. アヤコは僕にパンケーキを少し残しておいてくれました。

07. バーでそのワインは 50 ドルしました。

08. 来週、その契約について議論されるでしょう。

09. 結局、彼に永住許可は下りませんでした。

10. 誰かが僕にメモを投げました。

11. 私はチケット係に自分のチケットを手渡しました。

12. 水曜日まで 10 ドル貸してくれませんか。

13. 彼女の父親は車の事故で亡くなりました。

B 01. その少女はある老夫婦の養女になりました。

02. その問題はまだ解決していません。

03. 私は彼女に水を持って行きました。

04. このデザートはクリームチーズとココナッツで作られています。

05. その会議は延期になりますか。

06. 彼は大切に扱われたに違いありません。

07. その瓶には2リットル入ります。

08. このジャケットはイギリス製でした。

09. ひょっとしたら来年、地下鉄の運賃が上がるかもしれません。

C **01.** 手紙が誰かから送られてきました。

02. 英語がフィジーでは話されています。

03. 私はその救急車で病院に運ばれました。

04. ジムはパーティーを開催しました。

Evine's Word

どうしても理解できないときは他の単元で別のスキルを身に付けましょう。別の視野を持てば必ず打開策が見つかります。

Unit 06

Input Stage 1
語法

SVC
自動詞 3 パターン

> **Point!**
> （ア）「私は駅に着きました。」 **I got to the station.**（**SV** 文型）
> （イ）「私は病気になりました。」 **I got sick.**（**SVC** 文型）

どちらも同じ自動詞 get を用いたものですが、英文（ア）の「着いた」に対して英文（イ）では「…になりました」と全く異なる意味になっています。実は、自動詞は SV 文型を取るものと SVC 文型を取るものに分かれ、文型によって意味が変わってくるんです。今回はこのポイントを学んでいきましょう！

 ## 補語 C を必要とする自動詞の例外

SVC 文型を取る自動詞は SV 文型の自動詞とは異なり、後ろに補語 C を必要とします。補語とは主語にとって必要不可欠な補足説明をする言葉です。

「彼女は一生懸命に働いています。」 ₅She ᵥ（自動詞） <u>works</u> ₘ<u>hard</u>.（SV 文型）
「彼女はプロの弁護士です。」 ₅She ᵥ（自動詞の例外） <u>is</u> ｃ<u>a professional lawyer</u>.（SVC 文型）
※補語を取る自動詞は SV 文型の自動詞と区別して自動詞の例外（不完全自動詞）と押さえておけば OK です。

 ## 「状態」系の自動詞グループ

それではここからは、後ろに補語を取る自動詞を意味的に **3 つのグループ**に分けて整理してみましょう。補語には**名詞**と**形容詞**がありますが、自動詞によってどちらかに制限される場合がありますのでそれも注意して見ていきましょう。

まずは「…である」「…だと分かる」「…のままである」などの意味を持つ**「状態」系の自動詞**です。

状態系の自動詞	意味	基本用法
be	…である	be ＋形容詞・名詞
keep	…であり続ける	keep 形容詞
prove	…だとわかる	prove (to be) 形容詞・名詞 ※補語が名詞の場合は、to be を付けるのが一般的
remain [stay]	…のままである	remain[stay] 形容詞・名詞　※ stay は remain の口語表現

「1 週間厳しい寒さが続きました。」 The weather stayed very cold for a week.

「変化」系の自動詞グループ

では次に、「変化」系の自動詞を用いた「…になる」のパターンをチェックしましょう。

変化系の自動詞	意味	基本用法
become	…になる	become 名詞・形容詞
get	（ある状態）になる	get 形容詞　※ become より口語的
go	（悪い状態）になる	go 形容詞
grow	（成長して）…になる	grow 形容詞、grow to be 名詞
turn	（変化してある状態）になる	turn 形容詞・無冠詞の名詞

「君のお父さん、だんだん年とってきたね。」　Your father is growing old.

「印象・感覚」系の自動詞グループ

最後のグループは、人間の五感で感じたものを表現する「印象・感覚」系の自動詞です。

印象・感覚系の自動詞	意味	基本用法
feel	…だと感じる	feel 形容詞、feel like 名詞
look	…に見える	look 形容詞、look like 名詞
seem[appear]	…のようだ、…に思える	seem [appear] (to be) 形容詞・名詞 ※形容詞の場合のみ、to be は省略可 ※ seem は seem like 名詞 の形もある
smell	…のにおいがする	smell 形容詞、smell of[like] 名詞
sound	…に聞こえる、…に思える	sound 形容詞、sound like 名詞
taste	…な味がする	taste 形容詞、taste of[like] 名詞

「彼の話は私たちには奇妙に聞こえます。」　His story sounds strange to us.

「このクラッカーはピザのような味がします。」　This cracker tastes like a pizza.

※ like a pizza（前置詞＋名詞）で形容詞句として働き taste の補語になります。

では最後に keep の例を挙げて、注意すべき動詞の語法例を押さえておきましょう。

「彼は約束を守りました。」　_SHe _{V（他動詞）} kept _{O（名詞）} his promise.

「彼は冷静であり続けました。」　_SHe _{V（自動詞）} kept _{C（形容詞）} calm.

keep は名詞を伴えば他動詞「…を守る」、形容詞を伴えば自動詞「…であり続ける」という意味になります。このように語法をしっかり押さえておけば、同じ動詞を使って後ろの要素（名詞か形容詞）を変えることで違った内容を発信することができるわけです。これが語法の便利なところであり、扱いにくいところですが、トレーニングを積んでうまく使えるようにしていきましょう！

 **Warm-Up 1**

次の日本語を参考に、正しい英文になるように語（語句）を並べ替えましょう。

01. その噂は真実だと分かるでしょう。
（ prove / the rumor / true / will / to be ）.

02. ここ数日でとても暖かくなりました。
（ in / has / warm / it / very / gotten) the last few days.

03. 彼女は少し焼きもちを感じました。
（ a little / felt / she / jealous).

04. たった2年で、彼女のお兄さんは大金持ちになりました。
（ a millionaire / after / brother / became / her) only two years.

05. 彼らは24時間、起きていなければなりませんでした。
（ stay / had to / awake / they) for 24 hours.

06. 私の母は昨日、悲しそうでした。
（ sad / my mother / looked) yesterday.

07. この冬は温暖です。
（ been / this winter / has / mild).

08. 彼女は気難しい女性になりました。
（ grew / a difficult woman / to be / she).

09. 彼の母親は彼の妻にとても厳しいようです。
（ on / seems / very hard / his mother) his wife.

10. 彼らの話はとても魅力的に聞こえます。
（ very / sounds / their story / attractive).

Warm-Up 1
Answer Key

解説を読んで文の形をしっかり理解したら、
すべてのセンテンスを音読しましょう!

01. The rumor will prove to be true.

物事の結果を示す「状態」系自動詞 prove「…であると分かる」。通常、補語の前に to be を伴います。特に名詞を続ける場合は to be C の形が一般的です。また prove は turn out で言い換えることができます。cf. The rumor will turn out to be true.

02. It has gotten very warm in **the last few days.**

変化の結果を示す自動詞 get「（ある状態）になる」。get は angry、dark、cold、tired など一時的な変化状態を表す形容詞を補語として用いるのが一般的です。It has gotten ... は現在完了形の完了用法で、短期間に生じた気候の変化を示しています。※ in the last few days：ここ数日の間で

03. She felt a little jealous.

感情や実際に手で触れた感じを伝える「印象・感覚」系の自動詞 feel「…だと感じる」。「印象・感覚」系の自動詞が補語に名詞を取る場合は前置詞の like を用います。cf. She felt like a celebrity.（彼女は有名人のような気分がしました）※ a little：少し、[形容詞] jealous：嫉妬深い

04. Her brother became a millionaire after **only two years.**

変化の結果を示す自動詞 become「…になる」。get と違い名詞を補語に取ることができます。また永続的な状態を表すものを補語とします。

05. They had to stay awake **for 24 hours.**

継続状態を示す自動詞 stay「…のままである」。remain よりも口語的で、日常会話においてよく使われます。※ [形容詞] awake：目が覚めた

06. My mother looked sad **yesterday.**

外見や態度の印象を伝える「印象・感覚」系の自動詞 look「…に見える」。cf. The lake looks like a picture.（その湖は絵のように見えます）

07. This winter has been mild.

人、物事の状態を示す自動詞 be「…である」。補語を取る自動詞は連結動詞（linking verb）とも呼ばれ、主語と補語を結ぶ役割をしています。SV 文型の be 動詞の場合は存在を示し、「（ある場所に）いる、ある」という意味です。cf. He is in my room.（彼は私の部屋にいます）

08. She grew to be a difficult woman.

成長・変化した結果を示す自動詞 grow「（成長して）…になる」。形容詞を補語に取る場合は to be を省略することができます。また、単純に「…になる」と一時的な変化の結果を示すこともできます。cf. The fog is growing thicker.（霧は徐々に濃くなってきています）

09. His mother seems very hard on **his wife.**

客観的事実や主観的な感情や見た目の印象を伝える「印象・感覚」系の自動詞 seem「…のようだ」「…に思える」。appear で言い換えることができますが、appear は appear like の形を取ることができません。また seem のほうが口語的です。※ hard on ...：（人・態度などが）…に厳しい

10. Their story sounds very attractive.

見聞きして感じたことを表現する「印象・感覚」系の自動詞 sound「…に聞こえる」「…に思える」。※ [形容詞] attractive：魅力的な

準動詞（1）
不定詞と動名詞

Point! 準動詞は不定詞、動名詞、分詞（現在分詞・過去分詞）の３つを指し、本来の動詞機能に別の品詞機能を加えた表現です。様々な表現スタイルに活用され、生きた英会話には欠かせないアイテムと言えます！

 ## マルチな活躍、to Vg の形

不定詞 to Vg の形は読解だけではなく会話においてもとても重宝します。

では早速、典型的な名詞的・副詞的・形容詞的用法をまとめて確認しておきましょう。

「私たちはまたあなたに会いたいです。」 sWe vwant oto see you again.（名詞）

「彼の唯一の望みは、彼らに会うことでした。」 sHis one wish vwas cto see them.（名詞）

「あなたに会うために私たちはロンドンに行くつもりです。」

sWe vwill go Mto London Mto see you.（副詞）

「その家族に会えて嬉しかったです。」 sI vwas cglad Mto see the family.（副詞）

「ここら辺には見るべきところがたくさんあります。」

MThere vare sa lot of places Mto see Maround here.（形容詞）

to Vg の形で名詞、形容詞、副詞と機能するため、うまく使えるようになることで、表現の幅も広がっていくわけですね。今後のトレーニングで不定詞を用いた表現がどんどん登場しますので、その都度、不定詞を用いたアウトプット方法を押さえてください。

 ## 頭に不定詞は厳禁?!　It is ~（for/of 人）to Vg 表現

「英語を学ぶのは骨が折れます。」　この英文を不定詞と動名詞を用いて話すと次のようになります。

（○）Learning English is hard work.

（△）To learn English is hard work.　➡　（○）It is hard work to learn English.

不定詞 To learn は「学ぶこと」という意味で名詞になり、文法的には主語として用いることは可能です。しかし、実際の会話シーンではあまり使われません。通常は同じ名詞機能を持つ動名詞 learning を用いるか、不定詞を後ろに置いた It is ~ to Vg「…するのは~だ」を用います。

It is ~ to Vg の表現に加え、この表現に動作の意味上の主語を示すパターンも押さえておきましょう。

「日本人にとって、英語を学ぶのは骨が折れます。」

It is hard work for Japanese to learn English.

また、「~」の部分に意味上の主語とイコール関係になる性質・性格を示すものを用いる場合は for

→　of になります。

「私たちの邪魔をするなんて、彼は失礼でしたよ。」　It was rude of him to interrupt us.

ここでイコール関係とは be 動詞で結んで文意がずれない関係であり、rude of him は he was rude の関係になっています。

不定詞 to Vg と動名詞 Vg の違い

では、次の2文を比較してみましょう。2文のニュアンスの違いに注目してください。

「僕は切手を**買うのを**忘れました。」　I forgot to buy the stamps.（不定詞）

「僕は切手を**買ったことを**忘れました。」　I forgot buying the stamps.（動名詞）

不定詞は「買うのを」、動名詞は「買ったことを」となっています。この日本語から判断できることは、不定詞は「未来」、そして動名詞は「過去」を表すということですね。これが両者の根本的な違いです。

不定詞 **to Vg** のニュアンス	仮説、未来、未完了
動名詞 **Ving** のニュアンス	現実、過去、完了

上の表を基に考えると、次の日本語を英語にする場合はどちらを用いたら良いのかが判断できます。

「毎日、掃除機を忘れずにかけるのは大変ですよ。」

「忘れずにかける」ということは**「未完了」**のニュアンスなので、**不定詞**を用いるのが適切です。

（○）It is hard to remember to vacuum every day.

（×）It is hard to **remember vacuuming** every day.

不定詞、動名詞と他動詞の相性

不定詞と動名詞には名詞機能があり他動詞の目的語になることができますが、他動詞によってはどちらかに限定される場合があります。発信の際には重要な点ですのでチェックしておきましょう。

（ア）不定詞のみの他動詞は**未来志向タイプ**

「僕は運動を日常的にすることに決めました。」I've decided to exercise on a daily basis.

decide「…を決心する」のように未来や未完了・未達成・未経験と結び付くイメージを持つ他動詞は不定詞を目的語にします。　※ care、choose、expect、hope、promise、refuse、want、wish など

（イ）動名詞のみの他動詞は**経験志向タイプ**

「僕はたった今、衣類のアイロンがけを終えました。」I finished ironing the clothes just now.

※ just now は just a second ago（たった今）の意味の場合は過去形にしますが、just at the moment（ちょうど今）という意味で使う場合は現在形にします。

finish「…を終える」のようにすでに**経験済みであること、継続中であること、消極的態度**と結び付くイメージを持つ他動詞は動名詞を目的語にします。　※ admit、avoid、consider、mind、postpone など

次の日本語に合うように、（　　）内の語（語句）を文法的に正しく並べ替えましょう。

01. 僕が彼女に電話しても大丈夫ですか。
（ OK / to / it / call / me / is / for ）her?

02. コーヒーを入れていただけませんか。
（ mind / you / making / would / coffee ）?

03. 私は彼のお父さんにどこかで会った覚えがあります。
（ remember / his father / I / seeing ）somewhere.

04. 来てくれてありがとう。
（ coming / you / for / thank ）.

05. トイレの水を流すのを忘れないで。
（ forget / flush / don't / to / the toilet ）.

06. 私たちはこの問題に対する現実的な解決策を探りたいです。
（ explore / hope / we / practical solutions / to ）to this problem.

07. あなたに話があります。
（ something / I / you / tell / have / to ）.

08. 私はもっと英語を上達させたいです。
（ to / my English / want / I / improve ）more.

09. そのような間違いはしないようにしなければなりません。
（ making / you / to / avoid / have ）such a mistake.

10. 語彙力を強化するために本を読むことは欠かせません。
（ necessary / is / books / to / reading ）improve your vocabulary.

Warm-Up 2
Answer Key

解説を読んで文の形をしっかり理解したら、
すべてのセンテンスを音読しましょう！

01. Is it OK for me to call **her?**

It is 〜 for 人 to Vg「（人）が…することは〜だ」の疑問文。通常は不定詞を主語として文頭に置かないため、形式的に it を仮の主語として置いて、不定詞部分を後に回した形です。for me は不定詞 to call の意味上の主語です。Is it OK for me to Vg ... ? は相手に許可を求めたり可能性を確かめたりするときに便利な表現です。

02. Would you mind making coffee**?**

Would you Vg ... ?「…していただけますか」はとても丁寧な依頼・要求表現でしたね。mind「…を嫌に思う」は動名詞を目的語とします。またここでは「嫌に思う」のも「コーヒーを作る」のも同一人物ですが、動名詞の動作を別の人がする場合は「目的格（または所有格）の代名詞＋動名詞」で動名詞の意味上の主語を表します。cf. Would you mind me[my] opening the window?（窓を開けてもよろしいですか）

03. I remember seeing his father **somewhere.**

remember Ving「…したのを覚えている」。remember は不定詞を目的語にすることもできますが、過去の内容を表現する場合は動名詞を用いることを覚えておきましょう。※［副詞］somewhere：どこかで

04. Thank you for coming**.**

Thank you for Ving「…してくれてありがとう」。前置詞の後ろに不定詞を続けることはできません。必ず動名詞で表現しましょう。※［他動詞］thank：…に感謝する

05. Don't forget to flush the toilet**.**

forget to Vg「…することを忘れる」。「これから先に行うことを忘れないで」は不定詞を使います。動名詞は「過去の出来事を忘れた」ということになります。※［他動詞］flush：…を洗い流す

06. We hope to explore practical solutions **to this problem.**

hope「…を望む」は不定詞を目的語にします。hope to Vg で「…したいと思う」「…することを望む」。（×）hope exploring　※［他動詞］explore：…を探る、solution(s) to ...：…の解決策

07. I have something to tell you**.**

have something to Vg は「…するための何かを持っている」が直訳ですが「…することがある」と覚えておきましょう。名詞 something を後ろから修飾する形容詞的用法ですね。tell O₁ O₂「O₁ に O₂ を話す」の O₂ の部分 something が前に移動したもので、不定詞の tell の目的語となります

08. I want to improve my English **more.**

want「…が欲しい」「…を望む」は不定詞を目的語にします。want to Vg「…したい（と思う）」。
※［他動詞］improve：…を進歩させる、［副詞］more：もっと、さらに

09. You have to avoid making **such a mistake.**

avoid「…を避ける」は動名詞を目的語にします。have to Vg で「…しなければならない」という義務表現ですね。※［形容詞］such：そのような（冠詞 a/an は such の後）

10. Reading books is necessary to **improve your vocabulary.**

動名詞を主語に用いた表現ですね。Reading books（本を読むこと）は books が複数のため be 動詞を are にしなければならないと勘違いする人もいますが、あくまでも主語は Reading で books はその目的語にすぎません。to improve one's vocabulary（…の語彙力を強化するために）は目的を表現する副詞的用法の不定詞です。
※［形容詞］necessary：不可欠な

A 日本語を参考にして、文法的に正しい語（語句）を選び英文を完成させましょう。

01. それ以来、彼はほかの楽器を始めたがっています。
He has wanted (taking / to take) up other instruments since then.

02. 彼はその高校の先生になりました。
He (got / became) a teacher at the high school.

03. 信号が青に変わりました。
The traffic light (turned / grew) green.

04. 彼らの提案を断るとはあなたは賢明でした。
It was sensible (for / of) you to refuse their proposal.

05. 彼女をスキャンダルから守るために、彼らは沈黙を守り続けました。
They (kept / seemed) quiet to protect her from scandal.

06. まずはトラブルを避けることで自分自身を守らなければなりません。
You have to protect yourself by (to avoid / avoiding) trouble in the first place.

07. 私はそこで彼に会うつもりでした。
I expected (seeing / to see) him there.

08. 私たちの計画はすべて失敗しました。
All our plans (came / went) wrong.

09. このオファーは私たちに良さそうです。
This offer (seems / seems to) good for us.

10. 彼はそのナイフで缶を開けようとしました。
He tried (to open / opening) the can with the knife.

11. ドアに鍵をかけるのを忘れないでください。
Please remember (locking / to lock) the door.

12. いいにおいです。
It (smells like / smells) good.

13. 妹は話すのをやめて、食べ始めました。
My sister stopped (to talk / talking) and began to eat.

B 次の日本語に合うように、（　　　）内の語（語句）を文法的に正しく並べ替えてください。
ただし、<u>必要のない語（語句）が 1 つずつあります</u>ので注意してください。

01. 彼女は何も言わずに家から出て行きました。
(to say / home / without / she / saying / left) a word.

02. それらの穴を掘るのは簡単ではありませんでした。
（ digging / easy / was / those holes / were / not ）.

03. 彼はその古い習慣から抜け出すと約束しました。
（ promised / the old habit / getting out of / he / to get out of ）.

04. そのおばあさんは休憩のため立ち止まりました。
（ stopped / taking / the old woman / to take ）a rest.

05. 今月の家賃を払うのを忘れました。
（ forgot / paying / I / my rent / to pay ）this month.

06. ここでタバコを吸ってもよろしいですか。
（ smoking / you / mind / would / to smoke / me ）here?

07. バンコク経由の飛行機でイギリスへ行くことにしました。
（ to the U.K. / chose / flying / I / to fly ）via Bangkok.

08. その子どもたちは食べるものが何もありませんでした。
（ it / nothing / the children / to / had / eat ）.

09. 私たちはそれを聞いてとても嬉しかったです。
（ hear / were / to / very happy / we / hearing ）that.

C 次の（　）に当てはまる最も適切な動詞を選択肢より選び英文を完成させましょう。
ただし、必要に応じて、正しく活用させてください。※英文は基本的に現在時制とします。

01. My brother never（　　　　　　　　　）sick.

02. This（　　　　　　　）like a good business.

03. The price of gasoline has（　　　　　　　　）a severe issue.

04. His wife（　　　　　　　）to be a big fan of yours.

［選択肢］　become　appear　get　sound

Output Stage 2　次の日本語を英語にしてみましょう。

▶06

A　01.　それ以来、彼はほかの楽器を始めたがっています。

02.　彼はその高校の先生になりました。

03.　信号が青に変わりました。

04.　彼らの提案を断るとはあなたは賢明でした。

05.　彼女をスキャンダルから守るために、彼らは沈黙を守り続けました。

06.　まずはトラブルを避けることで自分自身を守らなければなりません。

07.　私はそこで彼に会うつもりでした。

08.　私たちの計画はすべて失敗しました。

09.　このオファーは私たちに良さそうです。

10.　彼はそのナイフで缶を開けようとしました。

11.　ドアに鍵をかけるのを忘れないでください。

12.　いいにおいです。

13.　妹は話すのをやめて、食べ始めました。

B　01.　彼女は何も言わずに家から出て行きました。

02.　それらの穴を掘るのは簡単ではありませんでした。

03. 彼はその古い習慣から抜け出すと約束しました。

04. そのおばあさんは休憩のため立ち止まりました。

05. 今月の家賃を払うのを忘れました。

06. ここでタバコを吸ってもよろしいですか。

07. バンコク経由の飛行機でイギリスへ行くことにしました。

08. その子どもたちは食べるものが何もありませんでした。

09. 私たちはそれを聞いてとても嬉しかったです。

C 01. 私の弟は決して病気になりません。

02. これは良いビジネスのように思えます。

03. ガソリンの値段は深刻な問題になっています。

04. 彼の妻はあなたの大ファンのようです。

Evine's Word

他者との比較をすればするほど疲れてきます。所詮、自分は自分
で他人にはなれない。自分だけに集中すると心が楽になります。

Shuffle Stage 1

A 次の動詞 get のニュアンスに近いものを選択肢より選び言い換えましょう。ただし、すべて原形で示していますので必要に応じて形を変えてください。

01. She <u>got</u> me a new jacket.　01

02. We couldn't <u>get</u> there in time.　02

03. My father <u>got</u> very angry.　03

　［選択肢］ become　arrive　buy

B 次の日本語を参考に（　）に適語を入れて英文を完成させましょう。

01. デイビス医師との予約をキャンセルする予定です。

I'm （　　　　　　　　） （　　　　　　　　　　　　　　） cancel my appointment with Dr. Davis.

02. ちゃんと歯を磨くべきです。

You （　　　　　　　　　　） brush your teeth well.

03. サンドイッチはいかがですか。

Would you （　　　　　　　　　　） a sandwich?

04. 彼女はあなたと一緒に過ごせてとても喜んでいたはずです。

She （　　　　　　　　） （　　　　　　　　　　　　） been very pleased with you.

05. もう一度、私の口座を調べてみます。

（　　　　　　　　　　　） check my account again.

06. 彼女がそんなに遠くに行ったはずがありません。

She （　　　　　　　　） （　　　　　　　　　　　　） gone very far.

C 次の（　）内の動詞を適切な形に直しましょう。ただし１語とは限りませんので注意してください。

01. He has （ want ） meet my sister since last summer.　01

02. It was important （ help ） each other.　02

03. I'm expecting （ hear ） from his office.　03

04. He （ look ） for something when I saw him.　04

05. I finished （ write ） my paper this morning.　05

06. The dead man might have (die) of a heart attack.

06

D 日本語を参考にして、次の（　　）に選択肢の動詞から１語ずつ選び英文を完成させましょう。ただし、必要に応じて適切な形に直してください。

01. 私は川でおぼれて死にかけていました。幸運にも、ある男性が私を救ってくれました。

I was (　　　　　　　　) in the river. Luckily, a man (　　　　　　　　) me.

02. 肩が本当に痛みます。動かせないんです。

My shoulder really (　　　　　　　). I can't move it.

03. 私の姉を頼ってもいいですよ。

You can (　　　　　　) on my sister.

04. 私はこの機械と格闘していました。

I was (　　　　　　　) with this machine.

05. 昨夜は凍えるほどの寒さでした。風がとても強く吹いていました。

It was freezing last night. The wind was (　　　　　　) very hard.

06. 私はまだその仕事の話を受けていません。

I haven't (　　　　　　) the job offer yet.

07. 私たちはその部屋に入るためにドアのかぎを壊さなければなりませんでした。

We had to (　　　　　　) the lock on the door to get into the room.

08. 自分のウェブサイトを更新するのに 100 ドルかかるでしょう。

It will (　　　　　　) me $100 to update my website.

[選択肢] accept　blow　break　drown　cost　hurt　rely　save　struggle

E 次の（　　）内の語（語句）のうち正しいものを選びましょう。

01. Could you lend it (for / to) me?

01

02. We had to attend (in the lecture / the lecture) yesterday.

02

03. They have already (raised / risen) the price of their products.

03

04. Could you wake (up me / me up) tomorrow morning?

04

05. You are always (worry / worrying) about me.

05

06. He has wanted to (marry to / marry) me since we met.

06

07. I tried to (getting / get) a loan from the bank, but I was (refusing / refused).

08. She likes (lying / laying) in my bed.

F ほぼ同じ内容になるように、( ) に適切な語を入れて英文を完成させましょう。

01. (a) We couldn't survive the recession.
  (b) We ( ) ( ) ( ) survive the recession.

02. (a) I'll find you a good job.
  (b) I'll find a good job ( ) ( ).

03. (a) Sleeping enough is not only important but necessary.
  (b) ( ) ( ) not only important but necessary ( ) sleep enough.

04. (a) It began to rain last night, and it's still raining now.
  (b) It ( ) ( ) raining since last night.

05. (a) Remember to set the alarm clock.
  (b) ( ) ( ) to set the alarm clock.

G ( ) 内の語 (語句) を文法的に正しく並び換えましょう。

01. Are you (the bus / to / get / ready / on)?

02. (up / at / pick / can / me / you) the airport?

03. (to / my money / I / waste / tend) on shoes.

04. (two hours / me / to / takes / it) write a blog entry.

05. (in / my / stolen / bicycle / was) the night.

06. I (never / Okinawa / been / have / to).

H 次の英文の文法的な誤りを正しましょう。

01. She wants to stop to drink. She might need medical assistance.

02. Nobody is listening to the radio. Would you mind turning off it?

03. When I visited her, she worked on her laptop.

04. We managed to communicate each other on the Internet.

05. They charged $120 to us for a room.

Evine's Word

自己分析してみてください。1カ月のうち正確に何時間英語に費やしたのか。やった気でいるうちは絶対に成功しません。

Communication Stage 1 ▶07

ここまでの知識を総動員し、Speaking & Dictationにチャレンジしましょう。音声を聞いて穴埋めをしたあとに、Ms. Parkerになりきって音読練習します。

Mr. Evine

Is that a new MP3 player?

1. Yeah, my dad ☐ ☐ ☐

for my birthday.

Ms. Parker

Mr. Evine

Oh, I've been thinking of getting one of those, too. What's it like?

2. ☐ ☐ ☐ .

I can get my whole CD collection on here.

Ms. Parker

Mr. Evine

Wow, that's amazing.

3. Yeah. The only trouble is I'm ☐ ☐ ☐

with my CDs.

Ms. Parker

Mr. Evine

Can't you download new stuff off the internet?

4. Yeah, ☐ ☐ ☐

when I get home tonight.

Ms. Parker

Evine's Column

最終的に、コミュニケーション力に大きく影響してくるのが「単語力」です。せっかく動詞を覚えても後ろに続ける言葉を知らなければ先に進めません。ただし、単語を覚えるためだけの時間をわざわざ作るのではなく、とにかく多くの英文や演習に触れて自然に頭に入っていくやり方のほうが効果的ですし、単語のイメージを的確にとらえることができます。気をつけておきたいのは、覚えたすべての表現や単語が会話でうまく使えるようになるとは限らないということです。相性というものがありますので、自分にとって使い勝手のよいものだけを取捨選択し、それを徹底的に磨きあげることが大切です。

Unit 07

Input Stage 1
語法

SVO＋前置詞句パターン(1)

Point!
（ア）「彼は私を手伝ってくれました。」 **He helped me.**
（イ）「彼は私の仕事を手伝ってくれました。」 **He helped me with my work.**

英文（イ）は英文（ア）を基にしたものですが前置詞句（with my work）を用いることで、より状況（ここは help の内容）を細かく伝えることができるようになっています。
この Unit では SVO 文型に前置詞 from、of、with を用いたパターンをチェックし、表現力をさらにアップさせるトレーニングをしていきましょう！

SVO + from ...

前置詞 from には「防止、阻止」「区別」「分離」「出所」などのニュアンスがあります。
では、それらを活かした表現をチェックしましょう。
「ストライキで何千人もの労働者たちが仕事に行けませんでした。」
_SThe strike _Vprevented［stopped］_Othousands of workers _Mfrom going to work.
※ prevent［stop］O（人）from ... :（人）が…するのを防ぐ、妨げる（英略式では from を省略することもあります）

「焦げないように、パイをアルミで覆って。」
_VPut _Ofoil _Mover the pie _M{to _{V'}keep _{O'}it _{M'}from burning}.
※ keep O from ... : O を…しないようにしておく

「その少年は善悪の区別ができません。」 _SThe boy _Vcan't tell _Oright _Mfrom wrong.
※ tell O from ... : O と…とを区別する（can/can't と用いるのが一般的）

「その戦争は彼と家族を引き離してしまいました。」 _SThe war _Vseparated _Ohim _Mfrom his family.
※ separate O from ... : O を…から分離する、O と…とを区別する

「あの男が私から財布を盗みました。」 _SThat man _Vstole _Omy purse _Mfrom me.
※ steal O from ... : O を…から盗む

SVO + of ...

次に「分離」「所有」「関連」といったニュアンスを持つ前置詞 of を用いた表現をチェックしましょう。
「その男は私の幸せを奪いました。」 _SThe man _Vrobbed _Ome _Mof my happiness.

※ rob O of ... : O から…を奪う（「O を襲って…を切り離す」というニュアンス）

「彼らは私にオーストラリアでの日々を思い出させます。」

_SThey _Vremind _Ome _Mof those days in Australia. ※ remind O of ... : O に…（のこと）を思い出させる

「議題内容の変更をお知らせしたいと思います。」

_SWe _Vwish to inform _Oyou _Mof changes to the agenda. ※ inform O of ... : O に…を通知する、知らせる

「父は彼が盗みをしたと疑ったにちがいありません。」

_SMy father _Vmust have suspected _Ohim _Mof stealing. ※ suspect O of ... : O が…をしたのではないか疑う

 # SVO + with ...

では最後に、「供給」「所有」「同伴」「関連」などのニュアンスを持つ前置詞 with を用いた表現をチェックしましょう。

「彼らはチームのメンバーにソフトドリンクを提供しました。」

_SThey _Vprovided _Othe team members _Mwith soft drinks. ※ provide O with ... : O に…を提供・供給する、与える

「彼女はその村に衣料品、靴、そして薬を支給しました。」

_SShe _Vsupplied _Othe village _Mwith clothing, shoes and medicines. ※ supply O with ... : O に…を支給・供給する

「自分と他人を比較するべきではありません。」

_SYou _Vshouldn't compare _Oyourself _Mwith others. ※ compare O with ... : O を…と比較する

「私の論文を手伝ってくれませんか？」 Will _Syou _Vhelp _Ome _Mwith my paper?

※ help O with ... : …に関して O を手伝う

「彼をその事件と結び付ける証拠はありません。」

There _Vis _Sno evidence _M{to _Vconnect _Ohim _Mwith the incident}. ※ connect O with ... : O を…と関係づける

「might を may に置き換えることはできるんですか？」 Can _SI _Vreplace _O"might" _Mwith "may"?

※ replace O with ... : O を…に置き換える

「私はその 2 人の女の子とその部屋を共有していました。」

_SI _Vused to share _Othe room _Mwith the two girls. ※ share O with 人 : （人）と O を共有する

今回は、慣用句的で覚えるのが大変そうと感じたかもしれません。しかし、ポイントとして挙げた前置詞の基本ニュアンスを意識して、動詞との関連性に注目しながら学べば比較的簡単に身に付くはずです！

次の日本語を参考に、正しい英文になるように語（語句）を並べ替えましょう。

01. 会社は私に身分証明書を交付しました。
（ with / me / the company / provided ）an identification card.

02. 誰かが私のシャツのポケットからパスポートを盗みました。
Someone（ stole / from / my passport / my shirt pocket ）.

03. この首輪はいつも私の犬を思い出させます。
This collar（ me / always / of / reminds / my dog ）.

04. 彼は私が帰ろうとするのを引き留めました。
（ going / from / he / me / stopped ）home.

05. イギリス英語とアメリカ英語の区別ができますか。
（ tell / British English / can / from / you ）American English?

06. 昨夜、ギャングが銀行からおよそ 3,000 ドルを強奪しました。
The gang（ about $3,000 / the bank / robbed / of ）last night.

07. 私たちの製品とほかの製品を比較しても構いません。
（ can / our products / with / compare / you ）others.

08. このセットアップを手伝っていただけませんか。
（ help / you / could / with / me ）this setup?

09. 警察は家族にその事故について連絡しました。
（ informed / of / the police / the family ）the accident.

10. 相席させていただいてもよろしいですか。
（ with / share / I / this table / may ）you?

Warm-Up 1
Answer Key

解説を読んで文の形をしっかり理解したら、
すべてのセンテンスを音読しましょう！

01. The company provided me with **an identification card.**

provide O with ...「O に…を提供・供給する」。supply は provide とほぼ同じと考えても良いですが、特に必要不可欠なものを長期的に支給・供給する場合に用いる、という点を覚えておきましょう。cf. We supply them with water to drink every year.（私たちは毎年、彼らに飲み水を提供しています）※この形では目的語は必ず「利益」「恩恵」を被る「人や場所」になります。

02. **Someone** stole my passport from my shirt pocket.

steal O from ...「…から O を盗む」。rob と混同されがちですが、目的語の内容が異なります。steal は「物」、rob は「人・場所」を目的語にします。steal a thing [things]、rob a person [persons] or place[places] と押さえておきましょう。

03. **This collar** always reminds me of my dog.

remind O of ...「O に…について思い出させる」。不定詞を後ろに取る remind O to Vg「O に…することを思い出させる」という形とセットで押さえておきましょう。always「いつも」のように頻度を示す副詞は、通常は一般動詞の前に置きます。※名詞 collar：首輪

04. He stopped me from going **home.**

stop O from ...「O が…するのを妨げる」。prevent よりも口語的な印象があります。また英略式では from を省略する場合もあります。

05. Can you tell British English from **American English?**

tell O from ...「O を…と区別する」。この tell は「…を見分ける」「…を区別する」という意味です。

06. **The gang** robbed the bank of about $3,000 **last night.**

rob O of ...「O から…を奪う」。問題 02. 参照。rob は「金品」を目的語にできません。必ず奪う（襲う）相手や場所を目的語にします。

07. You can compare our products with **others.**

compare O with ... で「O を…と比較する」。※［代名詞］others：ほかの物、他人

08. Could you help me with **this setup?**

help O with ...「…に関して O を手伝う」。困難を伴い努力を必要とする内容の仕事や動名詞が「...」に来る場合は、in を用います。cf. He helped me in starting my business.（彼は私の起業を手伝ってくれました）

09. The police informed the family of **the accident.**

inform O of ...「O に…について知らせる」。inform は tell のフォーマルな言い方で、公式または正式な場合の情報伝達を表します。

10. May I share this table with **you?**

share O with 人「（人）と O を共有する」。この share は「一緒に使う」というニュアンスがあります。May I ...？は丁寧に相手に許可を求める表現ですね。

準動詞 (2)
分詞の表現

Point! 前の Unit に引き続き準動詞です。今回は分詞（現在分詞と過去分詞）の表現に注目し、より表現力を高めるための文法をマスターしていきましょう！

現在分詞と過去分詞

現在分詞は Ving、過去分詞は Vpp の形でおなじみですね。使い分けを整理しておきましょう。

分詞のカタチ	意味	働き
Ving	…（し）ている、…する	前か後ろにある名詞の状況を詳しく説明する形容詞の働き。
Vpp	…（さ）れている、…される	

「消防士たちは燃えている家の中に飛び込みました。」
The firefighters rushed into the burning house.
「私は遠くで燃えている家を見ました。」 I watched the house burning in the distance.
「これは新開発のソフトです。」 This is a newly developed software.
「これは去年開発された新しいソフトです。」 This is a new software developed last year.
分詞1語で名詞を修飾する場合は分詞は名詞の前に置きます。上2つの例の2文目のように分詞を含むカタマリになる場合は、名詞の後ろに置きます。
修飾されている語が「…している」の意味のときは現在分詞、「…されている」は過去分詞になります。

形容詞化した現在分詞と過去分詞

形容詞化した分詞は日常会話においてとても身近な存在です。例えば interesting「面白い」は、他動詞 interest「…に興味を抱かせる」の分詞が形容詞に変化したもので、今ではすっかり形容詞として慣れ親しまれています。特に「（人を…な気持ち）にさせる」という意味で感情を表す他動詞が変化した分詞は、形容詞として非常に重宝します。
では、現在分詞と過去分詞それぞれのニュアンスの違いを整理してみましょう。

感情を表す他動詞	現在分詞（**Ving**）	過去分詞（**Vpp**）
bore（…を退屈させる）	**boring**（退屈な）	**bored**（退屈して）
surprise（…を驚かせる）	**surprising**（驚くべき）	**surprised**（驚いて）
excite（…をわくわくさせる）	**exciting**（刺激的な）	**excited**（興奮して）
tire（…を疲れさせる）	**tiring**（疲れさせるような）	**tired**（疲れて）
interest（…に興味を抱かせる）	**interesting**（面白い）	**interested**（興味を抱いて）

「彼の授業はとても退屈でした。」 His lesson was very boring.

「私は彼の授業にとても退屈していました。」 I was bored with his lesson.

「人を…させる」というようなニュアンスを持つ他動詞は、過去分詞にすると主語がその気持ちや状態になるというのがポイントです。

「get ＋過去分詞」の便利な表現

自動詞 get には後ろに補語を続けて「（ある状態）になる」という意味がありましたね（p. 091 参照）。日常会話においては、この自動詞 get の後に、状態を示す形容詞となった過去分詞を補語にして続ける表現も欠かせません。

「僕はそのお金を払ってもらっていません。」 I didn't get paid for it.

「今朝、川が凍っていました。」 The river got frozen this morning.

「私たちは 4 年前に結婚しました。」 We got married four years ago.

自動詞＋分詞

go や stand などの完全な自動詞が、後ろに補語として分詞を取ることがあります。その場合、現在分詞であれば「…しながら」、過去分詞であれば「…されて」というニュアンスになります。

「彼女は彼のもとへ走って行きました。」 She went running to him.

「僕は人混みに囲まれて立っていました。」 I was standing surrounded by a crowd.

他にも come、sit、walk なども補語として分詞を伴うことができます。

覚えておきたい分詞の表現あれこれ

「先週の日曜日、私たちは海に釣りに行きました。」Last Sunday, we went fishing in the sea.

go Ving で「…しに行く」という意味があります。ただし上の「自動詞＋分詞」で見たように、「…しながら行く」という意味でも使えますので区別して押さえておきましょう。

次の現在分詞は厳密には分詞構文と呼ばれ一般的には書き言葉で用いられるものですが、付帯状況「…しながら」や時「…する間」を表す用法は会話にも比較的よく登場しますので押さえておきましょう。

「彼は声を張り上げて歌いながらシャワーを浴びていました。」

He was having a shower singing at the top of his voice. ※ at the top of one's voice：声を張り上げて

↔ He was having a shower and he was singing at the top of his voice.

ある出来事と同時に進行している状況を示す付帯状況の用法です。

「サッカーをしている間に、私は怪我をしました。」 I got injured playing soccer.

↔ I got injured while I was playing soccer.

次の日本語に合うように、（　　）内の語（語句）を文法的に正しく並べ替えましょう。

01. 生徒たちは彼のレッスンに退屈しました。
（ bored / the students / got ）with his lesson.

02. 赤ちゃんを抱っこするのはとても疲れました。
（ was / the baby / holding / very tiring ）.

03. 僕は彼女を見てぞっとしました。
（ to / frightened / was / I ）see her.

04. 彼女の夫は晩にジョギングに行きます。
（ jogging / goes / her husband ）in the evening.

05. 車を修理しているあの人は私の兄です。
（ repairing / the man / his car ）is my brother.

06. 私はこの結果に満足していません。
（ with / I'm / satisfied / not ）this result.

07. 彼はマスクをかぶって現れました。
（ wearing / showed up / he ）a mask.

08. これは有名な建築家がデザインしたホテルです。
（ a hotel / is / designed / this ）by a famous architect.

09. 僕は英語を教えることに興味があります。
I（ interested / am / teaching / in ）English.

10. 窓を開けて、彼女はバルコニーに出ました。
（ she / the window / opening / , ）stepped out onto the balcony.

Warm-Up 2
Answer Key

解説を読んで文の形をしっかり理解したら、
すべてのセンテンスを音読しましょう！

01. The students got bored **with his lesson.**

get bored（with ...）「（…に）退屈する」。形容詞化した過去分詞を補語にしたものです。他動詞 bore「…を退屈させる」を過去分詞にすると、主語が「退屈している」状態を示します。be bored は「退屈している」という状態を示すのに対して、get bored は「退屈した状態になる」という変化を表します。

02. Holding the baby was very tiring**.**

他動詞 tire「…を疲れさせる」を現在分詞にすると、「疲れさせるような」という意味の形容詞になります。これを過去分詞に変えて「人」を主語にすると次のような表現も可能です。cf. I was tired from holding the baby.（私は赤ちゃんを抱っこしてとても疲れていました）※ be tired from ...：…で疲れている

03. I was frightened to **see her.**

be frightened to Vg で「…して驚いて、怖がって」。感情の理由「…して（…したから）」を示す不定詞を用いたものです。原形は frighten「…を驚かせる、怖がらせる」ですが、現在分詞にすると無生物を主語にして「（人を）驚かせるような、怖がらせるような」というニュアンスに変化します。cf. Her face was frightening.（彼女の顔は恐ろしかったです）

04. Her husband goes jogging **in the evening.**

go Ving「…しに行く」。自動詞 jog「ジョギングをする」を現在分詞にしたものです。

05. The man repairing his car **is my brother.**

現在分詞のカタマリ（repairing his car）が後ろから名詞（The man）を修飾した形です。The man repairing his car で 1 つの主語になっています。repair は他動詞「…を修理する」で、現在分詞をとることで「…を修理している＋ ...（名詞）」と名詞を修飾する形容詞の働きをしています。

06. I'm not satisficd with **this result.**

be satisfied（with ...）「（…に）満足している」。他動詞 satisfy「…を満足させる」を過去分詞にすると「満足して」と話し手自身（主語）の感情になります。※［名詞］result：結果

07. He showed up wearing **a mask.**

「～しながら…する」と付帯状況を表す現在分詞です。※ show up：現れる

08. This is a hotel designed **by a famous architect.**

問題 05. と比較。過去分詞のカタマリ（designed by a famous architect）が後ろから名詞（a hotel）を修飾した形です。design は他動詞「…をデザインする」で、過去分詞になって「デザインされた＋ ...（名詞）」と名詞を修飾する形容詞の働きをします。名詞と分詞の関係が受け身ニュアンスであれば過去分詞です。

09. I am interested in teaching **English.**

be interested in ...「…に興味がある」。原形 interest は他動詞「…に興味を抱かせる」です。これを過去分詞にすることで話し手の感情を示すことができます。また in の後ろの teaching は現在分詞ではなく動名詞です。前置詞の後ろは必ず名詞が入ります。

10. Opening the window, she **stepped out onto the balcony.**

「…して、そして～」と連続を示す現在分詞の表現です。慣れるまでややこしいですが、会話でも便利な表現ですから問題 07. の付帯状況を示す表現と一緒にマスターしておきたいですね。
※ step out ...：…に出る、［前置詞］onto：…へ

Output Stage 1

A 日本語を参考にして、文法的に正しい語（語句）を選び英文を完成させましょう。

01. リエコは結婚したんですよね。
    Rieko got (marrying / married), didn't she?

01

02. あなたのパスワードを思い出させてくれる E メールを頼むことができます。
    You can request an email (reminded / reminding) you of your password.

02

03. 彼らはその店から現金を奪いました。
    They robbed the store (from / of) cash.

03

04. あなたのお考えを私たちと共有することに興味はありませんか。
    Are you (interesting / interested) in sharing your idea (from / with) us?

04

05. 私は昨日、テレビでとてもワクワクする映画を見ました。
    I watched an (excited / exciting) movie on TV yesterday.

05

06. 私のノートパソコンは E メールの送信で不具合があります。
    My laptop has some problems (sending / sent) email.

06

07. トモコの意見は私にとってとても興味深いものです。
    Tomoko's opinion is very (interested / interesting) to me.

07

08. その男の子は泣きながらお父さんのところへ行きました。
    The boy went (to cry / crying) to his father.

08

09. 去年の 4 月にサトシはシカゴに転勤させられました。
    Satoshi got (transferring / transferred) to Chicago last April.

09

10. 彼女の兄はその貿易会社と関係がありません。
    Her brother is not (connected / connecting) with the trading company.

10

11. たいてい私たちは一緒に買い物に行きます。
    Usually we go (to shopping / shopping) together.

11

12. 今日、壊れた窓を新しいものに取り換えます。
    Today I'll replace (the broken window / the window broken) with a new one.

12

13. この問題は子どもたちにはとてもややこしいですね。
    This question is very (confusing / confused) for kids, isn't it?

13

B 次の日本語に合うように、（　　　）内の語（語句）を文法的に正しく並べ替えてください。
ただし、必要のない語（語句）が１つずつありますので注意してください。

01. 彼は私からそのアイデアを盗みました。
    (the idea / of / he / from / stole) me.

02. 私は話せることを願いながら、彼女を訪ねました。
（ visiting / a chance / her / hoping / I / for / visited / , ）to talk.

03. 私の父はとても退屈しているように見えました。
（ looked / very / boring / my father / bored ）.

04. 間仕切りでほかのエリアとこのエリアを分けています。
（ separates / this area / from / of / the partition ）another.

05. 私は重要な仕事を頼まれました。
（ from / charged / I / with / was ）an important task.

06. バスを待っている男性は私の同僚です。
（ waiting / the bus / the man / is / waited / for ）my colleague.

07. サイレンのせいで、私は眠れませんでした。
（ kept / getting / the sirens / to get / me / from ）to sleep.

08. 私には英語で書かれたそのEメールを理解するのが難しかったです。
It（ understand / for me / written / the email / was / writing / difficult / to ）in English.

09. 駅に着いて、私は妻に電話しました。
（ called / the station / I / at / arrived / arriving / , ）my wife.

C 次の（　　）内の動詞を、必要であれば文法的に正しく直しましょう。

01. I couldn't open the（ attach ）PDF.

　01

02. This is a luxury hotel（ locate ）in the business district of Hong Kong.

　02

03. His new film was（ disappoint ）to us.

　03

04. I feel very（ relax ）and comfortable today.

　04

A

01. リエコは結婚したんですよね。

02. あなたのパスワードを思い出させてくれる E メールを頼むことができます。

03. 彼らはその店から現金を奪いました。

04. あなたのお考えを私たちと共有することに興味はありませんか。

05. 私は昨日、テレビでとてもワクワクする映画を見ました。

06. 私のノートパソコンは E メールの送信で不具合があります。

07. トモコの意見は私にとってとても興味深いものです。

08. その男の子は泣きながらお父さんのところへ行きました。

09. 去年の 4 月にサトシはシカゴに転勤させられました。

10. 彼女の兄はその貿易会社と関係がありません。

11. たいてい私たちは一緒に買い物に行きます。

12. 今日、壊れた窓を新しいものに取り換えます。

13. この問題は子どもたちにはとてもややこしいですね。

B

01. 彼は私からそのアイデアを盗みました。

02. 私は話せることを願いながら、彼女を訪ねました。

03. 私の父はとても退屈しているように見えました。

04. 間仕切りでほかのエリアとこのエリアを分けています。

05. 私は重要な仕事を頼まれました。

06. バスを待っている男性は私の同僚です。

07. サイレンのせいで、私は眠れませんでした。

08. 私には英語で書かれたその E メールを理解するのが難しかったです。

09. 駅に着いて、私は妻に電話しました。

C **01.** 私は添付の PDF ファイルを開くことができませんでした。

02. こちらは香港のビジネス街に位置する高級ホテルです。

03. 彼の新しい映画に私たちはとてもがっかりしました。

04. 今日、僕はとてもリラックスして快適です。

Evine's Word

100％に近づきたい気持ちは大切です。ですが 100％に固執する
よりもまずは半分の 50％を確実に固めましょう。

Unit 08

Input Stage 1
語法

SVO＋前置詞句パターン(2)

Point! 「僕は手伝ってくれたことに、彼女に感謝しました。」
I thanked her for her help.
「僕は猫よりも犬が好きです。」 **I prefer dogs to cats.**

前回の Unit に引き続き、SVO 文型＋前置詞句のパターンをチェックします。この Unit では主に前置詞 for、to を取り上げます。表現力をさらにアップしましょう！

 ## SVO + for ...

前置詞 for には「交換」「方向・目的」「関連」などのニュアンスがあります。それを活かした表現をチェックしましょう。

「ここでドルをポンドに交換できますか。」 Can ₛI ᵥexchange ₒmy dollars ₘfor pounds here?
※ exchange O for ... : O を…と交換する

「私たちは神戸から東京に向かいました。」 ₛWe ᵥleft ₒKobe ₘfor Tokyo.
※ leave O for ... : …に向かって O を出発する

「警察は運転手に事故の責任があるとしました。」 ₛThe police ᵥblamed ₒthe driver ₘfor the accident.
※ blame O for ... : …のことで O を非難する、責任を押し付ける

「お話し中すみません。」 ᵥExcuse ₒme ₘfor interrupting. ※ excuse[forgive] O for ... : …のことで O を許す
※ forgive とは違い excuse はたいてい、それほど深刻ではない過ちに対して用います。

「手伝ってくれてありがとう。」 ᵥThank ₒyou ₘfor helping. ※ thank O for ... : …のことで O に感謝する

 ## SVO + to ...

次に「到達」「結合・一致」「目的・対象」といったニュアンスを持つ前置詞 to を用いた表現をチェックしましょう。

「僕は彼女にランチをおごりました。」 ₛI ᵥtreated ₒher ₘto lunch. ※ treat O(人) to ... : (人) に…をおごる

「僕の問題のほとんどが仕事に関係しています。」

_SMost of my problems _Vare _Crelated _Mto work.

※ relate O to ... : O を…と関連付ける （O を主語にした受け身 be related to ... 「S は…に関係がある」の形でよく用います）

「申請用紙に写真を添付してください。」

Please _Vattach _Oa photograph _Mto your application form.　　※ attach O to ... : …に O を貼り付ける

前置詞 for/to は SVO$_1$O$_2$ 文型を SVO 文型で言い換える場合にも用いられましたね。

「私は彼に私の古い辞書をあげました。」

_SI _Vgave _{O1}him _{O2}my old dictionary.　↔　_SI _Vgave _Omy old dictionary _Mto him.

「私は彼に新しい辞書を買ってあげました。」

_SI _Vbought _{O1}him _{O2}a new dictionary.　↔　_SI _Vbought _Oa new dictionary _Mfor him.

その他の SVO ＋前置詞句

では最後に、他の前置詞とセットになる表現をいくつかまとめてチェックしましょう。

「僕はあなたが会社の社長とは思えません。」　_SI _Vcan't think of _Oyou _Mas a company president.

※ think of O as ... : O を…とみなす （think of で動詞の働きをし、as は前置詞です）

「彼女は衣服に多額のお金を使っています。」　_SShe _Vhas spent _Oa lot of money _Mon clothes.

※ spend O （時間・労力・お金）on ... : O を…に費やす

「時間を費やす」という意味では spend 時間 (in) Ving の形もよく用います。

「彼は膨大な時間を運動に費やします。」　_SHe _Vspends _Oa lot of time _M(in) exercising.

「彼はその小説を日本語から英語に翻訳しました。」

_SHe _Vtranslated _Othe novel _Mfrom Japanese into English.

※ translate O (from ...) into ~ : O を （…から） ～に翻訳する

「彼の妻は彼を説得して、レントゲンを撮りに病院に行かせました。」

_SHis wife _Vtalked _Ohim _Minto going to the hospital for X-rays.

※ talk O into Ving : O を説得して…させる （この into を out of に変えると「やめさせる」という意味になります）

→　_SShe _Vtalked _Ohim _Mout of going out. （彼女は彼を説得して外出するのをやめさせました）

前回に引き続き、フレーズとしてまとめて覚えるのは大変ですが、動詞と前置詞の結び付きを意識しながらいろいろな英文に触れていくと、1 つずつ確実に自分のものになっていきます。まずはこんな表現があるんだということを押さえておきましょう！

 **Warm-Up 1**

次の日本語を参考に、正しい英文になるように語（語句）を並べ替えましょう。

01. ゲストとして私を迎えてくれてありがとう。
（ having / for / you / thank ）me as a guest.

02. この本は多くの言語に翻訳されています。
（ into / this book / translated / is ）many languages.

03. すべての暴力が飲酒に関係しているとは限りません。
Not（ drinking / is / all violence / to / related ）.

04. その請求書はEメールに添付されていました。
The invoice（ an email / attached / was / to ）.

05. 彼は彼女が出て行くことを責めませんでした。
（ for / didn't / her / blame / he ）leaving.

06. その老夫婦は彼女を自分たちの娘と思っています。
The old couple（ her / of / as / think ）their daughter.

07. この靴をもっと小さいサイズと交換してもよいでしょうか。
（ for / these shoes / may / exchange / I ）a smaller size?

08. 私たちはその事業に多額のお金を費やしました。
We（ on / a lot of money / the project / spent ）.

09. 私たちはその国際フォーラムの参加者に挨拶状を送りました。
We（ the participants / a greeting / to / have sent ）of the international forum.

10. 遅れて申し訳ございません。
Will you（ being / me / for / excuse ）late?

**Warm-Up 1
Answer Key**

解説を読んで文の形をしっかり理解したら、
すべてのセンテンスを音読しましょう!

01. Thank you for having **me as a guest.**

他動詞 thank「…に感謝する」は for を用いて「…について」「…のことで」と感謝する内容を示します。この問題のように動詞を続ける場合は動名詞にします。※前置詞の後ろは名詞または動名詞

02. This book is translated into **many languages.**

translate this book into ... を受け身にした形です。※［名詞］language：言語、言葉

03. **Not** all violence is related to drinking.

relate O（= not all violence）to ... を受け身にした形です。relate ＋ O ...「O を（…と）関連付ける」は be related to ...「…に関係している」と受け身の表現でよく用いられます。※部分否定の表現 not all「すべて…とは限らない」、［名詞］drinking：飲酒

04. **The invoice** was attached to an email.

attached the invoice to ... を受け身にした形です。be attached to ... は「…に付属している」という意味もあります。
※［名詞］invoice：請求書、送り状

05. He didn't blame her for **leaving.**

他動詞 blame「…を責める」はその内容を示すために for を用います。この leave は自動詞で「去る」という意味で、前置詞の後ろなので動名詞になっています。

06. **The old couple** think of her as **their daughter.**

think of O as ...「O を…とみなす」。of を省略すると think O to be ... の形になります。ついでに同じ意味の consider O to be ... も一緒に覚えておきましょう。

07. May I exchange these shoes for **a smaller size?**

exchange O for ...「O を…と交換する」。May I ...？は丁寧に許可を求める表現でしたね。
※ smaller：small の比較級「より小さい」

08. **We** spent a lot of money on the project.

spend O（お金・時間・労力）on ...「O を…に費やす」。後ろに動名詞を用いる場合もありますが、その表現も重要です。spend O (in) Ving「O を…して過ごす」。

09. **We** have sent a greeting to the participants **of the international forum.**

send O$_1$O$_2$ を send O$_2$ to O$_1$ で言い換えた形。O$_1$ が長い場合（ここでは the participants of the international forum）は語調の関係で後ろに回すのが一般的です。※［名詞］participant：参加者、［名詞］forum：フォーラム

10. **Will you** excuse me for being **late?**

excuse O for ...「O を…のことで許す」。be late で「遅れた」という事実を示し、前置詞 for の目的語として be を動名詞にした形ですね。

質問ツールとしての疑問詞

Point! コミュニケーションにおいては、相手に関心を持ち、聞き上手になることが大切ですが、そのためには相手のことを知る必要があります。そこで重宝するのが質問力を高める疑問詞を使った表現です。

疑問詞の用法を整理

当然のことですが、ポイントは「何を尋ねたいのか」ですね。その「尋ねたい内容」に合わせて疑問詞を使い分けましょう。また疑問詞には品詞があり、特に形容詞（疑問形容詞）の場合は後ろに名詞を伴いますので**語順に注意**しながら例文をチェックしてください。

疑問詞	尋ねたい内容	意味	品詞
When	時	いつ	副詞
Where	場所	どこ	副詞
Who	人物	誰	代名詞
Whose	持ち主	誰のもの、誰の	
What	物事	何、何の	代名詞、形容詞
Which		どちら、どちらの	
Why	理由、目的	なぜ、どうして	副詞
How	程度や手段（方法・様態）	どれくらい（程度）、どのように（手段・方法）、どんな具合に（様態）	副詞　※形容詞的用法もあります

「いつあなたは結婚したのですか。」When did you get married?　「2年前です。」Two years ago.

「今夜、どこに泊まるのですか？」　Where are you going to stay tonight?
「キング・ホテルです。」　At the King Hotel.

「担当者は誰ですか。」　Who is in charge?　「私です。」　I am (in charge).
「この辞書は誰のですか。」　Whose is this dictionary?
「私のです。」　It's mine.　※ mine は my dictionary を1語で言い換えた代名詞
「昨日、誰の車を運転したんですか。」　Yesterday, whose car did you drive?　（形容詞用法）
「私の父の車です。」　My father's (car).

「お気に入りの日本語は何ですか。」　What is your favorite Japanese word?
「サムライです。」　Samurai.

「何のスポーツをしますか。」　What sport do you play?　（形容詞用法）

「何もしません。」　I don't play any sports.

「どれがあなたの本ですか。」　Which of these books is yours?　「これです。」　This one.

「どちらの道に行けばよいですか。」　Which way should I go?　（形容詞用法）

「標識に従えばいいよ。」　Follow the signs.

「どうして、彼女と別れたんですか？」　Why did you break up with her?

「分かりません。」　I don't know.

「ここから駅までどれくらいですか。」　How far is it from here to the station?

「歩いて 5 分です。」　Just a five-minute walk.

「日本に来てどのくらいですか。」　How long has it been since you came to Japan?

「10 年近くですね。」　Almost 10 years.

「ここまでどうやって来たんですか？」　How did you get here?

「車です。」　By car.　※「…で」と手段を示す前置詞 by

疑問詞 how は形容詞とセットになり、その形容詞の程度を尋ねることもできますし、1 語で用いて方法や手段を尋ねることもできます。

間接疑問文「疑問詞＋ SV」

次に「疑問詞＋ S'V' … 」を**他動詞の目的語にした間接疑問文**の表現をチェックしましょう。注意すべきポイントは、間接疑問文の中で用いる動詞（V'）は、過去の出来事であれば過去形というようにその状況に合わせた時制に変化させるということです。※間接疑問文は疑問詞の後ろに SV の語順

「あなたはいつ彼が戻るのか知っていますか。」　Do _Syou _Vknow _Owhen he will return?

※「いつ戻るのか」⇒未来の内容に言及

「あなたがそれをどう調理したのか知りたいです。」　_SI _Vwant _O{to know _Ohow you cooked it}.

※「どう調理したのか」⇒過去の内容

疑問詞＋不定詞（to Vg）

疑問詞の後ろに SV ではなく不定詞を伴う「疑問詞＋不定詞」の表現を最後に押さえておきましょう。間接疑問文と同様、他動詞の目的語になっていることにも注目してください。

「そのソフトウェアのダウンロードの仕方が理解できませんでした。」

_SI _Vcouldn't understand _Ohow to download the software.

「僕は何を妻に言うべきか分かりません。」　_SI _Vdon't know _Owhat to say to my wife.

この表現は should を用いた間接疑問文で言い換えることが可能です。

↔ I don't know **what I should say** to my wife.

 **Warm-Up 2**

次の日本語に合うように、（　　）内の語（語句）を文法的に正しく並べ替えましょう。

01. どちらの本を読んだのか思い出せません。
I can't remember (read / I / have / which book).

02. 彼の提案をどう思いますか。
(you / about / what / think / do) his suggestion?

03. 電話で話をしているあの女性は誰ですか。
(that woman / is / talking / who) on the phone?

04. 英語の勉強方法を僕に教えていただけませんか。
Could you tell (English / me / study / how to)?

05. 今日の天気はどうですか。
(the weather / like / what's) today?

06. どれくらい私を愛しているんですか。
(love / you / do / how much) me?

07. この車は誰のですか。
(car / is / whose / this)?

08. 私は今朝、誰から電話があったのか知っています。
(know / who / I / me / called) this morning.

09. なぜそれをタオルでふいたんですか。
(you / wipe / did / it / why) on the towel?

10. いつ、どこにゴミ箱を置いておけば良いですか。
(when / I / put / and where / should / my) trash can?

Warm-Up 2 Answer Key

解説を読んで文の形をしっかり理解したら、
すべてのセンテンスを音読しましょう！

01. I can't remember which book I have read.

特に選択肢のある「物事」の内容を尋ねる場合には疑問詞 which を用います。間接疑問文 which ＋名詞＋ S'V'「どの（名詞）を S'は…するのか」が他動詞 remember「…を覚えている」の目的語になった形です。この疑問詞 which は「どの…」という形容詞用法で名詞 book を修飾しています。

02. What do you think about his suggestion?

他動詞 think「…を思う」の内容を尋ねる疑問詞 what「何を」。ちなみに疑問詞 how は副詞で目的語の内容（名詞）を尋ねることはできません。（×）How do you think ...? ※副詞は目的語になれません。

03. Who is that woman talking on the phone?

「人」を尋ねる疑問詞 who「誰」。That woman talking on the phone is ［　］．（あの電話で話している女性は［　］です）の［　］部分を who で尋ねた形です。現在分詞を用いた形容詞句 talking on the phone が名詞 woman を後ろから修飾しているので、「…している女性」となります。※ talk on the phone：電話で話す

04. Could you tell me how to study English?

tell O₁ O₂「O₁ に O₂ を話す」の O₂ に「疑問詞＋不定詞（to Vg）」を用いた形。how to Vg で「…する方法」「…の仕方」と覚えておきましょう。Could you ... ? はとても丁寧に相手に依頼する表現でしたね。

05. What's the weather like today?

前置詞 like の目的語を what に置き換えた形です。The weather is like ［　］．（天気は［　］のようです）の［　］が what になっています。前置詞 like の後ろは名詞ですから、これを疑問副詞 how で尋ねることはできません。（×）How's the weather like today? ただし、前置詞 like を省略すれば可能です。（○）How's the weather today? ※ what ... like? は口語表現として相手に感想や印象を尋ねる場合によく用いられます。

06. How much do you love me?

他動詞 love「…を愛する」の程度を尋ねる How much です。愛の深さは測ることができませんから不可算名詞に対応する much を用います。金額を尋ねる場合も How much ですね。cf. How much did you pay for it?（それにどれくらい払ったんですか？）

07. Whose is this car?

持ち主を尋ねる代名詞的用法の疑問詞 whose「誰のもの」。whose を形容詞ととらえて Whose car is this?（これは誰の車ですか）と言い換えることも可能です。※問題の日本語に合わせると解答の語順が正解。

08. I know who called me this morning.

間接疑問文を know の目的語に用いた形。普通、間接疑問文は「疑問詞＋ S'V' …」の語順になりますが疑問詞 who 自体がここでは主語になっているため s:who v:called me ... の形になっています。

09. Why did you wipe it on the towel?

「理由」「目的」を尋ねる疑問詞 why「なぜ」。wipe は他動詞で「…をふく」という意味。「タオルで」は on the towel と表現することができます。

10. When and where should I put my trash can?

「時」と「場所」を尋ねる疑問詞 when「いつ」、where「どこに」を接続詞 and「〜、そして …」でまとめて表現したものです。（※詳しくは Unit 09 で）put は他動詞で「…を置く」という意味です。ここでの助動詞 should は、「…するべきですか」というよりも「…したらよいでしょうか」というニュアンスです。

A 日本語を参考にして、文法的に正しい語（語句）を選び英文を完成させましょう。

01. 彼女たちの結婚式はどうでしたか。
(their wedding / what / like / was)?

02. どこで飲み過ぎたんですか。
(drink / you / where / did) too much?

03. 私の祖母は彼女が誰なのか思い出せませんでした。
My grandmother (she / remember / was / couldn't / who).

04. その女の子は誰の妹ですか。
(sister / is / the girl / whose)?

05. どこに車を止めたらいいのか教えてください。
Tell me (to / my car / where / park).

06. 私のシチューの味はどうですか。
(does / my stew / taste / how)?

07. おまわりさん、どうして私は止められたんですか。
(did / pull me / you / why / over), officer?

08. 訴訟が解決するにはどれくらいかかりますか。
(take / it / how long / to / will) settle the case?

09. 申込書に何を添付すればよいですか。
(to / should / attach / what / I) my application?

10. いつ彼女にその指輪を買ったんですか。
(did / the ring / buy / you / for / when) her?

11. これがどうヨーロッパと関係があるのですか。
（ related / this / to / is / how ）Europe?

12. どの駅で降りたらよいのか分かりません。
I'm not sure（ get off / station / should / which / I ）at.

13. これまで何回転職しましたか。
（ changed / often / you / have / how ）jobs?

B 次の返事の内容に合う疑問文を選択肢から記号で選びましょう。

01. Just press the button.

02. She isn't the right person for the job.

03. My team, of course.

04. Your client's name.

05. On the ankle.

06. Since last spring.

07. R&B is good.

08. She's my brother's girlfriend.

09. No, I have no idea.

（あ）How did you know about Hiroko? 　（い）Why didn't you vote for the candidate?
（う）Do you know who represents him? 　（え）What kind of music do you recommend?
（お）Which team won the game? 　（か）How can I open this?
（き）How long have you been in London? 　（く）Whose name should I say first?
（け）Where did the dog bite you?

C 次の（ 　 ）内で文法的に正しいほうを選びましょう。

01.（ How / What ）is your job search going?

02. He blamed himself（ to / for ）her death.

03. I spent $100（ at / on ）these shoes.

04. He was thought（ as / of as ）a genius.

Output Stage 2 次の日本語を英語にしてみましょう。 ▶09

A 01. 彼女たちの結婚式はどうでしたか。

02. どこで飲み過ぎたんですか。

03. 私の祖母は彼女が誰なのか思い出せませんでした。

04. その女の子は誰の妹ですか。

05. どこに車を止めたらいいのか教えてください。

06. 私のシチューの味はどうですか。

07. おまわりさん、どうして私は止められたんですか。

08. 訴訟が解決するにはどれくらいかかりますか。

09. 申込書に何を添付すればよいですか。

10. いつ彼女にその指輪を買ったんですか。

11. これがどうヨーロッパと関係あるのですか。

12. どの駅で降りたらよいのか分かりません。

13. これまで何回転職しましたか。

B 01. これはどう開けるんですか。　—そのボタンを押せばいいのです。

02. なぜその候補者に投票しなかったのですか。　—彼女はその職務には相応しくありません。

03. どのチームが試合に勝ったんですか。　―もちろん、私のチームです。

04. 最初に誰の名前を言うべきですか。　―顧客の名前です。

05. その犬にどこを噛まれたんですか。　―足首です。

06. どれくらいロンドンにいるんですか。　―去年の春からです。

07. どんな音楽がお勧めですか。　―R&B がいいですよ。

08. どうやってヒロコのことを知ったんですか。　―私の弟の彼女なんです。

09. 誰が彼の代理人か知っていますか。　―いいえ、全然分かりません。

C **01.** 就職活動の調子はどうですか。

02. 彼は彼女の死に対して、自分自身を責めました。

03. 私はこの靴に 100 ドル払いました。

04. 彼は天才だと思われていました。

Evine's Word

間違えた問題を復習して初めて、知識として根付き始めます。
同じ問題で間違えないことを、まずは最優先しましょう。

Unit 09

SVOC(＝形容詞・名詞)(1)

Point!

（ア）「彼女はアサトにカバンを作ってくれました。」 **She made Asato a bag.**
（イ）「アキヒロはリエコを幸せにするでしょう。」 **Akihiro will make Rieko happy.**

今回から学ぶ SVOC 文型は、動詞が目的語と補語の 2 つを同時に取るパターンです。例文では同じ make を用いていますが、英文（ア）は目的語が 2 つで「O_1 に O_2 を作る」という意味です。一方、英文（イ）の make は目的語（Rieko）と補語（happy）を取り、「O を C の状態にする」という意味になっています。またこの場合は、O is C という意味上のつながりが成り立つのが特徴です。

 ## O と C のつながり

前述のように SVOC 文型では **O と C の間に密接な関係**があります。次の英文を比較しましょう。

「彼は僕にコーヒーを入れてくれました。」 $_S$He $_V$made $_{O1}$me $_{O2}$coffee.
「そのコーヒーが僕を温めてくれました。」 $_S$The coffee $_V$made $_O$me $_C$warm.

他動詞 make は、目的語を 2 つ取る **SVOO パターン**では「O_1 のために O2 を作る」という意味です。一方、SVOC パターンでは「O を C（の状態）にする」という意味になり、さらに O is C（ここでは I am warm［僕は温かい］）という意味上のつながりがあることがポイントです。

同じ make でも**後ろの要素を変えるだけでニュアンスが変わってしまう**ことを覚えて、会話でもうまく利用したいですね。ちなみに目的語と補語をダブルで取る動詞を不完全他動詞と呼びます。
※目的語の後ろに補語も取る、他動詞の例外と押さえておけば良いでしょう。

さて、この Unit から SVOC 文型における補語の様々な形について学習していきますが、まずは補語の基本要素である「形容詞」と「名詞」を用いたものを取り上げます。形容詞、名詞どちらも取れる動詞もあれば、どちらかしか取れない動詞もあるので、そうした語法にも注意しましょう。

ちなみに make は形容詞、名詞のどちらでも可能です。
「その知らせを聞いて、僕は悲しくなりました。」 The news made me $_{C（形容詞）}$ **sad.**
「彼の勇気が彼を英雄にしました。」 His courage made him $_{C（名詞）}$ **a hero.**

特に名詞を補語に取る場合は SVOO 文型と混同しないように気を付けてください。
SVOO 文型「彼の勇気が彼に英雄を作りました。」（？）だと不自然ですよね。

形容詞を補語に取るパターン

主に形容詞を補語とする代表的な動詞をまずはチェックしていきましょう。

「コーヒーを飲めば、起きていられるよ。」 Coffee keeps you awake.

※ keep OC：O を C 状態にしておく

「彼を一人にしておきなさい。」 Leave him alone.

※ leave OC：O を C のままにしておく

「トーストはカリカリが好きなんだ。」 I like my toast crispy.

※ like OC：O が C であるのを好む

※正式には形容詞 crisp（カリカリした）ですが、日常会話では crispy がよく用いられます。

 ## 名詞を補語に取るパターン

次に名詞を補語に取る他動詞をまとめましょう。

「彼女はその犬をチビタと呼ぶことにしました。」 She decided to call the dog Chibita.

※ call OC：O を C と呼ぶ（形容詞を補語に取ることもありますが基本的には名詞です）

「おじいさんはその木の人形をピノキオと名付けました。」

The old man named the wooden doll Pinocchio.

※ name OC：O を C と名付ける

「アメリカ人は 2008 年、オバマを大統領に選びました。」 The American people elected Obama president in 2008.

※ elect OC：O を C に選ぶ（この補語に使われる名詞は主に唯一の地位や役職を示すもので、通常は無冠詞にします）

形式目的語 it を用いるパターン

「私は彼女を理解するのが難しいと思いました。」

_SI _Vfound _Oit _Cdifficult _{（真の目的語）}to understand her.

不定詞（to Vg）は名詞のカタマリとして主語や目的語などにすることができましたが、実は SVOC 文型においては（×）I found to understand her difficult. のように不定詞を O として用いることはできません。そこで、仮の目的語 it を用いて、真の目的語は後ろに回す語順になります。

※不定詞（to Vg）は、文法的には主語として用いることは可能ですが、実際の会話シーンではあまり使われません。

Warm-Up 1

次の日本語を参考に、正しい英文になるように語（語句）を並べ替えましょう。

01. 私の父は薄いコーヒーが好きでした。
（ weak / liked / my father / his coffee ）.

02. 彼らは彼女を議長に選びました。
（ elected / chairperson / her / they ）.

03. このことがまた人々を混乱させるでしょう。
This（ people / make / will / upset ）again.

04. なぜ窓を開けたままにしておいたんですか。
Why（ you / open / the window / did / leave ）?

05. 僕はこれのどこもおかしいとは思いません。
I（ find / funny / any of this / don't ）.

06. その少年たちのおかげでずっと忙しいです。
The boys（ kept / busy / have / me ）.

07. ベッキーと呼んでもいいですか。
（ you / I / call / Becky / can ）?

08. 私たちは彼をミスター・トルネードと名付けました。
（ named / we / Mr. Tornado / him ）.

09. 卒業生たちは職を得るのは難しいとさとりました。
The graduates（ it / a job / found / hard / to get ）.

10. 電気はつけたままにしてくれませんか。
（ you / the light / leave / on / will ）?

![dog] **Warm-Up 1 Answer Key**

解説を読んで文の形をしっかり理解したら、
すべてのセンテンスを音読しましょう！

01. My father liked his coffee weak.

like OC「O が C であるのを好む」。O と C で his coffee is weak（彼のコーヒーは薄い）という意味上のつながりがあります。※コーヒーなど液体濃度の濃い薄いは strong ⇔ weak を用います。

02. They elected her chairperson.

elect OC「O を C（身分、役職）に選ぶ」。補語に「身分」「役職」などを示す名詞を用いる場合は通常無冠詞になります。O と C で she is chairperson（彼女は議長である）の関係が成り立ちます。
※［名詞］chairperson：議長、委員長

03. This will make people upset again.

make OC「O を C にする」。people are upset（人々は混乱している）の関係が成り立ちます。
※［形容詞］upset：（感情的に）混乱して、心配して

04. Why did you leave the window open?

leave OC「O を C のままにしておく」。O と C はやはり the window is open（窓が開いている）の関係ですね。この open は形容詞で「開いた（状態の）」という意味です。ちなみにこの英文の leave を keep で言い換えると「（意図的に）O を C の状態にしておく」というニュアンスになります。

05. I don't find any of this funny.

find OC「O が C であると分かる、思う」。O と C で any of this is not funny（これのどこもおかしくはない）の関係になっています。（※便宜上、この語順で示しましたが、会話では not any of this is funny と not を前に出します）※［形容詞］funny：おかしな、奇妙な、not any of 〜：〜のどの部分も…ない

06. The boys have kept me busy.

keep OC「O を C の状態にしておく」。O と C で I have been busy（私はずっと忙しい）の関係です。ここは現在完了形の継続用法で、ある過去の時点から現在までその状況が続いていることを示しています。

07. Can I call you Becky?

call OC「O を C と呼ぶ」。O と C で you are Becky（あなたはベッキーである）の関係ですね。Can I 〜 ? はカジュアルな場面で「〜してもいいですか」という許可を求める表現でしたね。

08. We named him Mr. Tornado.

name OC「O を C と名付ける」。he is Mr. Tornado（彼はミスター・トルネードです）の関係です。

09. The graduates found it hard to get a job.

find it（仮の O）C to Vg（真の O）「（不定詞の内容）が C であると分かる、思う」。真の目的語である不定詞の代わりに形式目的語 it（訳出しません）を用いて、不定詞は後ろに置くという語順に注意しましょう。
※［名詞］graduate：卒業生、hard は difficult の口語表現

10. Will you leave the light on?

問題 04. 参照。the light is on（電気がついている）の関係です。補語になっている on は形容詞（副詞と解釈されることもあります）で「（電気・ガス・ラジオなどが）ついて（いる）」という意味です。Will you 〜 ? はカジュアルな場面で相手に依頼（相手の意思確認）をする表現で、「〜してくれませんか」という意味でしたね。

Input Stage 2 英文法の感覚 カタマリをつくる接続詞

Point! ここでは、言葉をカタマリにする and や or や that、話の展開や転換に力を発揮する but や so などの接続詞をチェックしましょう。話に弾みをつける場合にも非常に重宝します！

語・句・節

センテンスは語・句・節などのまとまりで構成され、これを意識することで相手の英語を理解しやすくなり、また自分の伝えたい内容をまとめるのに役に立ちます。

語	dog（犬）	いわゆる1語のみの単語
句（語句）	a big dog（大きな犬）	2語以上からなるカタマリ
節	I know he has a big dog （彼が大きな犬を飼っているのは知っています。）	2語以上からなり、SVを含むカタマリ

最初は特に節が苦手だという人が多いですね。要するに、メインの SV 要素以外の S'V' を含むサブ的な文ということになります。　※サブといっても無視していいわけではありません。

メイン：ₛI ᵥknow、サブ：ₛhe ᵥ'has ₒa big dog

最初のうちは、細かく文型や品詞の解釈をすることが、英語と日本語の違いを正しく学び、英語の感覚を養う上で大切ですが、より実践的にスピーキングに重点を置いたトレーニングをするには、このカタマリ感覚で文をとらえることが重要になってきます。慣れてくると文を見ればすぐに語・句・節のカタマリが視覚的に理解できるようになるでしょう。

カタマリを作る接続詞たち

まずは語・句・節をまとめる接続詞をチェックしましょう。

接続詞	意味	ニュアンス
~ and ...	〜と…、〜そして…	並列、追加、順序
~ or ...	〜または…、すなわち…	選択、言い換え
~ but ...	〜しかし…、〜だが…	逆接

「これと、あれもください。」I'll take this one and that one as well.　※ as well = too：…も、さらに

「彼女はお父さんと戻ってくるんですか、それとも旦那さんとですか。」

Is she coming back with her father, or with her husband?

「その試験に合格するのはとても難しかったのですが、彼女は決してあきらめませんでした。」
It was very difficult to pass the exam, but she never gave up.

that 節

次にチェックするのが、「…ということ」という意味で用いる接続詞 that です。

「君が怒っているのは分かっています。」 I know ₀{(that) ₛyou ᵥare ᴄangry}.
※目的語のカタマリ（名詞節）を導く語としてよく用いられる that ですが、この that は省略することができるのも特徴です。
「彼が昇進したというのは本当ですか。」 Is ₛit ᴄtrue 真の主語{(that) ₛhe ᵥgot ᴄpromoted}？
「彼女が間に合わなかったことにがっかりしました。」 I was disappointed (that) she didn't make it.
SV（be 動詞）＋［形容詞・分詞］＋ that 〜「〜のことについて S は［形容詞・分詞］である」
という表現。この that も略式では省略することができます。

また、「結果」を伝える that 節で so 〜 that ...「とても〜なので…」という表現も重要です。
「あまりにお腹が空いていたので、そのピザを全部食べてしまいました。」
I was so hungry that I ate the whole pizza.

話の展開や転換をもたらす接続詞たち

次にチェックするのが、話の流れを決める重要な接続詞です。

接続詞	意味	ニュアンス
though[although] ...	…だけれども	譲歩
because ...	なぜなら…	理由、原因
so ...	だから…	結果
when ...	…のとき	時
if ...	もし…なら	条件

「疲れていたけれども、昨日は残業しました。」 Though I was tired, I worked overtime yesterday.
「愛していたから、僕は彼女を許しました。」 I forgave her because I loved her.
「僕は彼女を愛していた。だから彼女を許しました。」 I loved her so I forgave her.
※ because と so では話の流れが逆になっていることを覚えましょう。
「仕事が終わったら、電話します。」 When I have finished my work, I will call you.
「もしまた彼を訪ねるなら、一緒に私を連れて行ってくれませんか。」
Will you take me with you if you visit him again?
when 節は現在完了形、if 節は現在形、とどちらも現在時制になっていることに注目しましょう。「時」
や「条件」を示す副詞節の中身は主節が未来であっても現在時制で表現するというルールがあります。
※「名詞節」は主語や目的語、補語になるカタマリ、形容詞節は関係代名詞節（詳しくは Unit 11 で）、それ以外はすべて「副詞
節」と考えましょう。　名詞節の when：I don't ᵥknow ₀when he will be home.（いつ彼が家にいるのか分かりません）

137

次の日本語に合うように、（　　）内の語（語句）を文法的に正しく並べ替えましょう。

01. 僕は誰も攻撃しようとも、守ろうともしていません。
I'm (defend / to / or / not trying / offend) anyone.

02. 浴槽の蛇口から水がぽたぽたと落ちていたので、大家さんを呼びました。
The faucet in our bath (so / called / was / dripping / we) our landlord.

03. 彼は私から隠れていたけれども、彼がどこにいるのか私は知っていました。
(from / was / though / hiding / he) me, I knew where he was.

04. 新車を買いたいけど、そんな余裕はありません。
I want to buy a new car, (afford / can't / but / one / I).

05. もし英語を上達させたいなら、英英辞典を使ったらどうですか。
(would / if / an English-English dictionary / you / use) like to improve your English.

06. あまりに眠かったので、昨日は早く寝ました。
I (went to bed / so / was / that / I / sleepy) early yesterday.

07. あなたがそこに着いたら会いにいきます。
I'll see you (there / when / get / you).

08. もう家賃に公共料金が含まれていないので、引っ越すんですよ。
I'm moving out (no longer / utilities / because / includes / the rent).

09. ピーナッツバターとジャムは、サンドイッチに最高の組み合わせです。
(and jelly / the perfect pair / are / peanut butter) for sandwiches.

10. 彼女に以前に会ったことがあるというのは確かですか。
Are you (her / you've / that / sure / met) before?

Warm-Up 2 Answer Key

解説を読んで文の形をしっかり理解したら、すべてのセンテンスを音読しましょう！

01. I'm not trying to offend or defend anyone.

選択を表現する接続詞 or「～または…」。not ~ anyone＝no one「誰も…ない」という表現です。offend は他動詞で「…を攻撃する」、defend も他動詞で「…を守る」という意味です。※ try to Vg：…しようとする

02. The faucet in our bath was dripping so we called our landlord.

結果を表現する接続詞 so「だから…（する、した）」。drip は自動詞で「（液体が）ぽたぽた落ちる」（＝drop）という意味です。※［名詞］faucet：蛇口、［他動詞］call：…を呼び出す、［名詞］landlord：家主

03. Though he was hiding from me, I knew where he was.

譲歩を表現する接続詞 though［although］「…だけれども」。hide は自動詞で「隠れる」という意味です。ここは過去進行形で、ある過去の一時期にあった行動を示しているんですね。where he was「彼がどこにいたのか」は間接疑問文（疑問詞＋S'V'）で know の目的語になっています。

04. I want to buy a new car, but I can't afford one.

逆接の接続詞 but「～しかし…」。afford は他動詞で can afford O「（時間・お金・物など）をとる［持つ］余裕がある」、can afford to Vg「…する（経済的・時間的な）余裕がある」などの形で用います。※ though はそれに続く内容を控えめに表して主節の内容を強調する働きがあるのに対して、but はそれに続く内容に話し手の真意があることを示します。代名詞 one は a car を言い換えたものです。

05. Use an English-English dictionary if you would like to improve your English.

条件を表現する接続詞 if「もし…なら」。動詞の原形で始める命令文になっていますが、必ずしも「…しなさい」という強い調子になるとは限らず、カジュアルな場面で「…したらどうですか」という程度の提案表現として使うことができます。would like to「…したい（のですが）」は like to「…するのを好む」を過去の助動詞 would を用いて丁寧・婉曲表現にしたものです。improve は他動詞で「…を向上させる」という意味です。

06. I was so sleepy that I went to bed early yesterday.

so＋形容詞・副詞＋that S'V'で「とても～で S'は…する」という表現です。この that は接続詞で、後ろは節（SV を含む 2 語以上のカタマリ）になります。※［形容詞］sleepy：眠い

07. I'll see you when you get there.

時を表現する接続詞 when「…するとき」。when 節は時を示す副詞節のため、主節が未来でもその中身は現在形（または現在完了形）になります。（×）... when you will get there.

08. I'm moving out because the rent no longer includes utilities.

原因・理由を表現する接続詞 because「なぜなら…」。include は他動詞で「…を含む」という意味です。move out は「引っ越す」という意味で、現在進行形にすることで、確実な近い予定を示しています。no longer（もはや…ない）は後ろの動詞 include を否定しています。動詞の原形にならないことに注意しましょう。※［名詞］utility（utilities）：公共料金

09. Peanut butter and jelly are the perfect pair for sandwiches.

並列を表現する接続詞 and「～と…」。※ peanut butter：ピーナッツバター、［名詞］jelly：（米語）ジャム

10. Are you sure that you've met her before?

be sure that S'V'「S'が…であることについて確かである」。that の中身は現在完了形の経験用法「…したことがある」ですね。※［形容詞］sure：確かな

Output Stage 1

A 日本語を参考にして、文法的に正しい語（語句）を選び英文を完成させましょう。

01. その男は立ち上がり、その少年たちに向かってしかめっ面をしました。
The man（ at / frowned / up / and / stood ）the boys.

02. 彼女はあまりにびっくりして、ベッドから転がり落ちてしまいました。
She was（ rolled off / she / that / frightened / so ）the bed.

03. 100 年前あるいは 50 年前の事情はどうであったか私は知りません。
I don't know（ were / or / things / a hundred / how ）50 years ago.

04. その音楽を聴いたとき、私は本当に眠くなりました。
（ made / listened to / I / when / me / that music / it / , ）really sleepy.

05. 私は彼を雇いたくはありませんでした。なぜなら若すぎたからです。
I didn't（ to / because / him / he / employ / want / was ）too young.

06. この提案があなたを満足させると確信しています。I'm sure（ make / happy / will / this offer / you ）.

07. その山に登ったとき、息苦しく感じました。
When I climbed the mountain,（ breathe / it / hard / I / to / found ）.

08. 彼が弟を 1 人にしたのは本当ですか。 （ left / he / true / is / his brother / it ）alone?

09. 散歩したら、暖かいですよ。 It will（ you / walk / warm / if / you / keep ）around.

10. 私たちは彼を知事に選びました。 （ elected / governor / him / we ）.

11. 彼女がいないのを寂しく思っていました。だから携帯を取り出して、彼女に電話をしました。
I was missing her,（ and / picked up / I / so / called / my cellphone ）her.

12. 卵はどのように料理したのがお好きですか。―目玉焼きが好きです。
(you / your eggs / would / like / how)? — I like mine sunny side up.

13. あなたを何て呼べばいいですか。―よければ、Evine と。
(call / what / I / you / can)? — Just call me Evine if you like.

B 次の ... に合うものを下の選択肢から記号で選び英文を完成させましょう。

01. I was very hungry ...   01

02. ... you should stop the engine.   02

03. ... you'll see he is wrong.   03

04. Their children are so cute ...   04

05. I'll watch the film again tomorrow, ...   05

06. It would be hard to dig a hole ...   06

07. I found it comfortable ...   07

08. We are not Christian ...   08

（あ）... but we celebrate Christmas. （い）... because there are so many rocks.
（う）... so I stopped by McDonald's. （え）When you think about it, ...
（お）... to partner with him.   （か）... that I'd like to get their photos.
（き）If the light is blinking, ...   （く）... though I've seen it many times before.

C 次の日本語に合うように（　　）に適切な動詞を書きましょう。

01. 換気のために、すべてのドアを開けたままにしておく必要があります。
We need to (   ) all the doors open for ventilation.

02. 私はあなたを緊張させますか。
Do I (   ) you nervous?

03. 彼は私をお母さんとまったく呼びませんでした。
He didn't (   ) me Mom at all.

04. 損害賠償を請求するのは難しいと分かりました。
I've (   ) it difficult to claim damages.

05. 壊れやすいから、それはそのままにしておきなさい。
Just (   ) that alone because it's breakable.

Output Stage 2　次の日本語を英語にしてみましょう。　▶10

A　**01.** その男は立ち上がり、その少年たちに向かってしかめっ面をしました。

　　02. 彼女はあまりにびっくりして、ベッドから転がり落ちてしまいました。

　　03. 100 年前あるいは 50 年前の事情はどうであったか私は知りません。

　　04. その音楽を聴いたとき、私は本当に眠くなりました。

　　05. 私は彼を雇いたくはありませんでした。なぜなら若すぎたからです。

　　06. この提案があなたを満足させると確信しています。

　　07. その山に登ったとき、息苦しく感じました。

　　08. 彼が弟を 1 人にしたのは本当ですか。

　　09. 散歩したら、暖かいですよ。

　　10. 私たちは彼を知事に選びました。

　　11. 彼女がいないのを寂しく思っていました。だから携帯を取り出して、彼女に電話をしました。

　　12. 卵はどのように料理したのがお好きですか。　―目玉焼きが好きです。

　　13. あなたを何て呼べばいいですか。　―よければ、Evine と。

B　**01.** とてもお腹が空いていたので、途中でマクドナルドに立ち寄りました。

　　02. もしそのライトが点滅していたら、エンジンを止めるべきです。

03. それについて考えてみれば、彼が間違っているとあなたは分かるでしょう。

04. 彼らの子供たちはとても可愛いので、写真を撮りたいのです。

05. 前に何度も見たことがありますが、明日またその映画を見ます。

06. とてもたくさんの岩がありますから、穴を掘るのは難しいでしょう。

07. 彼と組むのは気が楽だと思いました。

08. 私たちはクリスチャンではありませんが、クリスマスを祝います。

C　**01.** 換気のために、すべてのドアを開けたままにしておく必要があります。

02. 私はあなたを緊張させますか。

03. 彼は私をお母さんとまったく呼びませんでした。

04. 損害賠償を請求するのは難しいと分かりました。

05. 壊れやすいから、それはそのままにしておきなさい。

Evine's Word

自分で何とかしようと努力されている方は、語学の難しさを肌で感じていますから、そう簡単に理想を口にしたりはしません。

Unit 10

SVOC(= to Vg)(2)

> **Point!** 「シェフは彼に鍋を温めるように言いました。」 **The chef told him to heat a pan.**
>
> このユニットでは SVOC 文型で補語に不定詞（to Vg）の形を取る他動詞をチェックしていきます。目的語と不定詞は意味上の SV 関係になっていることに注目しましょう。

「依頼」の SVOC 表現

まずは「依頼」のニュアンスのある他動詞をチェックしましょう。

「彼は僕に、彼女の特徴を述べるように頼みました。」 He asked me to describe her.

※ ask O to Vg：O に…するよう頼む

「私は彼に洗濯物をロープに干してもらいました。」 I got him to hang the washing on the line.

※ get O to Vg：O に…してもらう

「彼は彼女にその招待を断って欲しかったんです。」 He wanted her to refuse the invitation.

※ want O to Vg：O に…して欲しい（と思う）

「要求」の SVOC 表現

次に「要求」ニュアンスを持つ他動詞をチェックします。

「あなたは私にこれを印刷しないように言いました。」 You told me not to print this.

※ tell O to Vg：O に…するよう言う、命じる ⇒「O に…しないように言う」は tell O not to Vg　（※ say、speak、talk にこの形の表現はありません）

不定詞で表現される動作内容を否定する not to Vg「…しないように」の形も、会話では重宝します。覚えておきましょう。

他に order「O に…するように命令する」、require「O に…するように要求する」も目的語の後ろに不定詞を取ることができますが、かなり形式的な硬い表現になります。

「許可・可能」の SVOC 表現

次に「許可・可能」ニュアンスを持つ他動詞 allow をチェックします。

「僕の両親は僕たちが新しい家を建てるのを許しませんでした。」

My parents didn't allow us to build a new house.　　※ allow O to Vg：O に…するのを許可する

「インターネットのおかげで、世界中の何百万ものコンピューター・ユーザーが情報交換できます。」

The internet allows millions of computer users around the world to exchange information.

※この allow は「O が…するのを可能にする」（= enable）という意味で用いられています。

「忠告」「激励」の SVOC 表現

次に「忠告」「激励」のニュアンスを持つ他動詞をチェックします。

「彼は僕に新しいシステムを構築するよう忠告した。」

He advised me to establish a new system.　　※ advise O to Vg：O に…するように忠告する

「父は私に 1 人で歩いて家に帰らないように注意しました。」

My father warned me not to walk home alone.　　※ warn O to Vg：O に…するように注意する（警告する）

「母は私にその仕事に応募するように励ました。」　My mother encouraged me to apply for the job.

※ encourage O to Vg：O に…するように励ます

その他の不定詞を取る SVOC 表現

では最後に SVOC で不定詞を取るその他の他動詞を 3 つ押さえておきましょう。

「あなたが靴を修理するのを手伝ってあげますよ。」　I'll help you (to) mend your shoes.

※ help O (to) Vg：O が…するのを手伝う（to は省略されるのが一般的です）

「僕は弟が帰宅するのを待っていました。」　I was waiting for my brother to come home.

※ wait for O to Vg：O が…するのを待つ（wait for で 1 つの他動詞と考えています）

「息子は薬を飲むことを私に思い出させてくれます。」　My son reminds me to take my medicine.

※ remind O to Vg：O に…するように気付かせる（思い出させる）

今回のパターンすべてに共通しているポイントは他動詞の目的語になっているものが不定詞の意味上の主語になっていることですね。この関係を意識しながら問題を解いていきましょう。

※便宜上、SVOC として扱っていますが厳密にはこの枠で解釈できないこともあります。本書ではスピーキングを重視していますので、あくまでも表現パターンを押さえることを意識してください。

次の日本語を参考に、正しい英文になるように語（語句）を並べ替えましょう。

01. 僕は妻に髪を切ってもらいました。
I (cut / my wife / got / to) my hair.

02. 衛星は私たちが宇宙を調査するのにどのように役立っているのですか。
How do (us / explore / help / satellites) space?

03. 彼は彼の工芸を展示することを私に許可してくれました。
He (display / me / his crafts / allowed / to).

04. 毛布を畳みましょうか。
Do (me / fold / want / to / you) the blankets?

05. 彼らは私にヘビを頭の後ろからわしづかみするように言いました。
They (grab / me / to / told / the snake) behind its head.

06. 彼は彼女にバイオリンを一生懸命に練習するよう励ましました。
He (her violin / encouraged / to / her / practice) hard.

07. 僕は彼女が電話に出るまで待っていました。
I (to / come / her / waiting for / was) to the phone.

08. 彼女はそのバスを追いかけるように運転手に頼みました。
She (the driver / asked / chase / to) the bus.

09. 郵便局に寄るのを私に思い出させてください。
Please (stop by / to / remind / me) the post office.

10. その地域を訪れるのは避けたほうがいいですよ。
We (visiting / you / advise / to / avoid) the region.

**Warm-Up 1
Answer Key**

解説を読んで文の形をしっかり理解したら、
すべてのセンテンスを音読しましょう！

01. I got my wife to cut **my hair.**

get O to Vg「O に…してもらう」。「依頼」表現になっています。my wife cut my hair の関係です。

02. How do satellites help us explore **space?**

help O (to) Vg「O が…するのを手伝う」。explore の前に不定詞の to が省略されています。方法・手段を尋ねる疑問詞 how を用いた形です。※［名詞］satellite：衛星、［他動詞］explore：…を探索する

03. He allowed me to display his crafts.

allow O to Vg「O が…するのを許す」。「許可」の表現ですね。※［他動詞］display：…を展示する、［名詞］craft：工芸、手工芸

04. Do you want me to fold **the blankets?**

want O to Vg「O に…して欲しい（と思う）」。ここでは Shall I ~?「～しましょうか」で表せる「提案」のニュアンスになっています。want O to Vg のニュアンスをより丁寧にした would like O to Vg「O に…してもらいたい（のですが）」も一緒に覚えておきましょう。※［他動詞］fold：…を折り畳む、［名詞］blanket：毛布

05. They told me to grab the snake **behind its head.**

tell O to Vg「O に…するように言う」。「要求」表現になっています。its = the snake's ですね。関連表現として grab［catch］O by ... で「O の…をつかむ」も覚えておきましょう。身体の部位を示す場合に用いる前置詞 by がポイントです。※［他動詞］grab：…をひっつかむ、［前置詞］behind：…の後ろに

06. He encouraged her to practice her violin **hard.**

encourage O to Vg「O に…するように励ます」。「激励」表現ですね。反意語は discourage です。
※［他動詞］practice：…を練習する

07. I was waiting for her to come **to the phone.**

wait for O to Vg「O が…するのを待つ」。wait for で 1 つの他動詞表現になるんでしたね。この come to は answer の意味になっています。※ come to the phone：電話に出る

08. She asked the driver to chase **the bus.**

ask O to Vg「O に…するように頼む」。tell は「要求」ですが、ask は「依頼」ニュアンスを持つ他動詞です。
※［他動詞］chase：…を追跡する

09. Please remind me to stop by **the post office.**

remind O to Vg「O に…するように気付かせる」。注意を喚起する表現です。名詞句を伴う remind O of ...「O に…を思い出させる」も重要です。※ stop by ...：…に立ち寄る、post office：郵便局

10. We advise you to avoid visiting **the region.**

advise O to Vg「O に…するように忠告する」。まさに「忠告」表現です。avoid は動名詞を目的語にする他動詞です。※［他動詞］avoid：…を避ける、［名詞］region：地域、地方

比較級の表現

Point! 「…より○○だ」「…の中で一番○○だ」と2人・2つあるいはそれ以上の中であれこれと比較する表現です。物事を比較する表現を身に付けることで、より深い状況描写ができるようになります。

形容詞・副詞er than ... とmore 形容詞・副詞 than ...

比較級は2人・2つの間で、**形容詞・副詞**を軸にして物事の「程度の差」を描写する表現です。比較対象を示す場合に用いられるのが than です。

「この時計は私のよりも高いです。」 This watch is more expensive than mine.

↔ My watch is cheaper than this one.

比較級には **-er タイプ**と **more タイプ**がありますが、たいてい短い単語は -er タイプ、長いものは more タイプで、それ以外のイレギュラーなものには英語に触れていく中で押さえるつもりでいましょう。

better than ...

程度が「より優れている」「より良い」状態を示す場合によく用いられる better than 表現です。

「スシはファストフードよりも断然いいです。」 Sushi is much better than fast food.

※ much「はるかに」「ずっと」は**比較級の強調語**です。very better とは言いません。

「実際、彼は私よりも日本語が上手ですよ。」 Actually he speaks Japanese better than I do.

「私は夏よりも冬が好きです。」 I like winter better than summer.

than は**接続詞**で後ろには SV が続きますが、than の前にある語と重複する部分は省略でき、通常は比較対象の主語や目的語だけを残した形になります。

※ than を前置詞として、後ろには代名詞の目的格（I → me）を用いることもできますが、くだけた印象になります。

形容詞・副詞 est <u>in</u>/<u>of</u> ... とthe most 形容詞・副詞 <u>in</u>/<u>of</u> ...

では次に最上級をチェックしましょう。最上級は比較級と同じように形容詞・副詞を軸に3人・3つ以上の中で「誰・何が一番○○」なのかを表現するために用いられます。

最上級は、形容詞・副詞そのものの語尾を変化させる **-est タイプ**と原級の前に **most を置くタイプ**があります。またどちらの場合でも原則として前に the を置くのがルールです。

「彼女が私たちみんなの中で一番奇麗でした。」 She was the most beautiful of us all.

「妻が我が家で一番の早起きです。」 My wife gets up (the) earliest in my family.

副詞（early）の最上級の the は語調の関係で通常は省略されます。また最上級の範囲を示す in/of ですが、「集合や場所を表す単数名詞」は in、「複数の数を思わせる複数名詞」は of を用います。

 ## the best（<u>in/of</u> ... ）

程度が「もっとも優れている」という最高の状態を示す場合によく用いられる the best（<u>in/of</u> ... ）です。

「ここは日本で最高のレストランの１つです。」 This is one of the best restaurants in Japan.

※ one of the 最上級＋複数名詞で「もっとも～なうちの１つ（名詞）」という表現になります。

「俺の親父が最高です。」 My dad is the best of all.

 ## 同等比較 as ... as ～と not as ... as ～

「as 原級（形容詞・副詞）as」は形容詞・副詞で示される程度レベルが「同じ」であることを表現し、「～と同じくらい…」という意味になります。

「私の母は、彼女の母と同じくらいの年齢です。」 My mother is as old as hers. ※ hers = her mother

「その映画は本ほど出来が良くありませんでした。」 The movie wasn't as good as the book.

as ... as を否定にした not as ... as ～ は「～ほど…ない」という表現になりますので注意しましょう。

than と同様に、後ろの as は接続詞（＋ SV）または前置詞（＋名詞）と押さえておきましょう。

 ## twice as ... as ～の倍数表現

「～よりも○○倍…だ」と表現する場合は as ... as の前に twice「２倍」のような数詞を用います。

「彼女は僕の２倍飲みます。」 She drinks twice as much as I do. ※反対の「1/2 倍」は half as ... as ～

「私の父の給与は私の３倍です。」 My father's salary is three times as high as mine.

※「３倍」以上は数字＋ times で表現できます。

 ## No one [Nobody] is＋比較級、Nothing is＋比較級の最上級表現

これをマスターできれば比較通！頭に否定語を置いた比較級は、最上級を意味する表現になります。

「彼女より、私の仕事に協力的な人はいません。」

No one is more supportive of my work than she is. ↔ She is the most supportive of my work.

「インスタント食品より便利なものはない。」 Nothing is more convenient than ready-to-eat meals.

↔ Ready-to-eat meals are the most convenient things.

比較級ではなく as ... as を用いて最上級を表現することもできます。

「その初戦ほどワクワクしたものはありませんでした。」

Nothing was as exciting as the first game. ↔ The first game was the most exciting.

 **Warm-Up 2**

次の日本語に合うように、(　　) 内の語（語句）を文法的に正しく並べ替えましょう。

01. このロープは君のよりもおよそ２倍長いです。
This rope is (about / as / twice / as / long) yours.

02. 彼よりも懸命に働いた者はいませんでした。
(harder / nobody / than / worked) he did.

03. 何のスポーツが一番面白いですか。
What sport (interesting / is / most / the)?

04. ネットワークの構築は私たちが予想したよりもいっそう困難になっています。
Networking has (than / even harder / we / been) expected.

05. 私はみんなの中で一番早く目が覚めました。
(earliest / woke up / of / I) all.

06. 白いドレスを着た彼女はより美しく見えました。
She (beautiful / more / in / looked) that white dress.

07. これらの住宅は、街の中心部にある住宅と同じくらい古いです。
These houses (as / the ones / are / old / as) downtown.

08. 新しいアイデアを手に入れるのは思ったほど簡単なことではありません。
Getting (isn't / as / new ideas / easy / as) I thought.

09. これはコースの中でもっとも難しい科目の１つです。
This (the hardest / in / one of / is / subjects) the course.

10. ビールとワイン、どちらが魚料理に合いますか。
(better / is / with fish / which), beer or wine?

Warm-Up 2
Answer Key

解説を読んで文の形をしっかり理解したら、
すべてのセンテンスを音読しましょう！

01. This rope is about twice as long as yours.

as ... as ~「～と同じくらい…」。この表現に twice を用いると「～よりも 2 倍…だ」という意味になります。
※［副詞］about：およそ、yours = your rope

02. Nobody worked harder than he did.

比較級 -er than ...「…より～だ」。主語に Nobody を置くことで、形は比較級ですが最上級の表現になり He worked (the) hardest (of all).（彼は［全員の中で］もっとも一生懸命に働きました）と同じ意味になります。than 以下の動詞には、worked の代わりに did を使用しています。

03. What sport is the most interesting?

最上級の the most ＋原級「もっとも…」表現。interesting は more/the most タイプです。疑問詞 What sport「何のスポーツ」が主語になっています。

04. Networking has been even harder than we expected.

比較級の強調 even「さらに」「いっそう」。2 つの差が激しい場合は much。-er than S expected/thought「S が期待［思った］以上に…」という形です。問題の英文は現在完了形の継続用法になっています。※［名詞］networking：（仕事上での）ネットワーク作り

05. I woke up earliest of all.

副詞 early の最上級。副詞の場合は最上級の the を省略するのが一般的です。of all は最上級の範囲を示します。「of ＋複数名詞」として押さえておきましょう。※ wake up：目覚める

06. She looked more beautiful in that white dress.

以前の状況と比較した英文で、than before を省略したものです。実際のコミュニケーションではこのように than がない場合もよくあります。cf. I'm getting older.（僕は年をとってきました）この英文では「以前よりも」ということは文意より分かりますのでわざわざ than ... を用いて何と比較しているかを示す必要はありません。beautiful は more/the most タイプで、自動詞 look「…に見える」の補語になっています。この前置詞 in は着用を示し「…を着て」「…を身に着けて」という意味です。

07. These houses are as old as the ones downtown.

as ... as ~「～と同じくらい…」。ones = houses で downtown「街の中心部の（住宅）」に修飾されています。

08. Getting new ideas isn't as easy as I thought.

問題 07. と比較。not as ... as ~ で「～ほど…でない」。（×）「～と同じくらい…ではない」という解釈ではないので注意しましょう。主語は動名詞句（＝名詞句）Getting new ideas で、動名詞を主語にした場合、動詞は必ず単数で受けます。

09. This is one of the hardest subjects in the course.

one of ＋最上級＋複数名詞「もっとも…な（名詞）のうちの 1 つ」。one of の中身は必ず複数名詞にするのがポイントです。※［名詞］subject：科目、教科

10. Which is better with fish, beer or wine?

2 つの限られた選択肢がある中で「より良い」ものを尋ねる Which（名詞）is ＋ better ... ? です。better は good、well、very much の比較級です。※ better/best の反意語 worse「より悪い、ひどい」/ worst「もっとも悪い、もっともひどい」も覚えておきましょう。

Output Stage 1

A 日本語の表現になるように、( ) に正しい語 (語句) を入れて英文を完成させましょう。

01. 私はあなたに干渉しないように警告しました。I ( ) you to stay away from me.

02. 上司は私にその契約を履行するように言いました。
My boss ( ) me to complete the contract.

03. 私はあなたに学業を怠って欲しくありません。
I would ( ) you ( ) to neglect your schoolwork.

04. 家で誰が一番上手に料理をしますか。
Who cooks best ( ) your home?

05. 戦争より悪いものはありません。 Nothing is ( ) than war.

06. 彼は君と同じくらい驚いていました。He was as ( ) as you.

07. 私は旦那に汚れをもっと強く磨いてもらいました。
I ( ) my husband to rub the stain harder.

08. 実際、私は君の半分しか稼いでいません。
In fact, I earn ( ) ( ) much as you.

09. 彼は家で喫煙を許されていません。
He is not allowed ( ) ( ) in the house.

10. いやな来客ほど迷惑なものはありません。
( ) is more annoying ( ) bad houseguests.

11. 今日、彼にそれをコピーするように頼みます。
I ( ) ( ) him to copy it today.

12. その看護師さんが赤ちゃんの頭を支えるのを手伝ってくれました。
The nurse ( ) me hold my baby's head.

13. これはあなたが思っているほど高価ではありません。
This is ( ) ( ) expensive as you think.

B 次の日本語に合うように、( ) 内の語 (語句) を文法的に正しく並べ替えてください。
ただし、<u>必要のない語 (語句)</u> が 1 つずつありますので注意してください。

01. 彼が私たちに何をして欲しいのかが分かりません。
We don't (he / what / does / know / us / wants / to) do.

02. リモコンの電池を買うのを思い出させて。

(me / some batteries / of / buy / remind / to) for the remote.

03. 何の食べ物が日本で一番美味しいと思いますか。

(delicious / more / is / do you think / most / what food / the) in Japan?

04. 僕は彼女が返事をくれるのを待ちました。　　(waited / her / reply / for / I / was / to).

05. その代理店への手数料は私の家賃のほぼ２倍でした。

The agency fee (as / almost / twice / was / high / as / big) my rent.

06. 彼女は他の誰よりも上手に踊ることができました。

She (more / dance / than / able to / anyone else / better / was).

07. あなたにとって何の仕事が一番いいですか。(for / job / the best / is / what / the better) you?

08. 彼らのサービスはいっそうひどくなっています。Their (worse / getting / very / service / even / is).

09. 私はいつもよりはるかにうまくやりました。(much / than / did / best / usual / I / better).

10. Wi-Fi は彼らにとってもっとも重要な技術の１つです。

Wi-Fi is (for / technology / the most / of / important / technologies / one) them.

C ほぼ同じ内容の英文になるように（　　）に適切な語を入れましょう。

01. (a)The doctor told me not to smoke.

(b)The doctor (　　　　　　　　　　) to me, "(　　　　　　　　　　) smoke."

02. (a)Your bag looks newer than mine.

(b)My bag looks (　　　　　　　　　) than yours.

03. (a)Nobody here is more courteous than she is.

(b) (　　　　　　　　　) is (　　　　　　　　　) (　　　　　　　　　) courteous person here.

153

Output Stage 2　次の日本語を英語にしてみましょう。

▶11

A 01. 私はあなたに干渉しないように警告しました。

02. 上司は私にその契約を履行するように言いました。

03. 私はあなたに学業を怠って欲しくありません。

04. 家で誰が一番上手に料理をしますか。

05. 戦争より悪いものはありません。

06. 彼は君と同じくらい驚いていました。

07. 私は旦那に汚れをもっと強く磨いてもらいました。

08. 実際、私は君の半分しか稼いでいません。

09. 彼は家で喫煙を許されていません。

10. いやな来客ほど迷惑なものはありません。

11. 今日、彼にそれをコピーするように頼みます。

12. その看護師さんが赤ちゃんの頭を支えるのを手伝ってくれました。

13. これはあなたが思っているほど高価ではありません。

B 01. 彼が私たちに何をして欲しいのかが分かりません。

02. リモコンの電池を買うのを思い出させて。

03. 何の食べ物が日本で一番美味しいと思いますか。

04. 僕は彼女が返事をくれるのを待ちました。

05. その代理店への手数料は私の家賃のほぼ２倍でした。

06. 彼女は他の誰よりも上手に踊ることができました。

07. あなたにとって何の仕事が一番いいですか。

08. 彼らのサービスはいっそうひどくなっています。

09. 私はいつもよりはるかにうまくやりました。

10. Wi-Fi は彼らにとってもっとも重要な技術の１つです。

C　**01.** (a) 医者は私にタバコを吸わないようにと言いました。

　　　　(b) 医者は私に「タバコを吸ってはいけません。」と言いました。

　　02. (a) あなたのカバンは私のよりも新しく見えます。

　　　　(b) 私のカバンはあなたのよりも古く見えます。

　　03. (a) ここで彼女よりも礼儀正しい人は誰もいません。

　　　　(b) 彼女はここで最も礼儀正しい人です。

Unit 11

SVOC(＝原形不定詞 Vg)(3)

Point! 「あなたは私に階段を掃かせました。」 **You made me sweep the stairs.**
「私は彼がささやくのを聞きました。」 **I heard him whisper.**

前の Unit では補語として不定詞（to Vg）の形を用いる SVOC 文型をチェックしましたが、この
Unit では原形不定詞、つまり to なしの丸裸不定詞を伴う他動詞の表現を見てみましょう！

 ## 使役動詞の表現

まずは「使役動詞」と呼ばれる他動詞 3 つをまとめましょう。どれもスピーキングには必須アイテム
です。

make O Vg	O に…させる	強制的に相手に行動させる
have O Vg	O に…してもらう	相手に頼んで行動してもらう
let O Vg	O に…させてやる	相手に行動を許可する

「行きたくはなかったけど、僕のお父さんが行かせました。」
My dad made me go, though I didn't want to.
「彼女のジョークはいつも僕を笑わせます。」 Her jokes always make me laugh.

話し手の意思とは無関係に「…させる」という強いニュアンスが make にはあります。ただし、2 文目
のように**無生物主語（人以外）**の場合は強制ニュアンスはなく「自然に…してしまう」という感覚です。

「彼女にピザを包んでもらい、家に持ち帰りました。」
We had her wrap up the pizza and we took it home.

make とは違い、強い「強制」ニュアンスはありません。相手にお願いして「…してもらう」とい
うのが have です。get O to Vg と言い換えることができます。
↔ We got her to wrap up the pizza and we took it home.

「釣りに行きたかったけど、妻が行かせてくれませんでした。」
I wanted to go fishing, but my wife wouldn't let me (go).

同じ「許可」を意味する allow O to Vg「O に…することを許す」という表現がありましたが、こ
の let を使った表現の方が日常会話のカジュアルな場面で重宝します。

156

知覚動詞の表現

次に「知覚動詞」と呼ばれる人間の知覚・感覚を示す他動詞の表現をまとめましょう。こちらもスピーキングには必須アイテムです。

see O Vg	O が…するのを見る（見える）
feel O Vg	O が…するのを感じる
hear O Vg	O が…するのを聞く（聞こえる）

「トモコが出発するところを見ましたか。」　Did you see Tomoko leave?

「彼は誰かが腕に触れるのを感じました。」　He felt someone touch his arm.

「彼女が指を鳴らすのを聞きました。」　I heard her snap her fingers.

知覚動詞としてほかにも look at O Vg「O が…するのを（意識して）見る」、listen to O Vg「O が…するのを（意識して）聞く」、observe[notice] O Vg「O が…するのに気づく」、watch O Vg「O が…するのを見る、じっと見守る」なども押さえておきましょう。

※ see や hear は自分で意識することなく自然と「見える（見かける）」「聞こえる」というニュアンスです。

使役動詞の受け身表現

使役動詞 make には受け身表現があり、その場合は be made to Vg の形で動詞の原形（原形不定詞）ではなく不定詞の形（to Vg）を用います。have は通常受け身にしません。

「私は荷造りをさせられました。」　I was made to pack up.（×）I was made pack up.

let も have と同じで通常受け身にはしませんが、be allowed to Vg「…することが許されている」で let の受け身のニュアンスを表現することができます。代用表現として押さえておきましょう。

「私のアパートではペットを飼うことができません。」　I'm not allowed to have pets in my apartment.

知覚動詞の受け身表現

使役動詞 make と同じように、知覚動詞も受け身にすると動詞の原形（原形不定詞）ではなく不定詞の形になります。see O Vg　➡　be seen to Vg

「時々、彼らは小さな鳥を狩るのを目撃されました。」

Sometimes they were seen to hunt small birds.

「彼女は泣き叫ぶのを聞かれました。」　She was heard to cry out.

※この用法において、feel、listen to、look at、watch は通常受け身にしません。

157

Warm-Up 1

次の日本語を参考に、正しい英文になるように語（語句）を並べ替えましょう。

01. 警察は彼があなたを攻撃するのを見ましたが、何もしませんでした。
The police（ you / him / attack / saw ）, but they did nothing.

02. 彼女は娘に自転車のヘルメットをかぶらせました。
She（ wear / her daughter / made ）a bicycle helmet.

03. 僕は彼が彼女に何かささやくのを聞きました。
I（ something / him / heard / whisper ）to her.

04. 先にこれを終了させて。
（ this / let / finish / me ）first.

05. 彼にそのことについてあなたに説明してもらいます。
I'll（ to / him / explain / have / it ）you.

06. 赤ちゃんが私の体の中で動くのを感じました。
I（ my baby / move / felt ）inside me.

07. その航空機が海に墜落するのが聞こえました。
The aircraft（ heard / crash / was / to ）into the sea.

08. その少年は大きな重いカートを押させられました。
The boy（ push / to / made / was ）a big heavy cart.

09. 私は彼に栓を引っ張ってもらいました。
I（ to / pull / him / got ）the plug.

10. その船は沈むところを見られました。
The ship（ to / seen / sink / was ）.

**Warm-Up 1
Answer Key**

解説を読んで文の形をしっかり理解したら、
すべてのセンテンスを音読しましょう！

01. **The police** saw him attack you, **but they did nothing.**

知覚動詞 see O Vg「O が…するのを見る」。偶然視界に飛び込んできた光景を目にする、というニュアンスです。attack は他動詞「…を攻撃する」。do も他動詞「…をする」で目的語に代名詞 nothing「何も…ない」を用いています。do nothing で「何もしない」という意味です。※名詞 police は複数扱いで代名詞は they になります。

02. **She** made her daughter wear **a bicycle helmet.**

使役動詞 make O Vg「O に…させる」。相手の意志に関係なく何かをさせる、強制的なニュアンスがあります。

03. **I** heard him whisper something **to her.**

知覚動詞 hear O Vg「O が…するのが聞こえる」。whisper は他動詞で「…をささやく」という意味です。

04. **Let me finish this first.**

使役動詞 let O Vg「O に…させる」。allow O to Vg をカジュアルにした表現です。make のような強制的なニュアンスはなく、目的語のしたいようにさせる許可表現です。また finish の類義語として他動詞 end「…を終わらせる、終える」も覚えておきましょう。

05. **I'll** have him explain it to **you.**

使役動詞 have O Vg「O に…してもらう」。相手にお願いをして何かをしてもらうニュアンスです。explain は他動詞で「(物事) を説明する」という意味。「人」の前に前置詞 to が必要です。

06. **I** felt my baby move **inside me.**

知覚動詞 feel O Vg「O が…するのを感じる」。move は自動詞で「動く」という意味です。
※［前置詞］inside ... : …の内側で

07. **The aircraft** was heard to crash **into the sea.**

hear O Vg の目的語を主語にして受け身にしたものです。その場合は be heard to Vg「…するのを聞かれる」の形で不定詞の to が必要になりますので注意しましょう。この crash は自動詞で「墜落する、衝突する、大きな音を立ててぶつかる」という意味です。※［名詞］aircraft：航空機（= airplane）

08. **The boy** was made to push **a big heavy cart.**

make O Vg の受け身は be made to Vg「…させられる」の形になります。push は他動詞で「…を押す」という意味です。※［形容詞］heavy：重い、［名詞］cart：カート、荷車

09. **I** got him to pull **the plug.**

get O to Vg「O に…してもらう」は have O Vg の言い換え表現。get を使う場合は動詞の原形ではなく、不定詞の to を用いることがポイントです。pull は他動詞で「…を引っ張る」という意味。※［名詞］plug：栓、(電気の) プラグ

10. **The ship** was seen to sink.

see O Vg の受け身の表現です。be seen to Vg「…するのを見られる」。ちなみに see O Ving「O が…しているのを見る」の受け身表現は be seen Ving「O が…しているのを見られる」となります。※［自動詞］sink：沈む

関係詞の表現(1)

Point! 「誰」、あるいは「何」の話をしているのかを詳しく説明する関係代名詞 who/which/that を用いた節を今回はチェックします。基本パターンは日常会話でよく用いられますのでぜひ押さえておきましょう。

関係代名詞節＝形容詞のカタマリ

関係代名詞節とは関係代名詞の who/which/that などで作られるカタマリ（SV を含む英文＝節）のことで、前の名詞を修飾します。つまり、**大きな形容詞のカタマリ**と押さえておきましょう。

主格の関係代名詞 who/which/that

who	どの人、どんな人について話しているのかを示す関係代名詞節を作る
which	何について話しているのかを示す関係代名詞節を作る

「私たちの給仕をしてくれたウエートレスはとても丁寧でした。」

The waitress who **served us** was very polite.

関係代名詞節 who served us が「**どのウエートレス**」のことについて**話している**のかを示したものです。who served us が特定の人物を示すわけですね。この英文は次の 2 文に分けて考えることができます。

The waitress was very polite. She served us. → The waitress ~ she served us ~ was very polite.
→ The waitress who served us was very polite.

説明する名詞の直後に特定する情報を挿入し、主語を who で言い換えて、つなげた形になっているわけですね。主語を言い換えたというところがポイントで、この who を**主格の関係代名詞**と呼びます。

「机に置いてあった新聞はどこですか。」 Where is the newspaper which **was on the desk**?

関係代名詞節 which was on the desk が「**どの新聞**」のことについて**話している**のかを示したものです。この英文は次の 2 文に分けて考えることができます。

Where is the newspaper? It was on the desk. → Where is the newspaper ~ it was on the desk ~?
→ Where is the newspaper which was on the desk?

先ほどの who と同じように関係代名詞 which は主語の it を言い換えたもので、**主格の関係代名詞**になっています。

さて、who/which の使い分けですが、話題（修飾する名詞＝先行詞）が「人」であれば who、「物事」であれば which と押さえておきましょう。

また、who/which の代わりに that を用いることも可能です。

↔The waitress that **served us** was very polite.　※実際には that よりも who の方がよく用いられます。

↔Where is the newspaper that **was on the desk**?　※ which よりも that の方がよく用いられます。

目的格の関係代名詞 who(m)/which/that

「私が会う予定だった依頼人は現れませんでした。」

The client who[that] **I was supposed to meet** didn't show up.

この英文は以下の２文に分けて考えましょう。

The client didn't show up. I was supposed to meet him/her.

→ The client ~ I was supposed to meet <u>him/her</u> ~ didn't show up.

→ The client <u>who[that]</u> I was supposed to meet didn't show up.

他動詞 meet の目的語（him/her）が関係代名詞になったものです。これを目的格の関係代名詞と呼びます。目的格の場合は、関係代名詞を省略することも可能です。

↔The client **I was supposed to meet** didn't show up.

さて、厳密には先行詞が「人」の場合の目的格の関係代名詞は **whom** ですが、口語ではほとんど使われず、who、that を使うかあるいは省略します。

「先週なくした携帯電話は見つかったんですか？」

Have you found the cellphone that[which] **you lost last week**?

この英文は以下の２文に分けて考えましょう。

Have you found the cellphone? You lost it last week.

→ Have you found the cellphone ~ you lost <u>it</u> last week ~ ?

→ Have you found the cellphone <u>that[which]</u> you lost last week?

こちらの英文も目的格の関係代名詞を用いたパターンですね。先行詞が「物事」の場合の目的格の関係代名詞は that や which を使うか、省略します。

では最後に関係代名詞を用いたパターンの語順を整理しておきましょう。

主格の関係代名詞	先行詞＋主格の関係代名詞（S'）＋ V' …
目的格の関係代名詞	先行詞＋目的格の関係代名詞（O'）＋ S' V' …

「彼にはとても賢いお姉さんがいます。」　He has 先行詞a sister {S'who V'is C'very smart}.

「彼女が着ているドレスが好きです。」　I like 先行詞the dress {O'that S'she V'is wearing}.

それぞれの関係代名詞自体が主語（S'）や目的語（O'）になっていることがポイントです。

Warm-Up 2

次の日本語に合うように、[ ] で示された関係代名詞節を用いた英文を完成させましょう。

01. 僕は高価ではないものを買いたいです。
I want to buy something. ← [which is inexpensive]

02. 受付で私たちが会った人は、とても助けになりました。
The person was very helpful. ← [who we met at the reception]

03. 彼はこのソフトを作っている会社に勤務しています。
He works for the company. ← [that makes this software]

04. この仕事に応募したい人はまずご連絡ください。
Anyone should first contact us. ← [who wants to apply for this position]

05. これはあなたが探していたファイルですか。
Is this the file? ← [you were looking for]

06. 私たちが昨日見た映画は素晴らしかったです。
The movie was fantastic. ← [we saw yesterday]

07. 僕が話している男のことを知っていますか。
Do you know the guy? ← [I'm talking about]

08. 警察は彼女の車を盗んだ男を逮捕しました。
The police have arrested the man. ← [who stole her car]

09. 妻は暴力が含まれる映画は好きではありません。
My wife doesn't like movies. ← [that have violence]

10. 興味があるのはロッククライミング、シュノーケリング、そしてスノーボードです。
The things are rock climbing, snorkeling and snowboarding. ← [I'm interested in]

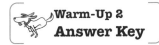

**Warm-Up 2
Answer Key**

解説を読んで文の形をしっかり理解したら、
すべてのセンテンスを音読しましょう！

01. I want to buy something who is inexpensive.

something に詳しい説明を加えた主格の関係代名詞 which 節。it（＝ something）is inexpensive の主語 it を which で言い換えたものですね。that で言い換えても OK です。※［形容詞］inexpensive：安い、費用のかからない

02. The person who we met at the reception **was very helpful.**

person がどんな人なのかを明らかにする説明を加えた目的格の関係代名詞 who 節。we met him/her（＝ the person）at the reception の目的語 him/her を who で言い換えたものです。who を that で言い換えることも可能ですし、ここは目的格なので省略してもかまいません。※［名詞］reception：受付、［形容詞］helpful：助けになる、役立つ

03. He works for the company that makes this software.

company が何をする会社なのかを明らかにする説明を加えた主格の関係代名詞 that 節。it（＝ the company）makes this software の主語 it を that で言い換えたものですね。which としても OK です。
※ work for ...：…に勤務する

04. Anyone who wants to apply for this position **should first contact us.**

anyone だけでは「誰でも」「どんな人でも」という意味になり収まりがつきませんから、主格の関係代名詞節によって anyone を特定する必要があります。who 節が「この仕事に就きたい人は誰でも」と、anyone の範囲を明らかにしています。he/she wants to apply for this position の主語 he/she を who で言い換えています。who を that としても OK です。※ apply for ...：…に応募する、［名詞］position：職業、地位

05. Is this the file you were looking for?

file がどんなファイルのことなのかを明らかにする、目的格の関係代名詞節。you were looking for it（＝ the file）の前置詞の目的語 it が関係代名詞 that/which となり、さらに省略されています。

06. The movie we saw yesterday **was fantastic.**

movie がどんな映画のことなのかを明らかにする目的格の関係代名詞節で、we saw it（＝ the movie）の目的語 it を言い換えた目的格の関係代名詞 that/which が省略されています。※［形容詞］fantastic：素晴らしい

07. Do you know the guy I'm talking about?

問題 05. 参照。前置詞の目的語が関係代名詞となり、さらに省略されています。前置詞だけが最後に残ることがポイントで、前置詞を忘れないように注意しましょう。※［名詞］guy：男、やつ

08. The police have arrested the man who stole her car.

問題 04. 参照。he（＝ the man）stole her car の主語 he を関係代名詞 who で言い換えたものです。police「警察」は複数扱いで、（×）has にはなりません。
※［他動詞］arrest：…を逮捕する

09. My wife doesn't like movies that have violence.

問題 03. 参照。they（＝ movies）have violence の主語 they を関係代名詞 that で言い換えたものです。

10. The things I'm interested in **are rock climbing, snorkeling and snowboarding.**

問題 05.、07. 参照。I'm interested in them（＝ the things）の前置詞の目的語が関係代名詞で言い換えられて、さらに省略されたパターンですね。※ be interested in ...：…に興味がある

Output Stage 1

A 日本語の表現になるように、(　　) に正しい語（語句）を入れて英文を完成させましょう。

01. 君が愛した女性はどこにいるんですか。

Where is the woman (　　　　　　　　) (　　　　　　　　)?

02. 私は大声で話していた生徒たちを黙らせました。

I (　　　　　　　　) the students talking loudly shut up.

03. これは私が読んでいる小説です。This is the novel (　　　　　　　　) (　　　　　　　　).

04. 彼女は誰かが彼女の肩に触れるのを感じました。

She (　　　　　　　　) somebody (　　　　　　　　) her on the shoulder.

05. 冷蔵庫にあったケーキを食べましたか。

Did you eat the cake (　　　　　　　　) (　　　　　　　　) in the fridge?

06. パーティーで私の前に座った女性と偶然出会いました。

I ran into the woman (　　　　　　　　) (　　　　　　　　) in front of me at the party.

07. 私は本社に入るところを見られました。

I was (　　　　　　　　) (　　　　　　　　) enter the headquarters.

08. あなたは私たちをじっと見ている女性を知っていますか。

Do you know the woman (　　　　　　　　) (　　　　　　　　) staring at us?

09. 彼が一緒に話をしていた少女はとても可愛かったです。

The girl (　　　　　　　　) (　　　　　　　　) talking with was very cute.

10. 若いころ、父が決して許してくれなかったそのチャンスをものにするつもりです。

I'll take the chance (　　　　　　　　) my father never (　　　　　　　　) me take when
I was younger.

11. 僕は彼が持っていたその封筒を彼女に開けてもらいました。

I (　　　　　　　　) her (　　　　　　　　) the envelope he was holding.

12. あなたが入ってくるのが聞こえませんでした。

I didn't (　　　　　　　　) (　　　　　　　　) come in.

13. そのオフィスで働いている人たちは、あまり愛想が良くありません。

The people (　　　　　　　　) work in the office (　　　　　　　　) not very friendly.

B 次の日本語に合うように、(　　) 内の語（語句）を文法的に正しく並べ替えてください。
ただし、<u>必要のない語（語句）が１つずつありますので注意してください。</u>

01. 他人があくびをするのを見ると私もあくびをしてしまいます。
（ see / other people / yawn / me / seeing / makes ）yawn.

02. 手が空いたら知らせて。（ you / know / when / me / let / you're ）available.

03. ひどくなっているのどの痛みをどうやって取り除いたらいいのですか。
How can I (are / get rid of / getting worse / is / a sore throat / that)?

04. 私たちは爆弾が爆発するのを聞きました。（ heard / explode / we / the bomb / explosion ）.

05. 隣に住んでいる夫婦はとても親切です。（ next door / live / neighbor / the couple / who / are ）very kind.

06. そこで出会った少年たちは私を疲れさせました。The boys (feel / me / there / felt / I met / made)tired.

07. 私が会いたいと思っていた男性はそこにいませんでした。
（ wasn't / the man / see / wanted to / I / there / him ）.

08. 彼女はボーイフレンドが車で走り去るのを見ました。
（ her boyfriend / to drive / she / drive / watched ）away.

09. カタログにない本を探しているんです。
I'm (not / a book / for / are / which / looking / is) in the catalogue.

C 次の 2 文を、関係代名詞を用いた 1 文にしましょう。※省略できる部分は省略しても構いません。

01. I didn't know the singer. She was singing at the concert.

02. I haven't read the book before. You bought it.

03. The people were so nice. We met them in New Zealand.

04. This is a list of the movies. They are now showing.

A　01. 君が愛した女性はどこにいるんですか。

02. 私は大声で話していた生徒たちを黙らせました。

03. これは私が読んでいる小説です。

04. 彼女は誰かが彼女の肩に触れるのを感じました。

05. 冷蔵庫にあったケーキを食べましたか。

06. パーティーで私の前に座った女性と偶然出会いました。

07. 私は本社に入るところを見られました。

08. あなたは私たちをじっと見ている女性を知っていますか。

09. 彼が一緒に話をしていた少女はとても可愛かったです。

10. 若いころ、父が決して許してくれなかったそのチャンスをものにするつもりです。

11. 僕は彼が持っていたその封筒を彼女に開けてもらいました。

12. あなたが入ってくるのが聞こえませんでした。

13. そのオフィスで働いている人たちは、あまり愛想が良くありません。

B　01. 他人があくびをするのを見ると私もあくびをしてしまいます。

02. 手が空いたら知らせて。

03. ひどくなっているのどの痛みをどうやって取り除いたらいいのですか。

04. 私たちは爆弾が爆発するのを聞きました。

05. 隣に住んでいる夫婦はとても親切です。

06. そこで出会った少年たちは私を疲れさせました。

07. 私が会いたいと思っていた男性はそこにいませんでした。

08. 彼女はボーイフレンドが車で走り去るのを見ました。

09. カタログにない本を探しているんです。

C 01. 私はコンサートで歌っていた歌手を知りませんでした。

02. 僕は君が買ったその本を前に読んだことがありません。

03. 私たちがニュージーランドで出会った人たちはとても親切でした。

04. これは現在上映中の映画のリストです。

Evine's Word

あきらめさえしなければ、最後は成功しかありませんよ。それまでは、ひたすら努力を続けるしかありません。語学習得は長丁場です。

Unit 12

SVOC（＝分詞）(4)

> **Point!**
>
> 「僕は父に車を修理してもらいました。」
> I had my father repair the car. /
> I had the car repaired by my father.

使役動詞・知覚動詞では目的語の後ろに動詞の原形を用いましたが、今回は、目的語の立場に合わせて現在分詞（Ving）と過去分詞（Vpp）を用いて異なるニュアンスを発信する方法を覚えましょう！

知覚動詞＋ O ＋ Ving/Vpp

前の Unit では、see、hear、feel などの知覚動詞で目的語の後ろに動詞の原形を用いる表現をチェックしましたが、ここでは現在分詞と過去分詞を用いた場合のニュアンスを学習します。まずは、次の文を比較してみましょう。

「彼女がその祭りで踊るのを見ました。」　I **saw her dance** at the festival.

この英文は「She danced at the festival.（彼女は祭りで踊った）」場面、つまり、踊り始めから踊り終わるまで一部始終を見たというニュアンスになっています。
では、次の現在分詞を用いた英文を見てみましょう。

「彼女がその祭りで踊っているのを見ました。」　I saw her dancing at the festival.

この英文では「She was dancing at the festival.（彼女はその祭りで踊っていた）」場面を見たというニュアンスです。つまり、見たのはまさに踊っている最中であり、踊り始めから踊り終わるところまで見届けたわけではないことを暗に示したものです。次もそうです。

「彼がギターを弾いているのを聞きました。」　I heard him playing the guitar.
↔ He <u>was playing</u> the guitar, and I heard it.

次に目的語の後ろに過去分詞を用いた知覚動詞のニュアンスを見てみましょう。
「私はその泥棒が逮捕されるのを見ました。」　I saw the thief arrested.
この英文では、目的語と過去分詞が意味上の受け身の関係になっています。
↔ The thief <u>was arrested</u>, and I saw it.

have[get]＋O＋Vpp

知覚動詞と同じように have や get にも分詞を用いた表現があります。話し手の気持ちや文脈によって使役「…してもらう、させる」、被害「…される」、完了「…してしまう」などの意味になります。

使役ニュアンス：「O を…してもらう」「O を…させる」

「私は休憩前に、これを終わらせなければなりません。」
I have to have[get] this finished before break.　※ get で過去分詞を用いる場合、to は必要ありません。

被害ニュアンス：「O を…される」

「僕はスマートフォンを空港で盗まれました。」　I had my smartphone stolen at the airport.
※過去時制においては通常、got ではなく had を用います。

完了ニュアンス：「O を…してしまう」

「明日までに宿題をしてしまうつもりです。」　I'll have[get] my homework done by tomorrow.

細かく 3 つのニュアンスに分けていますが、形としては目的語と受け身の関係であれば過去分詞になるということが共通ポイントです。次の 2 文を比較し構造上の違いを押さえておきましょう。

「私は兄にパソコンを修理してもらいました。」
I had my brother fix the PC.　➡　My brother fixed the PC.　※ SV の関係（受け身の関係ではない）
I had the PC fixed by my brother.　➡　The PC was fixed by my brother.　※受け身の関係

さて、使役動詞 make と過去分詞を用いた次の慣用表現もチェックしておきましょう。
make oneself understood[heard]「自分自身を理解して［自分自身の話を聞いて］もらう」

「私は英語で自分を理解してもらえませんでした。」　I couldn't make myself understood in English.
「彼は自分の話を聞いてもらえませんでした。」　He couldn't make himself heard.

SVO＋Ving の表現

補語に現在分詞を用いる表現を他にもまとめておきましょう。
「何か焦げてるよ！」　I smell something burning!　※ smell O Ving：O が…するにおいがする

「君を待たせないように努力します。」　I'll try not to keep you waiting.
※ keep O Ving：O に…させ続ける

「僕はパソコンを一日中、つけっぱなしにしています。」　I leave my PC running all day.
※文脈によって意図的に「…のままにしておく」と「（うっかり）…のままにしてしまう」の 2 パターンあります。

Warm-Up 1

次の日本語を参考に、正しい英文になるように語（語句）を並べ替えましょう。

01. お待たせしており申し訳ございません。
I'm sorry (keep / waiting / to / you).

02. 弟は事故で足を折ってしまいました。
My brother (in / broken / his leg / had) the accident.

03. 彼女が近づいてくるのを感じました。
(coming / felt / I / her) closer.

04. 僕は彼が何かしているのを見ました。
(him / something / I / doing / saw).

05. 歯医者で歯を診てもらいました。
(examined / I / my teeth / had) at the dentist.

06. パリではアヤのフランス語は通じませんでした。
Aya couldn't (in / understood / herself / make) French in Paris.

07. 私は彼らが互いに話しているのを見ていました。
I was (to / them / talking / watching) each other.

08. 父はエンジンをかけっぱなしにしました。
(the engine / my father / running / left).

09. 金曜日までにそのプロジェクトを完了させてしまいなさい。
(the project / completed / get) by Friday.

10. どうすれば私の話を聞いてもらえるんですか。
How can (heard / make / I / myself)?

**Warm-Up 1
Answer Key**

解説を読んで文の形をしっかり理解したら、
すべてのセンテンスを音読しましょう！

01. I'm sorry to keep you waiting.

you are waiting（あなたは待っている）の状態について、謝意を表現したもの。be sorry to Vg「…することをすまなく思う」。一方、「お待たせしました」と過去形の場合は、すでに「待たせる」という動作が完了したわけですから to have kept you waiting とします。

02. My brother had his leg broken in the accident.

被害を表す have O Vpp「O を…される」。この文の his leg(O) と broken(C) の関係は受け身（his leg was broken）。こういう場合、C は過去分詞になるんでしたね。

03. I felt her coming closer.

feel O Ving「O が…するのを感じる」。she was coming closer の状況を I felt（私は感じた）というニュアンスです。

04. I saw him doing something.

see O Ving「O が…しているのを見る」。he was doing something の状況を I saw（僕は見た）というニュアンス。現在分詞を用いた場合は動作の始まりから終わりまでを見たのではなく、その一部を見たというニュアンスになります。

05. I had my teeth examined at the dentist.

have O Vpp「O を…してもらう」。my teeth were examined（私の歯は検査された）と意味上の受け身の関係になっているのがポイントですね。examine は他動詞で「…を検査する」「…を診察する」という意味です。

06. Aya couldn't make herself understood in French in Paris.

make oneself understood「自分自身を理解してもらう［理解させる］」。make を用いた一種の慣用表現です。

07. I was watching them talking to each other.

watch O Ving「O が…しているのを見る」。watch は「注意して見る、観察する」というニュアンスです。知覚動詞としての see は進行形にできませんが watch は OK です。

08. My father left the engine running.

leave O Ving「O が…しているのを放っておく」。make/have/get などとの違いとして、leave には「放置」ニュアンスがあります。run は自動詞で、ここでは「（機械などが）動く」（＝ operate）という意味です。

09. Get the project completed by Friday.

get O Vpp「O を…してしまう」。完了ニュアンスになっていますね。シンプルに Complete[Finish] the project by Friday. と表現しても OK です。また命令文の場合は have よりも get を用いる傾向があります。

10. How can I make myself heard?

make oneself heard「自分自身の話を聞いてもらう（聞かせる）」。make を用いた慣用表現の 1 つとして押さえておきましょう。疑問詞 How は方法・手段「どのようにして」を尋ねたものですね。

関係詞の表現(2)

Point! 今回は関係代名詞 who/which/that とは異なる関係代名詞 what 節や、会話で重宝する関係副詞の where/when/why/how などを使った関係副詞節の表現に注目します！

関係代名詞 what 節は名詞のカタマリ

形容詞のカタマリとして前の名詞（＝先行詞）を修飾する who/which/that を用いた関係代名詞節とは異なり、関係代名詞 what はそれ自体が名詞のカタマリを作り主語や目的語などになります。では以下の2文を比較してみましょう。

「僕は彼の言っていることを理解できませんでした。」

$_S$I $_V$couldn't understand $_O$a word $_M$which he was saying.

$_S$I $_V$couldn't understand $_O$what he was saying.

関係代名詞 which の場合は前に先行詞 a word が必要で、それが understand の目的語になっています。しかし関係代名詞 what にすると先行詞 a word が消え what 節そのものが understand の目的語になっています。関係代名詞 what は一般的に the thing(s) which[that] ...「…すること［もの］」で言い換えられ、先行詞を含んだ特別な関係代名詞と押さえておきましょう。

関係代名詞 who/which/that 節	先行詞＋ who/which/that ...	形容詞のカタマリ
関係代名詞 what 節	what ... = the thing(s) which[that] ...	名詞のカタマリで S、O などになる

「僕が欲しいのは仕事です。」　$_S$What I want $_V$is $_C$a job.

「彼女の言っていることを信じられませんでした。」　$_S$I $_V$couldn't believe $_O$what she was saying.

「場所」「時」を表現する関係副詞 where、when

次に会話で重宝する関係副詞の表現をチェックしたいと思います。

「これが、彼らが生まれた家です。」　This is the house **which** they were born **in**.

この英文は次の2文を関係代名詞 which で1つにしたもので、in を忘れがちです。

This is the house. They were born in the house (➔ which).

➔ This is the house which they were born in.

生まれた場所を示す the house の前に前置詞 in は欠かせませんね。関係代名詞は the house の代用ですから in だけが文末に残されてしまうわけです。

ここで便利なのが関係副詞 where です。which を where で言い換えると文末の in は必要ありません。

→ This is the house <u>where</u> they were born.

関係代名詞の場合、in the house が in which となり、which のみが前に移動し、in のみが文末に残るわけですが、関係副詞 where なら 1 語で、in which の代わりになるのが大きなポイントです。つまり、副詞あるいは副詞の役割をする前置詞句（前置詞＋名詞）が関係副詞になるんです。

言い換えると、in which が where になったように「前置詞＋関係代名詞＝関係副詞」ですね。
関係副詞を用いれば、前置詞で悩む必要はありません。また、関係するものにつなげるという要領は関係代名詞とまったく同じですので、それほど神経質になる必要もありません。
関係副詞は相手に「時」「場所」について詳しく説明するときに用います。
「2009 年はリエコが結婚した年です。」 2009 is when Rieko got married.
※先行詞 the year/month/day や time は重複感があり、通常省略します。

とにかく、関係副詞を用いたらその後ろの節では、「場所」「時」を示す副詞、あるいは副詞の働きをする前置詞句は言わなくても OK！と押さえておけばよいでしょう。

場所を示す節を導く	場所を示す先行詞＋ where S' V' ...「S'が…する（場所）」
時を示す節を導く	時を示す先行詞＋ when S' V' ...「S'が…する（時)」

相手に誤解が生じない範囲で先行詞が省略されることがよくありますが、不思議なことにその場合は「疑問詞＋ S'V'」の間接疑問文とまったく同じになります。

「彼が戻ってくる日を知りませんでした。」I didn't know the date when he would come back.
これは**関係副詞 when** を用いた英文ですが、先行詞 the date を省略すれば**間接疑問文の when** と考えてもニュアンスに変化はありません。つまり先行詞がない場合はどちらの解釈でも OK です。

→ I didn't know when he would come back. ※間接疑問文でも先行詞が省略された関係副詞でも OK

 ## 「理由 / 方法」を示す関係副詞の表現 That is <u>why/how</u> ...

さて「時」「場所」を示す関係副詞 when、where のほかに「理由」「方法」を示す関係副詞 why と how がありますが、この 2 つで会話で使える表現としては、次の 2 文を覚えてください。
「そういうわけで、彼は仕事を辞めました。」 That is (the reason) why he quit his job.
※先行詞 the reason（理由）は通常省略します。

「こうして、彼女は英語を上達させました。」 That is how she improved her English.
※ how を用いる場合、先行詞 the way を用いないのが原則です。

理由を示す節を導く	That[This] is why S' V' ...「そういうわけで S'は…する」
方法を示す節を導く	That[This] is how S' V' ...「そのようにして S'は…する」

※ This の言い換えも可能、ただし会話では That の方が用いられる傾向にあります。

Warm-Up 2

次の日本語に合うように、（　　）内の語（語句）を文法的に正しく並べ替えましょう。

01. 10月8日は私たちが結婚した日です。
October 8th is (got married / the date / when / we).

02. モンタナ州は彼女が生まれた場所です。
Montana is (where / she / the place / was born).

03. タカシが言ったことは正しかったです。
(said / Takashi / right / what / was).

04. こうして私たちはお互いに知り合いになりました。
(got to / how / we / that is) know each other.

05. 彼があなたにしてしまったことは忘れなさい。
Forget (done / he / what / has) to you.

06. 彼の絵が理解される日は来るでしょう。
The time will come (his pictures / be understood / when / will).

07. そんなわけで、ナオコは私たちに加わりませんでした。
(Naoko / join / why / didn't / that's) us.

08. 父は私たちがいつ会うのか知っています。
My father knows (we / when / meeting / are).

09. 自分がどこに向かっているのか分かりません。
I don't (I'm / where / going / know).

10. 私は自分で見るものを信じます。
I (I / see / what / believe).

**Warm-Up 2
Answer Key**

解説を読んで文の形をしっかり理解したら、
すべてのセンテンスを音読しましょう！

01. October 8th is the date when we got married.

時を示す関係副詞 when。関係代名詞と違って、関係副詞の場合はその節の中身が文型的に完全であるということです。when ₛwe ᵥgot married ⇒ SV 文型。また関係代名詞 which[that] で言い換える場合は文末に日付を示す前置詞 on が必要です。cf. October 8th is the date which[that] we got married on.　このような場合はやはり関係副詞 when を用いたほうが簡単ですしスッキリしますね。

02. Montana is the place where she was born.

場所を示す関係副詞 where。関係代名詞を用いるなら、文末に場所を示す前置詞 in が必要です。cf. ... the place which[that] she was born in.

03. What Takashi said was right.

関係代名詞 what です。関係副詞とは違い what 節は said の目的語が抜けていて、文型的に不完全ですね。その代わりをしているのが関係代名詞 what です。「タカシが言ったこと」What Takashi said で 1 つの名詞節となり主語になっています。他の関係代名詞で言い換えると先行詞が必要になります。cf. The thing(s) which [that] Takashi said was(were) right.

04. That is how we got to know each other.

that で前文を受け、関係副詞 how で方法を示した表現。That[This] is how ...「このようにして…」。
※ get[come] to Vg：…するようになる

05. Forget what he has done to you.

目的語となる関係代名詞 what 節。do の目的語の代わりに what を用いたものです。他の関係代名詞で言い換えると先行詞が必要になるので what は重宝します。cf. Forget the thing(s) which[that] he has done to you.

06. The time will come when his pictures will be understood.

少し複雑でしたね。先行詞と関係副詞 when 節が実は離れることもあります。文法ルールから言えば The time when ... will be understood will come. とすべきでしょうが、この語順だと S（The time）と V（will come）が離れすぎてしまうため、when 節をあとに回します。また、この場合、先行詞は省略できません。

07. That's why Naoko didn't join us.

理由を示す関係副詞 why の表現。That[This] is why ... は「そういうわけで…」という意味です。厳密には先行詞 the reason が why の前で省略されたものです。

08. My father knows when we are meeting.

先行詞が省略された関係副詞 when 節。when の前の先行詞 the day が省略された関係副詞節、あるいは疑問詞 when を用いた間接疑問文と考えても OK です。この省略は the day/month/year/time などの場合によく生じます。

09. I don't know where I'm going.

先行詞 the place が省略された関係副詞 where 節。あるいは疑問詞 where を用いた間接疑問文としても OK。

10. I believe what I see.

関係代名詞 what 節が他動詞 believe の目的語になったものですね。関係代名詞を用いて the thing(s) which [that] I see とするよりもスッキリするので、会話では積極的に使ってください。

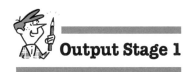

Output Stage 1

A 日本語を参考にして、文法的に正しい語（語句）を選び英文を完成させましょう。

01. 私はリスに指をかまれました。I（ made / had ）my finger bitten by a squirrel.

02. 私は両親が言ったことが信じられません。
I can't believe（ that / what ）my parents said.

03. 私たちが滞在したホテルはそんなに快適ではありませんでした。
The hotel（ which / where ）we stayed wasn't so comfortable.

04. それらを早く片付けてしまいなさい。Get those things（ cleaning / cleaned ）up.

05. その男の子はその男が通り過ぎるのを見ていました。
The boy was looking at the man（ passed / passing ）by.

06. だから私はジャズに夢中なんです。That's（ how / why ）I'm so much into jazz.

07. それが、私が聞きたかったことです。That's（ what / which ）I wanted to hear.

08. ゴールにたどり着こうとすることが、あなたのやる気を継続させます。
Trying to reach your goals will（ leave / keep ）you motivated.

09. 私は昨日、彼に洗車してもらいました。
I had him（ wash / washed ）my car yesterday.

10. 昨夜私が見たものについてあなたに話しましょう。
I'll tell you something（ that / what ）I saw last night.

11. 彼女は自分を理解してもらいたがっています。
She wants to make（ herself / her ）understood.

B 日本語を参考にして、次の2文を1つの文にしましょう。

01. 私たちは、彼がその女性を怒鳴りつけていたのを聞きました。
We heard him. He was yelling at the woman.

02. 誰も彼女が忍び足で2階に上がるのを見ませんでした。
No one saw her. She crept upstairs.　※ crept < creep の過去形

C 次の日本語に合うように、（　　　）内の語（語句）を文法的に正しく並べ替えてください。
ただし、<u>必要のない語（語句）が1つずつあります</u>ので注意してください。

01. 気づくと仰向けで寝ていました。　（ me / on / found / lying / myself / I ）my back.

176

02. 私たちがすることは彼女たちを傷つけるかもしれません。

(do / which / we / may / what) harm them.

03. 自分の名前が呼ばれたときは本当に驚きました。

I was really surprised (my name / call / when / heard / called / I).

04. 私は明日までに自分の論文を書き上げなければなりません。

I have to (to do / my paper / by / done / get) tomorrow.

05. もし何かが燃えているにおいがしたら、ビルから退避してください。

(something / burnt / if / smell / burning / you), leave the building.

06. その男の妻は彼が酒を飲んでいるのを見つけました。(drinking / the man's wife / drink / found / him).

07. 私は去年、虫歯を抜いてもらいました。(the bad tooth / pull / had / I / pulled) out last year.

08. そのようにして、彼はあなたがどこにいるのか知ったのです。

(why / he / where / that's / how / knew) you were.

09. あなたは自分が言っていることを自覚していません。

You (you're / don't / that / saying / realize / what).

D ほぼ同じ内容になるように （　　）に適切な語を入れましょう。

01. (a) Kobe is the place I was born in.　(b) Kobe is (　　　　　　　　　　) I was born.

02. (a) I saw Emiko the other day.　She was walking with her fiance.

(b) I saw Emiko (　　　　　　　　　) with her fiance the other day.

03. (a) I'm not interested in the things which he is doing at the moment.

(b) I'm not interested in (　　　　　　　　) he is doing at the moment.

04. (a) We saw a bear rushing down on him. So we shot the bear.

(b) We saw a bear rushing down on him.

(　　　　　　　　) (　　　　　　　　　　　) we shot the bear.

Output Stage 2　次の日本語を英語にしてみましょう。

▶13

A　01.　私はリスに指をかまれました。

02.　私は両親が言ったことが信じられません。

03.　私たちが滞在したホテルはそんなに快適ではありませんでした。

04.　それらを早く片付けてしまいなさい。

05.　その男の子はその男が通り過ぎるのを見ていました。

06.　だから私はジャズに夢中なんです。

07.　それが、私が聞きたかったことです。

08.　ゴールにたどり着こうとすることが、あなたのやる気を継続させます。

09.　私は昨日、彼に洗車してもらいました。

10.　昨夜私が見たものについてあなたに話しましょう。

11.　彼女は自分を理解してもらいたがっています。

B　01.　私たちは、彼がその女性を怒鳴りつけていたのを聞きました。

02.　誰も彼女が忍び足で2階に上がるのを見ませんでした。

C　01.　気づくと仰向けで寝ていました。

02.　私たちがすることは彼女たちを傷つけるかもしれません。

178

03. 自分の名前が呼ばれたときは本当に驚きました。

04. 私は明日までに自分の論文を書き上げなければなりません。

05. もし何かが燃えているにおいがしたら、ビルから退避してください。

06. その男の妻は彼が酒を飲んでいるのを見つけました。

07. 私は去年、虫歯を抜いてもらいました。

08. そのようにして、彼はあなたがどこにいるのか知ったのです。

09. あなたは自分が言っていることを自覚していません。

D　**01.** (a) 神戸は私が生まれたところです。

　　　　(b) *(a) とは別の言い方で

　　02. (a) 私は先日エミコを見ました。彼女は婚約者と歩いていました。

　　　　(b) 私は先日、エミコが婚約者と歩いているところを見ました。

　　03. (a) 私は、今彼がしていることに興味がありません。

　　　　(b) *(a) とは別の言い方で

　　04. (a) 私たちは熊が彼に襲いかかっているのを見ました。だから私たちはその熊を撃ちました。

　　　　(b) *(a) とは別の言い方で

Shuffle Stage 2

A 次の応答文に合うように、（　　　）に適語を入れて疑問文を完成させましょう。

01. (　　　　　　　　) (　　　　　　　　　　　) she look like? — She is short and slim.

02. (　　　　　　　　) (　　　　　　　　　　　) she say? — She said nothing.

03. (　　　　　　　　) (　　　　　　　　　　　) did it take you to complete this exercise?
— About an hour.

B 次の日本語を参考に（　　　）に適語を入れて英文を完成させましょう。

01. 昨日私が出会った男性は 99 歳です。
The man (　　　　　　　) (　　　　　　　　) (　　　　　　　　) yesterday
(　　　　　　　) 99 years old.

02. この前よりも元気そうですね。
You look (　　　　　　　) now (　　　　　　　) last time.

03. 昨日手に入れたものをあなたにお見せしましょう。
I'll show you (　　　　　　　) I got yesterday.

04. 彼は寝ている子供たちに囲まれて座っていました。
He was sitting (　　　　　　　) by his (　　　　　　　) children.

05. 夜間撮影は難しいと分かりました。
I found (　　　　　　　) difficult (　　　　　　　) take night photos.

06. 私は彼女が住んでいる街を知っています。
I know the town (　　　　　　　) she lives.

C 次の（　　　）内の語（語句）のうち正しいものを選びましょう。

01. I (was injured / injured) in a car accident. 01

02. I have a tickle in my throat. It makes me (to cough / cough) sometimes. 02

03. My wife (asked / talked) me to do the washing up. 03

04. I got a lot of viruses because of that email system. That is (how / why) 04
I stopped using it.

05. (That / What) he does makes me very happy.   05

06. He is as (clever / cleverly) as his brother.   06

D 次の（　）内の動詞を必要に応じて適切な形に直しましょう。ただし 1 語とは限りませんので注意しましょう。

01. I was (concern) about my parents.   01

02. I heard someone (scream).   02

03. Wait for her (look) at you.   03

04. The schedule was very (tire).   04

05. (Walk) is good for some people who (have) knee problems.   05   /

06. The balloon was seen (burst).   06

E 日本語を参考にして、次の（　）内に選択肢の動詞からふさわしい 1 語を選び英文を完成させましょう。ただし、必要に応じて適切な形に直してください。

01. 絶えずかき混ぜながら、そこにチーズを加えてください。

（　　　　　　　　　） some cheese to it, （　　　　　　　　　） constantly.

02. その銀行は 1000 万ドルを超える強盗被害に遭いました。

The bank was （　　　　　　　　　） of more than 10 million dollars.

03. 私たちは、仕事を辞めることで彼を責めません。

We don't （　　　　　　　　　） him for leaving the job.

04. 私は青空に輝く太陽が大好きです。

I love the sun （　　　　　　　　　） in a blue sky.

05. その壊れたパーツを新しいものと取り換えるのは簡単です。

It is easy to （　　　　　　　　　） the broken part with a new one.

06. そんな大物が私たちのところへ話しに来てくれたので、本当にわくわくしました。

It was very （　　　　　　　　　） to have such a big name （　　　　　　　　　） and speak to us.

07. 室内では禁煙です。

You are not （　　　　　　　　　） to smoke inside the rooms.

［選択肢］ blame rob excite shine stir permit add replace come

F 次の（　　）内にある適切な接続詞を選び、英文を完成させましょう。

01. We didn't have much money, (so / because) we decided to help each other.　01

02. She wants to be a reporter (if / when) she grows up.　02

03. (Though / But) he is tall and smart, he never thinks those are his good points.　03

G (a) と (b) の文がほぼ同じ内容になるように、（　　）に適切な語を入れて英文を完成させましょう。

01. (a) He said to me, "Pour water into the bottle carefully."

　　(b) He (　　　　　　　　) me (　　　　　　　　　) pour water into the bottle carefully.

02. (a) She doesn't know the time when we are meeting.

　　(b) She doesn't know (　　　　　　　　) we are meeting.

03. (a) My father never allowed me to visit him.

　　(b) My father never (　　　　　　　　) me visit him.

04. (a) That is the park where we play tennis.

　　(b) That is the park we play tennis (　　　　　　　　).

05. (a) This book isn't as useful as yours.

　　(b) Your book (　　　　　　) (　　　　　　　　) useful than this one.

H （　　）内の語（語句）を文法的に正しく並び換えましょう。

01. (open / the door / always / leaves / he).

02. I (you / guide / want / me / to) around the city.

03. (the wall / got / paint / I / to / him).

04. (a birthday gift / shopping / I / for / went).

05. (spends / he / a lot of / on / the computer / time).

06. I don't (specific reason / made / have / me / any / that) sad.

07. (my boyfriend / mean / not / I / he's).

Ⅱ 次の英文の文法的な誤りを正しましょう。

01. He came in and helped me with peel the potatoes.

02. I like my coffee strongly, with just one sugar.

03. I was very happy that I was almost crying.

04. Actually I asked him to not oppose it.

Evine's Word

努力は誰にでも平等に与えられた能力です。あなどられがちですが、これを存分に活用しようではありませんか。

Communication Stage 2 ▶14

ここまでの知識を総動員し、Speaking & Dictationにチャレンジしましょう。音声を聞いて穴埋めをしたあとに、Ms. Parkerになりきって音読練習します。

1. Hey, Kelly
a ride with her to work anytime.

Ms. Parker

Mr. Evine

No kidding! I'll have to get her number and give her a call.

2. But   Kelly drive? I get
nervous just   .

Ms. Parker

Mr. Evine

Is she that bad?

3. Well, last time she nearly   all   !

Ms. Parker

Mr. Evine

Sounds scary.

4. Then yesterday I   she only just   her driver's
license   .

Ms. Parker

Mr. Evine

Oh well, riding my bicycle's good exercise.

Evine's Column

本書で学んだスキルを生かすも殺すも皆さん次第です。用意していただきたいのはネイティブに話しかける勇気です。頭の中で英文を組み立ててからではなく、まずはひと言発信し、手探りでかまわないのでコミュニケーションを実践してください。相手の英語が聞き取れないかも、という余計な不安はナンセンスです。最初から相手の言葉をすべて理解しようとするのではなく、まずは「誰（何）が何する」という SV を取っ掛かりとして聞き取ることが大切です。この情報さえあれば必ず会話は続いていきます。「自分から話しかける！」——これが語学の鉄則です。英語は間違えてなんぼですよ。

全Unit修了テスト

ここまで学んできた「語法」と「英文法の感覚」を総動員して、このテストにチャレンジしてみましょう。問題を解き終えたら別冊の解答集で答え合わせをして、ご自身の習熟度を測ってみてください。

Proficiency Test （制限時間 50分）

※A～Cはリスニングテストです。

A 聞こえてくる疑問文に対する返事として、最も自然なものを下の選択肢より記号で選びましょう。

01.　　　　　　　 02.　　　　　　　 03.　　　　　　　 04.

05.　　　　　　　 06.　　　　　　　 07.　　　　　　　 08.

09.　　　　　　　 10.

（あ）By car.　　　　　　　　　　　　（い）It's blue.

（う）Pour water into the bowl.　　　（え）I'm not sure, but more than 20.

（お）Yeah. It was fantastic.　　　　（か）I'm a vegetarian.

（き）It's my sister's.　　　　　　　　（く）Nobody. He did it by himself.

（け）I teach English at a high school.　（こ）It was fine, but quite long.

B センテンスを聞き取り、（　　）内を埋めて英文を完成させましょう。

01. Just （　　　　　　） me know （　　　　　　　　） he comes back.

02. I'll （　　　　　　） （　　　　　　　） （　　　　　　　） anyway.

03. I'll （　　　　　　） some coffee （　　　　　　） （　　　　　　）.

04. I think I'm （　　　　　　） （　　　　　　）.

05. Do you （　　　　　　） （　　　　　　　） （　　　　　） help you?

06. I （　　　　　　） my hair （　　　　　　） short and permed.

07. （　　　　　　　） you please （　　　　　） it （　　　　　） me?

08. What （　　　　　） you （　　　　　　） （　　　　　　） do?

09. You （　　　　　） （　　　　　　） him （　　　　　　） up.

10. Thank you （　　　　　） （　　　　　　） you have done.

C センテンスを聞き取り、ほぼ同じ内容になるように（　　）内を埋めて英文を完成させましょう。

01. I （　　　　　　） （　　　　　　） Hokkaido.

02. （　　　　　　） （　　　　　　） anything about it.

03. (　　　　　　　　) (　　　　　　　) go out for a drink?

04. Will you (　　　　　　　) him to talk?

05. (　　　　　　　) someone (　　　　　　　) very difficult.

06. I don't know (　　　　　　　) (　　　　　　　) say.

D 次の下線部の表現を言い換えたものになるように、(　　) に適切な語を入れて英文を
完成させましょう。

01. I was <u>discussing</u> this with my wife yesterday.

⇒ I was (　　　　　　　) (　　　　　　　) this with my wife yesterday.

02. Black smoke was <u>going up</u> from the building.

⇒ Black smoke was (　　　　　　　) from the building.

03. He says I <u>resemble</u> my mother.

⇒ He says I (　　　　　　　) (　　　　　　　) my mother.

E 次の日本語を参考にして、英文の文法的な誤りを正しましょう。

01. 彼は私に素敵な絵を見せてくれて、そしてそれを私にくれました。
He showed me a nice picture, and gave me it.

02. 昨日は午前 10 時頃に事務所に着きました。
I got my office around 10 a.m. yesterday.

03. 私は素敵なジャケットを見つけて、そして試着しました。
I found some nice jackets, and tried on them.

04. 私はあなたにもっと私に話しかけてほしいです。
I want to you talk to me more.

05. 彼女は絶対に私の電話に出てくれません。
She never answers for my calls.

06. そのセミナーは来週の土曜日に開催されます。
The seminar will hold next Saturday.

07. 私は明日、カナダを去ります。
I'm going to leave for Canada tomorrow.

08. そのために、私たちはたくさんの時間と努力が必要になるでしょう。
It would take a lot of time and effort us.

187

09. 誰かが叫んでいて、聞こえません。

Someone's yelling, so I can't hear to you.

10. 彼女は日本で有名な女優になりました。

She got a famous actress in Japan.

11. 彼は暇な時間を、ジャズを演奏して過ごします。

He spends his free time to play jazz.

12. 私はスピーチの中で、それについて述べませんでした。

I didn't mention about it in my speech.

F 自然な英文になるように、下の選択肢の動詞を1語ずつ（　　　）に書き入れ英文を完成させましょう。ただし、必要に応じて適切な形に直してください。

01. Things are（　　　　　　　　　　　）wrong.

02. It（　　　　　　　　　）like chicken, doesn't it?

03. It's going to（　　　　　　　　）hot for a while.

04. Can I（　　　　　　　　　　）you Becky?

05. I want to learn more about your father's life. It（　　　　　　　　　　　）very interesting to me.

[選択肢]　taste　call　stay　go　seem

G 次の英文は、英文（a）（b）を1つにしたものです。自然な意味になるように（　　　）に適切な語を入れて英文を完成させましょう。

01. (a)I heard him.　(b)He was whispering to his girlfriend.

I（　　　　　　　　　）him（　　　　　　　　　）to his girlfriend.

02. (a)I lost my passport.　(b)I still don't have it.

I（　　　　　　　　）（　　　　　　　　　）my passport.

03. (a)I replied to you.　(b)I remember it now.

I（　　　　　　　　　）（　　　　　　　　　　）to you.

04. (a)Who is that woman?　(b)She is waiting for someone.

Who is that woman（　　　　　　　　　）（　　　　　　　　　）someone?

H （　　）内の語（語句）を文法的に正しく並べ換えましょう。ただし、不要な語が１つ
ずつありますので注意してください。

01. Her father（ applying / her / for / to / encouraged / apply ）the position.

02.（ to / alone / him / leave ）, please.

03. He（ it / to get / easy / to open / found / people / open ）up to him.

04.（ saw / I / to pull over / at / him / pull over ）the side of the road.

05. You（ seriously / take / have to / than / the work / more ）.

06. Please call（ have / you / any questions / us / if / will have ）.

07. Would you tell（ about / us / that / you / think / what ）our library?

あればうれしい文型別動詞リスト

＊本書に掲載されたすべての動詞と会話でよく使う必須動詞を、文型別にリストにしました。

＊（　　）内はその動詞とよく一緒になる前置詞です。

＊その動詞がほかの文型を取れる場合は、その文型も掲載しています。

SV文型

日本語		英語	
同意する		▶ agree (to/with)	
謝罪する		▶ apologize (to/for)	
申し込む	…を適用する	▶ apply (for)	SVO
議論する		▶ argue (with)	
手配する		▶ arrange (for)	
到着する		▶ arrive (in/at)	
いる、ある	…である	▶ be	SVC
所属する		▶ belong (to)	
点滅する、まばたきする		▶ blink	
吹く	…を吹き飛ばす	▶ blow	SVO
息をする		▶ breathe	
燃える	…を燃やす	▶ burn	SVO
破裂する		▶ burst	
変わる	…を変える	▶ change	SVO
来る		▶ come (to/in)	
意思疎通をする	…を知らせる	▶ communicate (with)	SVO
不平不満を言う		▶ complain (about/of)	
せきをする		▶ cough	
当てにする	…を数える	▶ count (on)	SVO
衝突する		▶ crash (into/against)	
はう、忍び足で歩く		▶ creep	
泣く、叫ぶ		▶ cry	
踊る		▶ dance	
頼る、依存する		▶ depend (on)	
死ぬ		▶ die (of/from)	
お酒を飲む、飲む	…を飲む	▶ drink	SVO
（液体が）したたる		▶ drip	
（液体が）したたる、（物が）落ちる	…を落とす	▶ drop	SVO
おぼれ死ぬ		▶ drown	
運動する	…を運動させる	▶ exercise	SVO
存在する		▶ exist	
爆発する	…を爆発させる	▶ explode	SVO

失敗する	…し損なう	▶ fail (in)	SVO
落ちる		▶ fall	
魚釣りをする		▶ fish	
飛ぶ		▶ fly	
しかめつらをする		▶ frown (at)	
行く	（悪い状態）になる	▶ go (to/in)	SVC
卒業する		▶ graduate (from)	
ちらりと見る		▶ glance (at)	
起こる		▶ happen (to)	
隠れる	…を隠す	▶ hide (from/behind)	SVO
望む	…したいと思う	▶ hope (for)	SVO
急ぐ		▶ hurry (to)	
痛む	…を傷つける	▶ hurt	SVO
ジョギングをする		▶ jog	
跳ぶ		▶ jump	
笑う		▶ laugh	
至る	…を導く	▶ lead (to)	SVO
出発する、去る	…を出発する、…を置いて行く	▶ leave (for)	SVO
	O₁ に O₂ を残す		SVOO
	O を C のままにしておく		SVOC
横になる、嘘をつく		▶ lie	
聞く		▶ listen (to)	
住んでいる、生きている		▶ live (in)	
見る		▶ look (at/for/in/into)	SVC
溶ける		▶ melt	
移動する、引っ越す	…を動かす、…を感動させる	▶ move (to)	SVO
反対する		▶ object (to)	
起こる、（考えなどが）浮かぶ		▶ occur (to/in)	
荷造りする	…を詰め込む	▶ pack	SVO（up）
組む		▶ partner (with)	
指し示す	…を指し示す	▶ point (at)	SVO
準備する	…を準備する	▶ prepare (for)	SVO
結婚を申し込む、提案する	…を提案する	▶ propose	SVO
雨が降る		▶ rain	
参照する		▶ refer (to)	
頼る		▶ rely (on)	
返事する		▶ reply (to)	
反応する		▶ respond (to)	
戻る	…を戻す	▶ return (from/to)	SVO
上がる		▶ rise	
転がる	…を転がす、…を巻く	▶ roll	SVO（up）
走る	…を経営する	▶ run	SVO

日本語		英語	
急ぐ		▸ rush (to)	
キャーっと悲鳴をあげる		▸ scream	
輝く		▸ shine	
買い物をする		▸ shop	
叫ぶ	…を叫ぶ	▸ shout	SVO
歌う	…を歌う	▸ sing	SVO
沈む		▸ sink	
座る		▸ sit	
スカイダイビングをする		▸ skydive	
眠る		▸ sleep	
微笑む		▸ smile	
タバコを吸う、煙を出す	…を吸う	▸ smoke	SVO
雪が降る		▸ snow	
立つ	(否定・疑問文で)…を我慢する	▸ stand (up)	SVO
じっと見つめる、じろじろ見る		▸ stare (at)	
滞在する		▸ stay (in/at/with)	SVC
(通りなどに)出る、歩を進める		▸ step	
取り組む、もがく		▸ struggle (with)	
成功する、あとを継ぐ		▸ succeed (in)	
泳ぐ		▸ swim	
話す	O を説得して…させる	▸ talk (to/about/of)	SVO
(…する)傾向がある、しがちである		▸ tend (to Vg)	
思う、考える	…と思う、…を考える	▸ think (about/of)	SVO
旅行する、(…へ)行く		▸ travel	
掃除機で掃除をする		▸ vacuum	
振動する、震える		▸ vibrate	
投票する、(…を)支持する		▸ vote (on/for)	
待つ	O が…するのを待つ	▸ wait (for)	SVOC
目を覚ます	…を目覚めさせる	▸ wake (up)	SVO
歩く	…を散歩させる	▸ walk	SVO
揺れる	…を振る	▸ wave	SVO
ささやく	…をささやく	▸ whisper (to)	SVO
勝つ	…に勝つ	▸ win	SVO
切望する	(できたら)…したいと思う	▸ wish (for)	SVO
働く、機能する、うまくいく		▸ work	
心配する、悩む	…を心配させる	▸ worry (about)	SVO
あくびをする		▸ yawn	
大声をあげる		▸ yell (at)	

SVC文型

日本語		英語	
…のようだ、…に思える		▸ appear (to be)	

日本語		英語	
…になる		▶ become	
…だと感じる	O を感じる	▶ feel	SVO
	O が…する[している]のを感じる	▶	SVOC
（成長して）になる	成長する	▶ grow	SV
	…を栽培する		SVO
…であり続ける	…を保つ、O に…させない	▶ keep	SVO
	O を…にしておく		SVOC
…だと分かる		▶ prove (to be)	
…のままである		▶ remain	
…のようだ、…に思える		▶ seem (to be/like)	
…のにおいがする		▶ smell (of/like)	
…に聞こえる		▶ sound (like)	
…な味がする	…の味見をする	▶ taste (of/like)	SVO

SVO文型

日本語		英語	
…を受け入れる		▶ accept	
…を達成する		▶ achieve	
…を（〜に）適合させる	順応する	▶ adapt	SV
…を加える		▶ add	
…を採用する、…を養子にする		▶ adopt	
…を勧める	O に…するように忠告する	▶ advise	SVOC
…に影響する		▶ affect	
…を持つ余裕がある、…する余裕がある		▶ afford	
…をびっくりさせる		▶ amaze	
…をイライラさせる、…を悩ます		▶ annoy	
…に答える、…に応対する	答える、返事をする	▶ answer	SV
…に近づく	近づく	▶ approach	SV
…を逮捕する		▶ arrest	
…を尋ねる、…に頼む	O に…を尋ねる、頼む	▶ ask	SVOO
	O に…するように頼む		SVOC
…を（〜に）添付する［貼り付ける］		▶ attach	
…を攻撃する		▶ attack	
…に参加する		▶ attend	
…を避ける		▶ avoid	
…を焼く		▶ bake	
…を始める		▶ begin	
…を信じている、…を信用している	（〜の）存在を信じる、信仰する	▶ believe	SV (in)
…を曲げる		▶ bend	
…をかむ、…にかみつく		▶ bite	
…を責める		▶ blame	
…を沸騰させる		▶ boil	

日本語	補足	英語	文型
…を退屈させる		bore	
…を壊す、…を割る		break	
…を持ってくる	O に…を持ってくる	bring	SVOO
…を磨く		brush	
…を建てる		build	
…を買う	O に…を買ってあげる	buy	SVOO
…を呼ぶ、…に電話する	O を…と呼ぶ	call	SVOC
…を中止にする		cancel	
（通例否定・疑問文で）	（通例否定・疑問文で）	care	SV
…か[を]気にする、…か[を]心配する	気づかう、心配する		
…を運ぶ		carry	
…を捕まえる、…をつかむ		catch	
…を祝う		celebrate	
…を追跡する		chase	
…を調べる		check	
…を選ぶ		choose	
…を求める、…を主張する		claim	
…をきれいにする	掃除をする	clean	SV
…に登る、…を上る	登る、上がる	climb	SV
…を閉める、…を閉じる	閉まる	close	SV
…を（〜と）比較する		compare	
…を仕上げる、…を終える		complete	
…に関係する		concern	
…を確認する		confirm	
…を困惑させる、…を混同する		confuse	
…を（〜に）結び付ける		connect	
…をよく考える	O を…と見なす	consider	SVOC
…に連絡する、…と接触する		contact	
…を含む		contain	
…を料理する	料理する	cook	SV
…をコピーにとる、…を写す		copy	
…を（〜で）覆う、…をかばう		cover	
…を横切る		cross	
…を押しつぶす		crush	
…を切る		cut	
…を決める、…を決心する		decide	
…を減らす	減る	decrease	SV
…を（〜から）守る		defend	
…を拒否する	O に…を与えない	deny	SVOO
…を描写する、…の特徴を述べる		describe	
…を設計する		design	
…を発達させる、…を開発する		develop	

日本語	補足	英語	文型
…を掘る		▸ dig	
…を落胆させる		▸ disappoint	
…について話し合う、…を議論する		▸ discuss	
…を展示する		▸ display	
…を妨げる		▸ disturb	
…をする		▸ do	
…を疑う、…を信じない		▸ doubt	
…をダウンロードする		▸ download	
（線、言葉で）…を描く、…を引く		▸ draw	
…を運転する	車を運転する	▸ drive	SV
…を稼ぐ、…を得る		▸ earn	
…を食べる	食べる	▸ eat	SV
…を教育する、…を学校へやる		▸ educate	
…を雇う		▸ employ	
…を終わらせる、…を終える		▸ end	
…を楽しむ		▸ enjoy	
…に入る		▸ enter	
…を逃れる、…をうまく避ける	逃げる、脱出する	▸ escape	SV （from/out of)
…を設立する、…を確立する		▸ establish	
…を調査する、…を検査する		▸ examine	
…を（〜と）交換する		▸ exchange	
…を興奮させる、…をわくわくさせる		▸ excite	
…を許す		▸ excuse	
…を出る	立ち去る、退去する	▸ exit	SV
…を予期する、…だろうと思う、 …が来る［起こる］のを待つ		▸ expect	
…を説明する	説明する	▸ explain	SV
…を探検する		▸ explore	
…に餌を与える		▸ feed	
…を見つける	O に…を見つけてやる O が…だとわかる	▸ find	SVOO SVOC
…を終える	終わる	▸ finish	SV
…に合う、…にふさわしい		▸ fit	
…を修理する、…を定める、 …をしっかり固定する		▸ fix	
…を水で流して洗う	（顔などが）赤くなる	▸ flush	SV
…をたたむ		▸ fold	
…に従う、…の後について行く		▸ follow	
…を忘れる		▸ forget	
…を許す		▸ forgive	
…を設立する、…を創立する		▸ found	
…を凍らせる	凍る	▸ freeze	SV

…をぞっとさせる		▸	frighten	
…を手に入れる		▸	gain	
…を手に入れる	着く	▸	get	SV
	（ある状態）になる			SVC
	Oに…を手に入れてやる			SVOO
	Oに…してもらう、Oを…させる			SVOC
…を与える	Oに…を与える	▸	give	SVOO
…をつかむ、…を素早くとらえる		▸	grab	
…と推測する、…を推測する		▸	guess	
…を案内する		▸	guide	
…を提出する	Oに…を手渡す	▸	hand	SVOO
…を吊るす		▸	hang	
…を害する		▸	harm	
…を憎む、…をひどく嫌う		▸	hate	
…を持っている、…を食べる、…を行う	Oに…してもらう、Oを…させる	▸	have	SVOC
…が聞こえる	Oが…する［している］のを聞く	▸	hear	SVOC
…を熱する、…を温める		▸	heat	
…を手伝う、…を助ける	Oが…するのを手伝う	▸	help	SVOC
…を雇う、…を賃借りする		▸	hire	
…を打つ、…にぶつかる		▸	hit	
…を開催する、…を抱える		▸	hold	
…を狩る		▸	hunt	
…を想像する		▸	imagine	
…に感銘を与える、…に印象づける		▸	impress	
…を改善する、…を向上させる		▸	improve	
…を含む		▸	include	
…を増やす	増える	▸	increase	SV
…に（〜を）知らせる		▸	inform	
…を傷つける		▸	injure	
…するように要求する、…だと主張する	強く要求する、主張する	▸	insist	SV (on)
…を意図する、…するつもりである		▸	intend	
…に興味［関心］を持たせる		▸	interest	
…を邪魔する		▸	interrupt	
…を発明する		▸	invent	
…を招待する		▸	invite	
…にアイロンをかける		▸	iron	
…に参加する、…に加わる		▸	join	
…を殺す		▸	kill	
…を知っている、…を理解している	知る、理解する	▸	know	SV
…を横たえる、…を置く、（卵）を産む		▸	lay	
…を学ぶ		▸	learn	
…を貸す	Oに…を貸す	▸	lend	SVOO

…が好きである、…を好む	O が…であるのを好む	▸	like	SVOC
（建物など）を（…に）置く、（建物など）が（…に）位置する		▸	locate	
…にかぎを掛ける		▸	lock	
…を失う		▸	lose	
…を愛する、…が大好きである		▸	love	
…を維持する		▸	maintain	
…を作る	O に…を作る	▸	make	SVOO
	O を（ある状態）にさせる、O に…させる			SVOC
…をなんとかやり遂げる、…を経営する		▸	manage	
…と結婚する		▸	marry	
…と調和する		▸	match	
…を意味する		▸	mean	
…と会う、…に出会う		▸	meet	
…を修理する、…を修繕する		▸	mend	
…に言及する		▸	mention	
…を嫌に思う		▸	mind	
…に乗り遅れる、…し損なう、…がいなくて寂しいと思う		▸	miss	
…に動機を与える		▸	motivate	
…を必要とする		▸	need	
…を怠る		▸	neglect	
…に気づく、…とわかる	O が…する[している]のに気づく	▸	notice	SVOC
…に従う		▸	obey	
…を観察する、（法律など）を守る	（観察して）O が…する[している]のに気づく	▸	observe	SVOC
…を攻撃する		▸	offend	
…を提供する	O に…を提供する	▸	offer	SVOO
…を開ける	開く	▸	open	SV
…を操作する	作動する	▸	operate	SV
…に反対する		▸	oppose	
…を注文する、（物事）を命令する	O に…するように命じる	▸	order	SVOC
…について（～の）おかげを被る、（義務など）を(～に対して)負っている	O に…を借りている	▸	owe	SVOO
…を所有している		▸	own	
…にペンキを塗る、（絵の具で）…を描く	O を（～色）に塗る	▸	paint	SVOC
（車など）を駐車させる		▸	park	
…に合格する	通り過ぎる	▸	pass	SV
（お金）を支払う	代金を払う	▸	pay	SV
	O に（お金）を支払う、O に（注意）を払う			SVOO

日本語	補足	英語	文型
（果物・野菜など）の皮をむく		peel	
…にパーマをかける		perm	
（物事）を許す	O が…することを許す	permit	SVOC
（車で）…を迎えに行く（+ up）、		pick	
…を精選する			
…をする、…を演奏する	遊ぶ	play	SV
…を喜ばせる		please	
…をポストに入れる、		post	
（メッセージなど）を投稿する			
…を延期する		postpone	
…を注ぐ		pour	
…を練習する、…を開業する		practice	
…を好む、より…が好きである		prefer	
…を押す、…をしぼる		press	
…を（〜することから）妨げる		prevent	
…を印刷する		print	
…を製造［生産］する、…を創作する		produce	
…を約束する		promise	
…を促す、…を昇進させる		promote	
…を保護する		protect	
（〜に）…を供給する		provide	
…を引っ張る、	（車などが）道の片側に寄る	pull	SV（over）
（車など）を道の片側に寄せる（+ over）			
…を押す		push	
…を置く		put	
…をやめる、…を断念する		quit	
…を上げる、…を育てる		raise	
…に着く、…に達する		reach	
…を読む	読書する	read	SV
…を認識する、…を実現する		realize	
…を受け取る		receive	
…を奨める		recommend	
…を断る、…を拒否する		refuse	
…を拒絶する、…を却下する		reject	
…を（〜と）関係づける、…を述べる		relate	
…をリラックスさせる	くつろぐ	relax	SV
…を覚えている		remember	
…に（〜について）思い出させる、	O に…することを思い出させる	remind	SVOC
…に（〜について）気づかせる			
…を取り除く		remove	
…を修理する		repair	
…を繰り返す		repeat	

…を（〜と）取り換える、…に取って代わる		▶	replace	
…を表す、…の代理をする		▶	represent	
…を要求する、…を必要とする	Oが…するように要求する	▶	require	SVOC
…を（〜から）救助する		▶	rescue	
…に似ている		▶	resemble	
…を予約する、…を取っておく		▶	reserve	
…に乗る		▶	ride	
…に電話する		▶	ring	
…から（〜を）奪う、…を襲う		▶	rob	
…をこする		▶	rub	
…を台無しにする、…を破滅させる		▶	ruin	
…を満足させる		▶	satisfy	
…を言う	言う	▶	say	SV
…を叱る		▶	scold	
…を調査する	調査する	▶	search	SV（for）
…が見える、…に会う	（canと共に）見える、理解する	▶	see	SV
	Oが…する［している］のを見る			SVOC
…を探し求める		▶	seek	
…を売る	Oに…を売る	▶	sell	SVOO
…を送る	Oに…を送る	▶	send	SVOO
…を（〜から）区別する、…を引き離す		▶	separate	
…に仕える[食事を出す]、…を供給する		▶	serve	
…を置く、…を配置する、…を定める		▶	set	
…に移り住む、…を（仕事に）就かせる	定住する、落ち着く	▶	settle	SV
…を（〜と）共有する		▶	share	
…を撃つ		▶	shoot	
…を見せる、…を上映する	現れる、上映される	▶	show	SV
	Oに…を見せる、Oに…を教える			SVOO
…を閉める、…を閉じる	閉まる、閉じる	▶	shut	SV
…をパチンと鳴らす、…をポキっと折る		▶	snap	
…を解く、…を解決する		▶	solve	
…を話す、…を述べる	話す、演説をする	▶	speak	SV
…をつづる		▶	spell	
…を過ごす、…を費やす		▶	spend	
…を台無しにする、…を甘やかす		▶	spoil	
…を始める	始まる	▶	start	SV
…を（〜から）盗む		▶	steal	
…を刺す		▶	sting	
…をかき混ぜる		▶	stir	
…を止める	止まる	▶	stop	SV
…を勉強する、…を研究する	勉強する、研究する	▶	study	SV

…を提案する、…を示唆する		▸ suggest	
…に適する、…に合う		▸ suit	
…に（〜を）供給する		▸ supply	
…を支える、…を支持する		▸ support	
…だと思う		▸ suppose	
…を驚かせる		▸ surprise	
…を囲む		▸ surround	
…を生き残る	生き残る	▸ survive	SV
…だと思う、…に容疑をかける		▸ suspect	
…を掃く、…を掃除する		▸ sweep	
…を取る、…を引き受ける、 …を連れていく	O が（時間・労力など） を必要とする	▸ take	SVOO
…を教える	教える O に…を教える	▸ teach	SV SVOO
…を言う、…を話す	O に…を話す O に…するように言う	▸ tell	SVOO SVOC
…に感謝する		▸ thank	
…を投げる	O に…を投げる	▸ throw	SVOO
…を疲れさせる		▸ tire	
…に触れる		▸ touch	
…を移動させる、…を転任させる		▸ transfer	
…を（〜に）翻訳する		▸ translate	
…を扱う		▸ treat	
…を信用する		▸ trust	
…を試す		▸ try	
…を回す、…をひねる	（変化してある状態）になる	▸ turn	SVC
…を曲げる		▸ twist	
…を理解する	理解する	▸ understand	SV
…を更新する		▸ update	
…を使う、…を利用する		▸ use	
…を訪れる、…を訪ねる		▸ visit	
…が欲しいと思う	O に…してもらいたいと思う	▸ want	SVOC
…に警告する	O に…するように警告する	▸ warn	SVOC
…を洗う		▸ wash	
…を無駄にする、…を浪費する		▸ waste	
…を見る	O が…する［している］のを見る	▸ watch	SVOC
…を身につけている		▸ wear	
…をぬぐう、…をぬぐい去る		▸ wipe	
…かしらと思う		▸ wonder	
…を包む		▸ wrap	
…を書く	手紙を書く	▸ write	SV (to)

SVOO文型

日本語			英語	
O に…をもたらす	…の原因となる、…を引き起こす	▶	cause	SVO
O に（金額）を請求する	…を課す	▶	charge	SVO
O に（金額・費用）がかかる	費用がかかる	▶	cost	SV
O の…を省く、O の…を節約する	…を救う	▶	save	SVO

SVOC文型

日本語			英語	
O が…するのを許す		▶	allow	
O を…に選出する	…を選ぶ	▶	elect	SVO
励まして O に…させる		▶	encourage	
O に…させる		▶	let	
O を…と名づける		▶	name	

「話せる」ための日・英対応リスト

* 本書で学習した Output Stage 2 の問題を、左に日本文、右に英文とし、左右対応にしてリストアップしました。
* キリトリ線で切って、持ち運んで使うこともできます。
* 音声【日本文→ポーズ→英文】と併用したり、リストのみで学習したりして、「話せる」ためのトレーニングに役立てましょう。

A

01. いつか、この鳥はまた自由に羽ばたくでしょう。
02. 私の父親は、今新しい車を欲しがっています。
03. 彼は今、朝食を食べているところです。
04. あの黒い雲を見て。もうすぐ雨が降ってきます。
05. 私の姉は、2001 年から 2003 年まで海外留学をしました。
06. 私が見かけたとき、彼らはフットボールをしていました。
07. トロントでは、12 月と 1 月に雪がたくさん降ります。
08. 彼はいつも私の話を聞いてくれます。
09. 去年の冬、彼はあの指輪に多額のお金を払いました。
10. 見て！何人かの男の子たちが川で泳いでいます。
11. 私たちは、明日の午前 10 時にタクシー乗り場でお客様を出迎える予定です。
12. 先週、彼らは違う代理店を利用しました。
13. 時々、翻訳の仕事はまったく割に合いません。

B

01. 私たちは知り合いです。
02. 彼は来世を信じていません。
03. 私たちは、明日その橋まで歩いて行きません。
04. 以前は丘の上に小さな教会が立っていました。
05. 彼の両親はちょうどそこに座っていました。
06. その劇は 10 月最後の週に始まるのですか。

A

01. One day this bird will fly free again.
02. My father wants a new car now.
03. He is having breakfast at the moment.
04. Look at those black clouds. It is going to rain soon.
05. My sister studied abroad from 2001 to 2003.
06. They were playing football when I saw them.
07. In Toronto, it snows a lot in December and January.
08. He always listens to me.
09. Last winter he paid a lot of money for that ring.
10. Look! Some boys are swimming in the river.
11. We are going to meet our customers at the taxi stand at 10 a.m. tomorrow.
12. Last week they used a different agency.
13. Sometimes a translation job doesn't pay at all.

B

01. We know each other.
02. He doesn't believe in an afterlife.
03. We are not going to walk to the bridge tomorrow.
04. A small church used to stand on the hill.
05. His parents were sitting right there.
06. Will the show start in the last week of October?

C

07. 彼はよくあなたの仕事を手伝ってくれるのですか。

08. 僕が戻ってきたとき、彼女はベッドで横になっていました。

09. 今、彼は公園を走っています。

10. Eメールにて、ご予約の確認を致します。

基本文　私たちは明日、このホテルに宿泊します。

01. 私たちは明日、このホテルに宿泊します。

02. 私たちはこのホテルに2泊する予定です。

03. 私たちは今夜このホテルに宿泊します。

A

01. 私はたった今、同僚に会いました。

02. 彼はまだ自分のプロジェクトを完成させていません。

03. 彼のおばあさんは先月からベッドで横になっています。

04. その女性は2000年に何千マイルも旅をしました。

05. 私はこのDVDを以前に何度も見たことがあります。

06. 昨夜から雨が降っています。

07. 最後に私たちが会ってから、3年が経過しています。

08. 彼はその件について述べましたか。

09. 私たちは昨日、彼とそれについて議論しました。

10. いくつかの点で、彼女は私の姉に似ています。

11. 私は今までに一度も外国に行ったことがありません。

12. 私たちは1週間前にその遊園地に行きました。

13. 長年かけて、そのチームはオリンピックの金メダルを4度獲得しています。

---

07. Does he help you with your work often?

08. She was lying on the bed when I got back.

09. Now, he is running in the park.

10. We will confirm your booking by email.

基本文　We stay at this hotel.

01. We will stay at this hotel tomorrow.

02. We are going to stay at this hotel for two nights.

03. We are staying at this hotel tonight.

---

01. I saw my colleague just now.

02. He hasn't completed his project yet.

03. His grandmother has been lying in bed since last month.

04. The woman traveled thousands of miles in 2000.

05. I have watched this DVD many times before.

06. It has been raining since last night.

07. Three years have passed since we last met.

08. Has he mentioned the matter yet?

09. We discussed it with him yesterday.

10. In some ways she resembles my sister.

11. I have never been to foreign countries.

12. We went to the amusement park a week ago.

13. Over the years, the team has won Olympic gold four times.

B

01. She laid her baby in the crib.
02. He hasn't answered my question yet.
03. Your life has changed a lot this past year.
04. Her boyfriend hasn't contacted her since the end of June.
05. The recession has affected workers.
06. I didn't talk to her last night.
07. This year we founded our company.
08. I have never lied to you.

C

01. (a) She's gone to Canada.
    (b) She went to Canada, and she isn't here now.
02. (a) A small boat is coming to the island.
    (b) A small boat is approaching the island.
03. (a) Ryo and I met that summer, and we still sometimes see each other.
    (b) Ryo and I have known each other since that summer.
04. (a) They are still on the way to the village.
    (b) They haven't reached the village yet.
05. (a) They will raise airfares by 10 percent in October.
    (b) Airfares will rise by 10 percent in October.

A

01. A good idea occurred to us.
02. I was talking on the phone for about an hour.
03. The brothers won't object to the marriage.

B

01. 彼女は赤ちゃんをそのベビーベッドに寝かせました。
02. 彼はまだ私の質問に答えていません。
03. あなたの人生は、この1年でずいぶんと変わりました。
04. 彼女のボーイフレンドは、6月の終わりから彼女と連絡を取っていません。
05. 不況は労働者たちに影響を与えています。
06. 私は昨夜、彼女と話しませんでした。
07. 今年、私たちは会社を設立しました。
08. 私は今まで一度も君に嘘をついたことがありません。

C

01. (a) 彼女はカナダに行ってしまいました。
    (b) 彼女はカナダに行って、そして今ここにはいません。
02. (a) 小さなボートが1そう、島に近づいています。
    (b) *(注) とは別の言い方で
03. (a) リョウと私は、あの夏に出会いました。そして今も時々会います。
    (b) リョウと私は、あの夏以来の付き合いです。
04. (a) 彼らはまだその村に行く途中です。
    (b) 彼らはまだその村にたどり着いていません。
05. (a) 彼らは10月に航空運賃を10パーセント値上げするでしょう。
    (b) 10月に航空運賃が10パーセント値上がりするでしょう。

A

01. ある名案が私たちに浮かびました。
02. 私は1時間ほど、電話で話していました。
03. 兄弟たちは、その結婚に反対しないでしょう。

04. 遅れたことをおわびしなければなりません。
05. 彼はいつも上司の文句ばかり言っています。
06. ひょっとしたら彼女は車の中で待っているかもしれません。
07. 彼の兄はあなたによく似ています。
08. あなたはそのように、人を指差すべきではありません。
09. その少女は青い目を欲しがりました。

B

01. 私はあなたのリーダーシップに頼ることができます。
02. ひょっとしたらこの問題に応じてくれる学校があるかもしれません。
03. 私たちはちょうど旅行から帰宅したところです。
04. 今日はたくさんの課題があるはずがありません。
05. 私たちの電車は予定どおりに出発しました。
06. それについてあなたは話す必要はありませんでした。
07. 彼女はあなたの計画のことを知っているにちがいありません。
08. 私たちは彼らを理解できるようになるでしょう。
09. 彼女は彼の大きな声に我慢できませんでした。
10. この小道は丘の頂上に続いているかもしれません。
11. 私の父は仕事で成功することができました。
12. 今夜は、私が夕食代を支払います。
13. 彼らは両親と議論しようとはしませんでした。

C

01. 私たちは将来について考えるべきです。
02. あなたは誰にも言ってはいけません。
03. 彼女は私の質問に答えることができませんでした。

---

04. I must apologize for the delay.
05. He is always complaining about his boss.
06. She might be waiting in the car.
07. His brother resembles you a lot.
08. You shouldn't point at people like that.
09. The girl wished for blue eyes.

B

01. I can rely on your leadership.
02. Some schools might respond to this problem.
03. We have just returned home from our trip.
04. There can't be a lot of assignments today.
05. Our train left on schedule.
06. You didn't have to talk about it.
07. She must know about your plan.
08. We will be able to understand them.
09. She couldn't stand his loud voice.
10. This path may lead to the top of the hill.
11. My father was able to succeed in business.
12. I'll pay for your dinner tonight.
13. They wouldn't argue with their parents.

C

01. We should think about our future.
02. You mustn't tell anybody.
03. She wasn't able to reply to my question.

04. あなたは一人でこの仕事をする必要はありません。私たちが手伝います。

04. You don't have to do this job by yourself. We will help you.

▶04

A

01. ここで靴を脱いでいただけませんか。 ─ 分かりました。
01. Could you take off your shoes here, please? — OK.

02. お父さんはあわてて紙切れにそれを書きとめました。
02. My dad hastily wrote it down on the slip of paper.

03. 時刻表をもらえますか。 ─ もちろんです。少々お待ちください。
03. Can I have a timetable? — Certainly. Just a moment.

04. 私たちは次のバス停留所でバスを降りないといけません。
04. We have to get off the bus at the next stop.

05. あなたは眼鏡をかけるべきです。
05. You should put your glasses on.

06. そのジェット機は離陸したにちがいありません。
06. The jet must have taken off.

07. この新聞を捨ててくれませんか。
07. Can you throw away this paper, please?

08. ここに駐車してもよろしいですか。 ─ すみません、ここは駐車禁止です。
08. Could I park my car here? — Sorry, there's no parking here.

09. それについてよく考えて、明日電話をかけ直してもよろしいですか。
09. May I think it over and call you back tomorrow?

10. そのデータを見ることはできますが、持ち去ることはできません。
10. You can look at the data, but you cannot take it away.

11. 駅まで歩きましょうか。 ─ はい、そうしましょう。
11. Shall we walk to the station? — Yes, let's.

12. ろうそくを消してくれない。 ─ いいよ。
12. Will you put out the candles? — All right.

13. ホテルまで車で迎えに行きましょうか。 ─ それはありがたいです。
13. Shall I pick you up at the hotel? — That sounds great.

B

01. 電話帳でそれを調べてみます。
01. I'll look it up in the telephone directory.

02. そのおばあさんを探していただけませんか。
02. Would you look for the old woman, please?

03. 海のそばを通りましょうか。
03. Shall we pass by the sea?

04. このスリッパを履いてくれませんか。
04. Will you put on these slippers?

05. ヒロシはその契約に目を通したはずです。
05. Hiroshi must have looked over the contract.

06. テレビを消していただけませんか。
06. Could you turn off the TV?

07. これを試着していいですか。
07. Can I try this on?

A

01. この旅は全部で 5,000 ドルかかりました。
01. This trip cost us $5,000 altogether.

02. カオリはその古い手紙を私に見せてくれました。
02. Kaori showed the old letter to me.

03. そのおよそ 3 時間後、その登山家たちは発見されました。
03. About three hours after that, the climbers were found.

04. パスポートを見せてもらえますか。
04. Will you show me your passport, please?

05. いとこが足をサルにかまれました。
05. My cousin was bitten on the leg by a monkey.

06. アヤコは僕にパンケーキを少し残しておいてくれました。
06. Ayako left some pancakes for me.

07. バーでそのワインは 50 ドルしました。
07. The bar charged us $50 for the wine.

08. 来週、その契約について議論されるでしょう。
08. The contract will be discussed next week.

09. 結局、彼に永住許可は下りませんでした。
09. Permission for permanent residence was denied him in the end.

10. 誰かが僕にメモを投げました。
10. Someone threw a note to me.

11. 私はチケット係に自分のチケットを手渡しました。
11. I handed my ticket to the ticket collector.

12. 水曜日まで 10 ドル貸してくれませんか。
12. Can you lend me $10 until Wednesday?

C

01. エアコンをつけましょうか。
01. Shall I turn on the air conditioner?
— 残念ですが、ちゃんと動かないんです。
— Unfortunately, it doesn't work very well.

02. 今夜私に電話していただけませんか。
02. Would you call me up tonight?
— いいですよ。電話番号を教えてください。
— Of course. May I have your phone number, please?

03. キャンセル待ちをさせていただけませんか。
03. Could you put my name on the waiting list?
— もちろんです。この申込用紙にご記入ください。
— Sure. Please complete this application form.

04. 彼にときどき会いますか。 — はい、もちろんです。
04. Do you see him sometimes? — Yes, of course.

05. いとこが足をサルにかまれました。

06. アヤコは僕にパンケーキを少し残しておいてくれました。

07. バーでそのワインは 50 ドルしました。

08. ナオがその計画をあきらめたはずがありません。
08. Nao cannot have given up the plan.

09. これらのテストを実施してもよろしいですか。
09. Could I carry out these tests?

B

13. Her father was killed in a car crash.
彼女の父親は車の事故で亡くなりました。

01. The girl was adopted by an old couple.
その少女はある老夫婦の養女になりました。

02. The problem hasn't been fixed yet.
その問題はまだ解決していません。

03. I brought her some water.
私は彼女に水を持って行きました。

04. This dessert is made from cream cheese and coconut.
このデザートはクリームチーズとココナッツで作られています。

05. Will the meeting be put off?
その会議は延期になりますか。

06. He must have been treated well.
彼は大切に扱われたに違いありません。

07. The bottle contains two liters.
その瓶には2リットル入ります。

08. This jacket was made in England.
このジャケットはイギリス製でした。

09. Subway fares might be raised next year.
ひょっとしたら来年、地下鉄の運賃が上がるかもしれません。

C

01. A letter was sent to me by someone.
手紙が誰かから送られてきました。

02. English is spoken in Fiji.
英語がフィジーでは話されています。

03. I was taken to the hospital by that ambulance.
私はその救急車で病院に運ばれました。

04. Jim held the party.
ジムはパーティーを開催しました。

▶06

A

01. He has wanted to take up other instruments since then.
それ以来、彼はほかの楽器を始めたがっています。

02. He became a teacher at the high school.
彼にはその高校の先生になりました。

03. The traffic light turned green.
信号が青に変わりました。

04. It was sensible of you to refuse their proposal.
彼らの提案を断るとはあなたは賢明でした。

05. They kept quiet to protect her from scandal.
彼女をスキャンダルから守るために、彼らは沈黙を守り続けました。

06. You have to protect yourself by avoiding trouble in the first place.
まずはトラブルを避けることで自分自身を守らなければなりません。

07. I expected to see him there.
私はそこで彼に会うつもりでした。

08. 私たちの計画はすべて失敗しました。
09. このオファーは私たちに良さそうです。
10. 彼はそのナイフで缶を開けようとしました。
11. ドアに鍵をかけるのを忘れないでください。
12. いいにおいです。
13. 妹は話すのをやめて、食べ始めました。

B

01. 彼女は何も言わずに家から出て行きました。
02. それらの穴を掘るのは簡単ではありませんでした。
03. 彼はその古い習慣から抜け出すと約束しました。
04. そのおばあさんは休憩のため立ち止まりました。
05. 今月の家賃を払うのを忘れました。
06. ここでタバコを吸ってもよろしいですか。
07. バンコク経由の飛行機でイギリスへ行くことにしました。
08. その子どもたちは食べるものが何もありませんでした。
09. 私たちはそれを聞いてとても嬉しかったです。

C

01. 私の弟は決して病気になりません。
02. これは良いビジネスのように思えます。
03. ガソリンの値段は深刻な問題になっています。
04. 彼の妻はあなたの大ファンのようです。

A

▼08

01. リエコは結婚したんですよね。
02. あなたのパスワードを思い出させてくれるEメールを頼むことができます。

---

08. All our plans went wrong.
09. This offer seems good for us.
10. He tried to open the can with the knife.
11. Please remember to lock the door.
12. It smells good.
13. My sister stopped talking and began to eat.

B

01. She left home without saying a word.
02. Digging those holes was not easy.
03. He promised to get out of the old habit.
04. The old woman stopped to take a rest.
05. I forgot to pay my rent this month.
06. Would you mind me smoking here?
07. I chose to fly to the U.K. via Bangkok.
08. The children had nothing to eat.
09. We were very happy to hear that.

C

01. My brother never gets sick.
02. This sounds like a good business.
03. The price of gasoline has become a severe issue.
04. His wife appears to be a big fan of yours.

A

▼08

01. Rieko got married, didn't she?
02. You can request an email reminding you of your password.

03. They robbed the store of cash.

04. Are you interested in sharing your idea with us?

05. I watched an exciting movie on TV yesterday.

06. My laptop has some problems sending email.

07. Tomoko's opinion is very interesting to me.

08. The boy went crying to his father.

09. Satoshi got transferred to Chicago last April.

10. Her brother is not connected with the trading company.

11. Usually we go shopping together.

12. Today I'll replace the broken window with a new one.

13. This question is very confusing for kids, isn't it?

01. He stole the idea from me.

02. I visited her, hoping for a chance to talk.

03. My father looked very bored.

04. The partition separates this area from another.

05. I was charged with an important task.

06. The man waiting for the bus is my colleague.

07. The sirens kept me from getting to sleep.

08. It was difficult for me to understand the email written in English.

09. Arriving at the station, I called my wife.

01. I couldn't open the attached PDF.

02. This is a luxury hotel located in the business district of Hong Kong.

03. 彼らはその店から現金を奪いました。

04. あなたのお考えをそのことに共有することに興味はありませんか。

05. 私は昨日、テレビでとてもワクワクする映画を見ました。

06. 私のノートパソコンはEメールの送信で不具合があります。

07. トモコの意見は私にとってとても興味深いものです。

08. その男の子は泣きながらお父さんのところへ行きました。

09. 去年の4月にサトシはシカゴに転勤させられました。

10. 彼女の兄はその貿易会社と関係がありません。

11. たいてい私たちは一緒に買い物に行きます。

12. 今日、壊れた窓を新しいものに取り換えます。

13. この問題は子どもたちにはとてもややこしいですね。

B

01. 彼は私からそのアイデアを盗みました。

02. 私は話せることを願いながら、彼女を訪ねました。

03. 私の父はとても退屈しているように見えました。

04. 間仕切りでほかのエリアとこのエリアを分けています。

05. 私は重要な仕事を頼まれました。

06. バスを待っている男性は私の同僚です。

07. サイレンのせいで、私は眠れませんでした。

08. 私には英語で書かれたそのEメールを理解するのが難しかったです。

09. 駅に着いて、私は妻に電話しました。

C

01. 私は添付のPDFファイルを開くことができませんでした。

02. こちらは香港のビジネス街に位置する高級ホテルです。

A

03. 彼の新しい映画に私たちはとてもがっかりしました。

04. 今日、僕はとてもリラックスして快適です。

01. 彼女たちの結婚式はどうでしたか。

02. どこで飲み過ぎたんですか。

03. 私の祖母は彼女が誰なのか思い出せませんでした。

04. その女の子は誰の妹ですか。

05. どこに車を止めたらいいのか教えてください。

06. 私のシチューの味はどうですか。

07. おまわりさん、どうして私は止められたんですか。

08. 訴訟が解決するにはどれくらいかかりますか。

09. 申込書に何を添付すればよいですか。

10. いつ彼女にその指輪を買ったんですか。

11. これがどうヨーロッパと関係があるのですか。

12. どの駅で降りたらよいのか分かりません。

13. これまで何回転職しましたか。

B

01. これはどう開けるんですか。— そのボタンを押せばいいのです。

02. なぜその候補者に投票しなかったのですか。— 彼女はその職務には相応しくありません。

03. どのチームが試合に勝ったんですか。— もちろん、私のチームです。

04. 最初に誰の名前を言うべきですか。— 顧客の名前です。

05. その犬にどこを嚙まれたんですか。— 足首です。

03. His new film was disappointing to us.

04. I feel very relaxed and comfortable today.

01. What was their wedding like?

02. Where did you drink too much?

03. My grandmother couldn't remember who she was.

04. Whose sister is the girl?

05. Tell me where to park my car.

06. How does my stew taste?

07. Why did you pull me over, officer?

08. How long will it take to settle the case?

09. What should I attach to my application?

10. When did you buy the ring for her?

11. How is this related to Europe?

12. I'm not sure which station I should get off at.

13. How often have you changed jobs?

01. How can I open this? — Just press the button.

02. Why didn't you vote for the candidate?
— She isn't the right person for the job.

03. Which team won the game? — My team, of course.

04. Whose name should I say first? — Your client's name.

05. Where did the dog bite you? — On the ankle.

06. How long have you been in London? — Since last spring.
どれくらいロンドンにいるんですか。 —去年の春からです。

07. What kind of music do you recommend? — R&B is good.
どんな音楽がお勧めですか。 —R&Bがいいですよ。

08. How did you know about Hiroko? — She's my brother's girlfriend.
どうやってヒロコのことを知ったんですか。 —私の弟の彼女なんです。

09. Do you know who represents him? — No, I have no idea.
誰が彼の代理人か知っていますか。 —いいえ、全然分かりません。

01. How is your job search going?
就職活動の調子はどうですか。

02. He blamed himself for her death.
彼は彼女の死に対して、自分自身を責めました。

03. I spent $100 on these shoes.
私はこの靴に100ドル払いました。

04. He was thought of as a genius.
彼は天才だと思われていました。

▶10 A

01. The man stood up and frowned at the boys.
その男は立ち上がり、その少年たちに向かってしかめっ面をしました。

02. She was so frightened that she rolled off the bed.
彼女はあまりにびっくりして、ベッドから転がり落ちてしまいました。

03. I don't know how things were a hundred or 50 years ago.
100年前あるいは50年前の事情はどうであったか私は知りません。

04. When I listened to that music, it made me really sleepy.
その音楽を聴いたとき、私は本当に眠くなりました。

05. I didn't want to employ him because he was too young.
私は彼を雇いたくはありませんでした。なぜなら若すぎたからです。

06. I'm sure this offer will make you happy.
この提案があなたを満足させると確信しています。

07. When I climbed the mountain, I found it hard to breathe.
その山に登ったとき、息苦しく感じました。

08. Is it true he left his brother alone?
彼が弟を1人にしたのは本当ですか。

09. It will keep you warm if you walk around.
散歩したら、暖かいですよ。

10. We elected him governor.
私たちは彼を知事に選びました。

11. I was missing her, so I picked up my cellphone and called her.
彼女がいないのを寂しく思っていました。だから携帯を取り出して、彼女に電話をしました。

12. How would you like your eggs? — I like mine sunny side up.
卵はどのように料理したのがお好きですか。 —目玉焼きが好きです。

B

13. あなたを何て呼べばいいですか。—よければ、Evineと。
01. とてもお腹が空いていたので、途中でマクドナルドに立ち寄りました。
02. もしそのライトが点滅していたら、エンジンを止めるべきです。
03. それについて考えてみれば、彼が間違っているとあなたは分かるでしょう。
04. 彼らの子供たちはとても可愛いので、写真を撮りたいのです。
05. 前に何度も見たことがありますから、明日またその映画を見ます。
06. とてもたくさんの岩があるので、穴を掘るのは難しいでしょう。
07. 彼と組むのは気が楽だと思います。
08. 私たちはクリスチャンではありませんが、クリスマスを祝います。

C

01. 換気のために、すべてのドアを開けたままにしておく必要があります。
02. 私はあなたを緊張させますか。
03. 彼は私をお母さんとまったく呼びませんでした。
04. 損害賠償を請求するのは難しいと分かりました。
05. 壊れやすいから、それはそのままにしておきなさい。

A ▶11

01. 私はあなたに干渉しないように警告しました。
02. 上司は私にその契約を履行するように言いました。
03. 私はあなたに学業を怠って欲しくありません。
04. 家で誰が一番上手に料理をしますか。
05. 戦争より悪いものはありません。
06. 彼は君と同じくらい驚いていました。
07. 私は旦那に汚れをもっと強く磨いてもらいました。

---

13. What can I call you? — Just call me Evine if you like.
01. I was very hungry so I stopped by McDonald's.
02. If the light is blinking, you should stop the engine.
03. When you think about it, you'll see he is wrong.
04. Their children are so cute that I'd like to get their photos.
05. I'll watch the film again tomorrow, though I've seen it many times before.
06. It would be hard to dig a hole because there are so many rocks.
07. I found it comfortable to partner with him.
08. We are not Christian but we celebrate Christmas.

01. We need to leave all the doors open for ventilation.
02. Do I make you nervous?
03. He didn't call me mom at all.
04. I've found it difficult to claim damages.
05. Just leave that alone because it's breakable.

01. I warned you to stay away from me.
02. My boss told me to complete the contract.
03. I would like you not to neglect your school work.
04. Who cooks best in your home?
05. Nothing is worse than war.
06. He was as surprised as you.
07. I got my husband to rub the stain harder.

English

08. In fact, I earn half as much as you.

09. He is not allowed to smoke in the house.

10. Nothing is more annoying than bad houseguests.

11. I will ask him to copy it today.

12. The nurse helped me hold my baby's head.

13. This is not as expensive as you think.

B

01. We don't know what he wants us to do.

02. Remind me to buy some batteries for the remote.

03. What food do you think is the most delicious in Japan?

04. I waited for her to reply.

05. The agency fee was almost twice as high as my rent.

06. She was able to dance better than anyone else.

07. What job is the best for you?

08. Their service is getting even worse.

09. I did much better than usual.

10. Wi-Fi is one of the most important technologies for them.

C

01. (a) The doctor told me not to smoke.
    (b) The doctor said to me, "Don't smoke."

02. (a) Your bag looks newer than mine.
    (b) My bag looks older than yours.

03. (a) Nobody here is more courteous than she is.
    (b) She is the most courteous person here.

日本語

08. 実際、私は君の半分しか稼いでいません。

09. 彼は家で喫煙を許されていません。

10. いやな来客ほど迷惑なものはありません。

11. 今日、彼にそれをコピーするように頼みます。

12. その看護師さんが赤ちゃんの頭を支えるのを手伝ってくれました。

13. これはあなたが思っているほど高価ではありません。

01. 彼が私たちに何をして欲しいのかが分かりません。

02. リモコンの電池を買うのを思い出させて。

03. 何の食べ物が日本で一番美味しいと思いますか。

04. 僕は彼女が返事をくれるのを待ちました。

05. その代理店への手数料は私の家賃のほぼ2倍でした。

06. 彼女は他の誰よりも上手に踊ることができました。

07. あなたにとって何の仕事が一番いいですか。

08. 彼らのサービスはいっそうひどくなっています。

09. 私はいつもよりはるかにうまくやりました。

10. Wi-Fiは彼らにとってもっとも重要な技術の1つです。

01. (a) 医者は私にタバコを吸わないように言いました。
    (b) 医者は私に「タバコを吸ってはいけません。」と言いました。

02. (a) あなたのカバンは私のよりも新しく見えます。
    (b) 私のカバンはあなたのよりも古く見えます。

03. (a) ここで彼女よりも礼儀正しい人は誰もいません。
    (b) 彼女はここで最も礼儀正しい人です。

A

01. 君が愛した女性はどこにいるんですか。
02. 私は大声で話していた生徒たちを黙らせました。
03. これは私が読んでいる小説です。
04. 彼女は誰かが彼女の肩に触れるのを感じました。
05. 冷蔵庫にあったケーキを食べましたか。
06. パーティーで私の前に座った女性と偶然出会いました。
07. 私は本社に入るところを見られました。
08. あなたは私たちをじっと見ている女性を知っていますか。
09. 彼が一緒に話をしていた少女はとても可愛かったです。
10. 若いころ、父が決して許してくれなかったそのチャンスをものにするつもりです。
11. 僕は彼が持っていたその封筒を彼女に開けてもらいました。
12. あなたが入ってくるのが聞こえませんでした。
13. そのオフィスで働いている人たちは、あまり愛想が良くありません。

B

01. 他人があくびをするのを見ると私もあくびをしてしまいます。
02. 手が空いたら知らせて。
03. ひどくなっているのどの痛みをどうやって取り除いたらいいのですか。
04. 私たちは爆弾が爆発するのを聞きました。
05. 隣に住んでいる夫婦はとても親切です。
06. そこで出会った少年たちは私を疲れさせました。
07. 私が会いたいと思っていた男性はそこにいませんでした。
08. 彼女はボーイフレンドが車で走り去るのを見ました。

---

01. Where is the woman you loved?
02. I made the students talking loudly shut up.
03. This is the novel I'm reading.
04. She felt somebody touch her on the shoulder.
05. Did you eat the cake which was in the fridge?
06. I ran into the woman who sat in front of me at the party.
07. I was seen to enter the headquarters.
08. Do you know the woman who is staring at us?
09. The girl he was talking with was very cute.
10. I'll take the chance that my father never let me take when I was younger.
11. I had her open the envelope he was holding.
12. I didn't hear you come in.
13. The people who work in the office are not very friendly.

01. Seeing other people yawn makes me yawn.
02. Let me know when you're available.
03. How can I get rid of a sore throat that is getting worse?
04. We heard the bomb explode.
05. The couple who live next door are very kind.
06. The boys I met there made me feel tired.
07. The man I wanted to see wasn't there.
08. She watched her boyfriend drive away.

C

09. I'm looking for a book which is not in the catalogue.
01. I didn't know the singer who was singing at the concert.
02. I haven't read the book which you bought before.
03. The people who we met in New Zealand were so nice.
04. This is a list of the movies which are now showing.

A

01. I had my finger bitten by a squirrel.
02. I can't believe what my parents said.
03. The hotel where we stayed wasn't so comfortable.
04. Get those things cleaned up.
05. The boy was looking at the man passing by.
06. That's why I'm so much into jazz.
07. That's what I wanted to hear.
08. Trying to reach your goals will keep you motivated.
09. I had him wash my car yesterday.
10. I'll tell you something that I saw last night.
11. She wants to make herself understood.

B

01. We heard him yelling at the woman.
02. No one saw her creep upstairs.

C

01. I found myself lying on my back.
02. What we do may harm them.
03. I was really surprised when I heard my name called.

C

09. カタログにない本を探しているんです。
01. 私はコンサートで歌っていた歌手を知りませんでした。
02. 私たちが買ったその本を前に読んだことがありません。
03. 私たちがニュージーランドで出会った人たちはとても親切でした。
04. これは現在上映中の映画のリストです。

A

01. 私はリスに指をかまれました。
02. 私は両親が言ったことが信じられません。
03. 私たちが滞在したホテルはそんなに快適ではありませんでした。
04. それらを早く片付けてしまいなさい。
05. その男の子はその男が通り過ぎるのを見ていました。
06. だから私はジャズに夢中なんです。
07. それが、私が聞きたかったことです。
08. ゴールにたどり着こうとすることが、あなたのやる気を継続させます。
09. 私は昨日、彼に洗車してもらいました。
10. 昨夜私が見たものについてあなたに話しましょう。
11. 彼女は自分を理解してもらいたがっています。

B

01. 私たちは、彼がその女性を怒鳴りつけていたのを聞きました。
02. 誰も彼女が忍び足で2階に上がるのを見ませんでした。

C

01. 気づくと仰向けで寝ていました。
02. 私たちがすることは彼女らを傷つけるかもしれません。
03. 自分の名前が呼ばれたときは本当に驚きました。

D

04. 私は明日までに自分の論文を書き上げなければなりません。

05. もし何かが燃えているにおいがしたら、ビルから退避してください。

06. その男の妻は彼が酒を飲んでいるのを見つけました。

07. 私は去年、虫歯を抜いてもらいました。

08. そのようにして、彼はあなたがどこにいるのか知ったのです。

09. あなたは自分が言っていることを自覚していません。

01. (a) 神戸は私が生まれたところです。

　　(b) *(a) とは別の言い方で

02. (a) 私は先日エミコを見ました。彼女は婚約者と歩いていました。

　　(b) 私は先日、エミコが婚約者と歩いているところを見ました。

03. (a) 私は、今彼がしていることに興味がありません。

　　(b) *(a) とは別の言い方で

04. (a) 私たちは熊が彼に襲いかかっているのを見ました。だから私たちはその熊を撃ちました。

　　(b) *(a) とは別の言い方で

04. I have to get my paper done by tomorrow.

05. If you smell something burning, leave the building.

06. The man's wife found him drinking.

07. I had the bad tooth pulled out last year.

08. That's how he knew where you were.

09. You don't realize what you're saying.

01. (a) Kobe is where I was born.

　　(b) Kobe is the place I was born in.

02. (a) I saw Emiko the other day. She was walking with her fiance.

　　(b) I saw Emiko walking with her fiance the other day.

03. (a) I'm not interested in the things which he is doing at the moment.

　　(b) I'm not interested in what he is doing at the moment.

04. (a) We saw a bear rushing down on him. So we shot the bear.

　　(b) We saw a bear rushing down on him. That's why we shot the bear.

著者紹介

Evine （エヴィン）

本名、恵比須大輔。神戸在住。株式会社evinet biz代表取締役。Teaching Director。
神戸と大阪で社会人向けの「やりなおし英語JUKU」（https://evinet.biz/） と学生向けの「Evineの英語塾」（https://www.evinez-es.com）を主宰。
幅広い世代の学習者を対象に、コア英文法を軸とした実際に使える英語・英会話の指導を行っている。観光専門学校での「英文法＆英会話クラス」や「TOEICクラス」、教員向けセミナーなど多方面で活動実績がある。
『Mr. Evineの中学英文法を修了するドリル』『新装版 Mr. Evine のアルファベットから英語の基礎をなんとかするドリル』『Mr. Evine の中学英文法修了解きまくり問題集』『Mr. Evine の英文法ブリッジコース［中学修了→高校基礎］』（アルク）や『Mr. Evine の英語塾 コア英文法』（ベレ出版）など著書多数。
趣味は映画鑑賞と旅行。
Evineが主宰する教室に関するお問い合わせはinquiry@evinet.bizまで。

---

5 文型から関係副詞まで

新装版

Mr. Evineの中学英文法 ＋αで 話せる ドリル

発行日　2010 年 1 月 27 日（初版）
　　　　2024 年 6 月 27 日（新装版）

著者　　Evine（恵比須大輔）
編集　　株式会社アルク 出版編集部
校正　　Peter Branscombe 、Owen Schaefer、Margaret Stalker、
　　　　原弘子

デザイン　細山田光宣、朝倉久美子、小野安世（細山田デザイン事務所）
イラスト　アラタ・クールハンド

ナレーション　Carolyn Miller、Howard Colefield、島ゆうこ
録音　　株式会社メディアスタイリスト
音声編集　安西一明

DTP　　株式会社秀文社
印刷・製本　日経印刷株式会社

発行者　天野智之
発行所　株式会社アルク
　　　　〒 141-0001 東京都品川区北品川 6-7-29　ガーデンシティ品川御殿山
　　　　Website：https://www.alc.co.jp/

本書は『Mr. Evineの中学英文法＋αで話せるドリル』（2010年刊）の音声をダウンロード方式にした新装版です。

地球人ネットワークを創る

アルクのシンボル
「地球人マーク」です。

5文型から関係副詞まで

新装版
Mr. Evineの
中学英文法 ＋αで
話せる ドリル

Answer Key
別冊解答集

Section1 中1レベル / Answer Key

A

01. My daughter（**is sleeping**）on the couch now.

02. We（**studied**）hard last night.

03. Hiromi（**cooks**）an excellent pasta.

04. Ryo（**called**）me three days ago.

05. Your sisters（**are**）very pretty.

---

01. now「今」より「まさに今」動作が進行している状況を表す現在進行形 be Ving と判断します。※［名詞］couch：長イス、ソファ

02. last night「昨夜」より過去における出来事を表す過去形 studied と判断します。

03. 現在の習慣を表す現在形。主語が3人称単数（He/She/It など）であれば動詞に s の付く変化がありました。cook ⇒ cooks ですね。※［形容詞］excellent：素晴らしい

04. 過去の動作を表現する過去形。three days ago「3日前」より過去の出来事と判断します。

05. 現在の事実・状況を伝える現在形。主語が複数であれば be 動詞は are/were になります。sisters の s に注目しましょう。

B

01. **He** teaches English in Japan.

02. We were looking for **her** yesterday.

03. He has two cats at home. **They** are very friendly.

04. I have a very interesting book. **It** is about a young chef.

05. **Her** husband is gentle.

---

01. ₛHelen's brother ᵥteaches ... より主格の代名詞。Helen's ではなく brother に注目し、brother ＝ he ですね。（**訳：彼は日本で英語を教えています**）

02. 前置詞for ＋前置詞の目的語Emi ... より目的格の代名詞。Emi ＝ she でその目的格は her ですね。前置詞の後ろにある名詞は、前置詞の目的語であることを押さえておきましょう。（**訳：私たちは昨日彼女を探していました**）

03. ₛThe cats ᵥare ... より主格の代名詞。「人」以外の主語（単数）を表す主格は It で示します。その複数形は They です。They は「彼ら」「彼女ら」「それら」と3パターンの意味があることに注意しましょう。（**訳：彼は家で2匹のネコを飼っています。彼らはとても人懐こいです**）

04. ₛThe book ᵥis ... より主格の代名詞。問題 03. 参照。「人」以外の主語を示す It「それは」が正解です。（**訳：私はとても面白い本を持っています。それは若いシェフについての話です**）

05. 主語は husband で Rieko's「リエコの」は主語 husband を修飾する所有「…の」を示す形です。正解は所有格の代名詞 her です。「-'s ＋名詞」は「○○の名詞」と押さえておき、その場合は代名詞の所有格を用いるのがポイントです。（**訳：彼女の夫は穏やかです**）

C

01. We have some pets at the moment.

⇒ **We don't have any pets at the moment.**

02. Junko looked tired after the long flight.

⇒ **Did Junko look tired after the long flight?**

03. We need a good coach.

⇒ **We need good coaches.**

04. They are my classmates.

⇒ Are they my classmates?

05. Do you listen to your mom?

⇒ Are you listening to your mom?

---

01. 一般動詞 have の否定形は <u>don't/doesn't</u> have。主語が 3 人称単数（He/She/It など）以外であれば don't で否定を表現します。また some は疑問文・否定文では any になるので注意しましょう。**(訳：私たちは今、ペットを<u>飼っています</u>［⇒飼っていません］)**

02. 一般動詞 looked の疑問文は Did S Vg (look) ... ? になります。否定文の場合は didn't［did not］＋動詞の原形で表します。※ look tired：疲れているように見える **(訳：ジュンコは長時間のフライトで疲れているように<u>見えました</u>［⇒見えましたか］)**

03. -ch で終わる名詞の複数形は語尾に es を付けます。また a は単数「1 つの」を示す冠詞ですから、修飾する名詞が複数形になると用いることはできません。（×）<u>a</u> good coaches **(訳：私たちは良いコーチが必要です)**

04. be 動詞（am/is/are）を用いた疑問文は be 動詞が主語の前に移動するだけです。否定文にする場合は be 動詞＋not の語順でいいですね。**(訳：彼らは私の同級生です［⇒私の同級生ですか］)**

05. 現在進行形の疑問文は、be 動詞を主語の前に移動させます。Do you listen ... ? ⇒ You listen ⇒ You are listening ⇒ Are you listening ... ? とまず平叙文に直してから順に考えると理解がスムーズですね。**(訳：あなたはお母さんの言うことを聞きますか［⇒聞いていますか］)**

D

01. (What)(do) you like?

02. (Does) he read (books)?

03. (Who)(is) it?

04. (That) party of (hers) was great.

05. You (can't) play football (here).

06. (Don't)(be) afraid of him.

07. I (didn't) see my brother yesterday.

08. (These)(chairs)(are) very comfortable.

01.「物事」の内容を尋ねる疑問詞 what「何」を用いた疑問文です。you like [　]（あなたは [　] が好き）の [　] 部分を what で言い換え、do を用いた一般動詞の疑問文の語順にした形です。You like [what] ⇒ Do you like [what]? ⇒ What do you like?　疑問詞は文頭に置くのがポイントですね。

02. 主語が 3 人称単数ですから Does を用いた疑問文にします。ここでは「本全般」の一般的な話をしており、その場合は複数名詞 books にするのが自然です。読書と言えば不特定多数のものを読むイメージがあるため、a book「ある 1 冊の本」では不自然なのです。cf. I like movies.（映画が好きです）、（△）I like a movie.

03.「人」を尋ねる疑問詞 who「誰」を用いた疑問文です。相手が誰だか分からないときの確認表現ですが Who is there? で言い換えても OK です。ちなみに問題文では it を用いていますが、これは相手の性別が分からないため it で代用されたものです。

04.「あの」は指示代名詞 that、そして「彼女主催のパーティー」ですから所有を示す所有代名詞 hers（＝ her party）を用います。所有代名詞とは「…のもの」という意味で「所有格の代名詞＋名詞」を 1 語で言い換えた言葉です。また、a、the、this、that などと所有代名詞を続けて用いることはできないので、「あの彼女主催のパーティー」を（×）that hers と表すことはできず、A of B「B の A」の形で示したものになっています。

05.「…することができる」を意味する助動詞 can の否定形 can't[cannot] です。「ここで」は副詞 here ですね。ちなみに「そこで」は there で表現します。

06. be afraid of ...「…を怖がって」を否定の命令文 Don't Vg ... にしたものです。

07. 過去の一般動詞の否定は didn't Vg で表現します。

08.「これらの」は this「これの」の複数形 these で表現します。These は複数なので、chair は chairs とします。あとは後ろの very comfortable と主語を結び付ける be 動詞をこの複数名詞 chairs を受けて are にできれば OK です。

E

01. This is（ a ）new dictionary. It's very useful.

02. My（ × ）teacher is very nice.

03. My father plays（ the ）guitar.

04. I only had（ a ）glass of water this morning.

05. Shut（ the ）gate, please.

06.（ A ）kilometer has 1,000 meters, and（ an ）hour has 3,600 seconds.

01. dictionary が単数形であることから「1つの」を意味する不定冠詞 a を用います。文脈より特定ニュアンスの定冠詞 the は不適切ですね。**（訳：これは新しい辞書です。とても役に立ちます）**

02. 所有格の代名詞と一緒に冠詞を用いることはできません。**（訳：私の先生はとても素敵です）**

03. 楽器の前には定冠詞 the を用います。名詞を総称する方法として D の問題 02. のように複数形にする場合と the ＋単数形を用いる場合があり、楽器の場合は通常一度に何台も弾かないので the ＋単数形で表現します。※I play piano. のように、実際の会話では無冠詞で用いるネイティブも増えています。ただし、目の前に楽器があるような状態で「それを弾いてよ」という状況では、the ＋楽器が原則です。**（訳：私の父はギターを弾きます）**

04. a glass of ...「コップ一杯の…」。water は不可算名詞で単数・複数の概念がないため、このままでは量の程度を示すことはできず、あえて数えるときは a glass of などの表現を利用します。glass は可算名詞で、問題では単数形になっていますから無冠詞ではなく「1杯」を意味する a を用いましょう。**（訳：私は今朝、コップ1杯の水しか飲んでいません）**

05. 主語を省略し動詞の原形で始める命令文。「命令」や「依頼」の場合、何かを指して「命令」あるいは「依頼」していると考えられますので、特定ニュアンスの定冠詞 the を用いるのが自然です。cf. Will you pass me the salt, please?（塩を取ってくれませんか？）**（訳：門を閉めてください）**

06. 母音（a/i/u/e/o）で始まる名詞の前は a ⇒ an になります。hour の発音は [áuər]。h の発音が脱落して母音で始まるので注意しましょう。文意より（ ）には共に「1」を意味する a/an を入れましょう。**（訳：1キロには 1000 メートルあり、1時間には 3600 秒あります）**

F

01. I love cats. / I like cats <u>very</u>[so] much. cats ⇒（△）a cat

02. I was washing my shirt(s).

03. They were very kind to me.

04. That garden is beautiful.

05. My daughter goes to school by bus.

01.「大好き」は like ... <u>very</u> much または love ... で表現します。またネコ全般を対象とした話ですから無冠詞の複数形 cats を目的語とします。a cat としても文法的には問題ありませんが、あまりこのような言い方はしません。

02.「…していました」は過去進行形 was/were Ving です。過去における一時的な動作を示したものですね。

03. 具体的な動作を表さない場合は be 動詞を用います。ここでは主語が複数であり過去ですから were ですね。また「…に親切だ」は be kind to ... と、前置詞は for ではなく to を用いることに注意しましょう。

04.「あの…」は指示代名詞 that で表現できます。名詞 garden を修飾する形容詞のような働きです。that や this は名詞用法で主語として用いることも可能です。cf. <u>That</u> is a beautiful garden.（あれは美しい庭です）

05. My daughter ＝ She と3人称単数形ですから、動詞は語尾に s（ここでは es）を付けた形の goes になりますね。「学校に行く」は無冠詞で go to school と表現できます。また前置詞 by「…で」を用いて交通手段を表現する場合も慣用表現として無冠詞です。by bus「バスで」、by train「電車で」など。

Section1 中2レベル / Answer Key

A

01. We enjoyed (**staying**) with our host family.

02. She cannot afford to buy it (**because**) she is a student.

03. There (**were**) lots of things (**to do**) this morning.

04. I'm not good at (**remembering**) birthdays.

05. (**Whose**) dirty socks are these?

---

01. enjoy ＋ Ving「…するのを楽しむ」。enjoy は動名詞を目的語にし、不定詞は NG です。**（訳：私たちはホストファミリーとの滞在を楽しみました）**

02.「原因・理由」を示す英文のカタマリ（節）を作る接続詞 because「なぜなら…」。「結果」を受けて「原因・理由」を because 以下で表しています。so は「だから…」という意味で「結果」を導く接続詞です。afford は他動詞で can/can't afford to Vg で「…する余裕が<u>ある</u>/<u>ない</u>」という意味です。**（訳：彼女はそれを買う余裕がありません、なぜなら学生だからです）**

03. there was/were ...「…があった、…がいた」構文です。be 動詞の後ろが真の主語で、ここでは lots of things と複数形ですから be 動詞は were になります。was は単数形の主語を受ける形です。また不定詞 to do「するべき…」が形容詞的用法として名詞 lots of things を修飾しています。名詞をより詳しくするのが形容詞の働きの1つですね。**（訳：今朝はするべきことがたくさんありました）**

04. 前置詞は名詞とセットになりますから動詞に名詞機能を持たせた動名詞 remembering にします。※ be good at ...：…が得意である **（訳：私は誕生日を覚えるのが苦手です）**

05.「所有者」を尋ねる疑問詞 whose「誰の…」を用いた疑問文です。whose ＋ ...（名詞）「誰の…（名詞）」で1セットです。These are <u>his</u> dirty socks.（これらは彼の汚れた靴下です）の下線部の所有格部分を whose で尋ねた形です。**（訳：これらは誰の汚い靴下ですか）**

B

01. We (**must**) do better.

02. A friend (**of**) mine wants to see you.

03. (**How**) (**many**) hours can you work?

04. (**I'll**) be (**there**) by 7 p.m.

05. You (**don't**) (**have**) (**to**) borrow money.

06. (**Making**) music is hard work.

07. (**It**) is normal (**for**) babies (**to**) wake up in the night.

08. I'm (**going**) (**to**) see my friend tomorrow.

09. (**Where**) are you (**going**)?

10. The class starts (**in**) January.

01.「…しなければならない」は助動詞 must [have to] ＋ Vg で表現します。better は well の比較級です。

02.「所有」「所属」を表現する前置詞 of です。A of B「B の A」「B に属する A」と押さえましょう。ここも、p.15 の問題 D の 04. と同じく、「僕の友人の1人」を（×）A mine ... とは表せないため、この形になっています。want to Vg は「…したい（と思う）」で不定詞 to Vg が名詞的用法として want の目的語になった形です。

03.「数」を尋ねる How many ＋複数名詞「どれくらいの…」です。可算名詞に用います。hour「時間」は可算名詞で many に修飾され複数形になります。ちなみに不可算名詞の「量」を尋ねる場合は、「How much ＋不可算名詞」を用います。

04. I'll ＝ I will。未来の予定や計画を表現する助動詞 will Vg「…するつもり」「…だろう」です。「そこ」は副詞 there ですね。また前置詞 by は「期限」を示し「…までに」という意味です。

05. 「…する必要はない」は don't have to Vg または needn't Vg / don't need to Vg で表現します。

06. make の動名詞 making を主語にした形です。

07. It is ~ for 人 to Vg 「(人) にとって…するのは~だ」構文です。これは to Vg を後ろに回し、形式主語 it を用いたものです。不定詞の意味上の主語は for で示します。このように、通常は不定詞を文頭で主語として使わず、形式主語の it 構文にするか動名詞を主語に用います。

08. 「…する予定だ」は be going to Vg を用います。予定や計画の準備がすでに整っているニュアンスのため will よりも確定度が高くなります。

09. 「場所」を尋ねる疑問詞 where 「どこ」を用いた疑問文です。ここではまさに今行われている出来事を示す、現在進行形が使われています。

10. 「月」を示す前置詞 in です。日本語の「から」より from と勘違いしないように注意しましょう。

C

01. I'll (show you how to use) this computer.

02. (Would you like some tea or) coffee?

03. (I won't be back till) the 3rd of October.

04. (This system was named EZS).

05. (I decided not to go) after all.

06. He (was cooking in the kitchen when I came) home.

01. show O₁ O₂ 「O₁ に O₂ を見せる、教える」。この O₂ に「疑問詞＋不定詞 (to Vg)」表現を用いた形です。how to Vg で「…のやり方」という意味になります。この疑問詞 how は「方法」「手段」を尋ねるものです。**(訳：あなたにこのコンピューターの使い方を教えましょう)**

02. Would you like O ...? 「…はいかがですか」はとても丁寧に相手に何かを勧める表現です。or は「選択」を示す接続詞で A or B 「A、それとも B か」という意味です。**(訳：お茶かコーヒーはいかがですか)**

03. 「継続」ニュアンスの前置詞 till[until]「…まで」です。by は「期限」を示し「…までに」という意味ですから注意しましょう。**(訳：10 月 3 日まで私は戻りません)**

04. 受け身 be Vpp 「…される」表現です。(We[They]) named this system EZS (このシステムを EZS と名づけた) の this system を主語にして受け身にした形です。このように、受け身は目的語が主語になります。**(訳：このシステムは EZS と名づけられました)**

05. decide to Vg 「…すると決める」、この不定詞で示された動詞部分のみを否定する場合は、not to Vg にします。decide not to Vg 「…しないと決める」。※ after all：結局 **(訳：私は結局行かないことに決めました)**

06. 過去における同時進行を表現する S was/were Ving ... when S' V'ed 「S' が…したとき、S は…していた」。when の出来事が起こったときに、同時に進行していた出来事を過去進行形で表現したものです。**(訳：私が帰宅したとき、彼はキッチンで料理をしていました)**

D

01. (a) Her daughter looks older than I do.
　　(b) I look (younger) than her daughter.

02. (a) She likes to exercise.
　　(b) She likes (exercising).

03. (a) Lake Tekapo is the most attractive spot around here.
　　(b) Lake Tekapo is (more) attractive than (any) other spot around here.

04. (a) I was scolded by the teacher the other day.
　　(b) The teacher (scolded) (me) the other day.

05. (a) Don't smoke here.
　　(b) You (must[can/may]) not smoke here.

01. -er than ~「～より…だ」の比較表現です。than で示される比較対象と主語の位置を変えると比較ポイント（old）が反対（young）になります。英文（a）の than の後ろは I do の代わりに me でも構いません。訳：(a)（彼女の娘は私よりも年上に見えます）(b)（私は彼女の娘よりも若く見えます）

02. like は不定詞・動名詞どちらでも目的語にすることができます。不定詞 to exercise を動名詞 exercising にすれば正解です。訳：(a)（b)（彼女は運動するのが好きです）

03. the most ＋原級（形容詞・副詞）で「もっとも…だ」という最上級の意味になります。問題は比較級を用いて最上の意味を表現したものです。more ＋形容詞・副詞 than any other ＋単数名詞「どんな（名詞）よりも…だ」。肯定文で用いる any には「どんな」という意味があります。訳：(a)（テカポ湖はこのあたりでは最も魅力的なスポットです）(b)（テカポ湖はこのあたりでは、どのスポットよりも魅力的です）

04. 受け身から能動態に言い換えたものです。受け身の主語が能動態の目的語に、by の後ろが主語になると考えます。※ the other day：先日、この前　訳：(a)（私は先日、先生に叱られました）(b)（先日、先生は私を叱りました）

05. 否定の命令文 Don't Vg「…するな」の言い換え must not Vg「…してはいけない」です。must「…しなければならない」に not を加えると禁止ニュアンスになることがポイントです。また、must の代わりに「…してもよい」という「許可」ニュアンスの can/may を用いても OK です。※ may を用いたほうがフォーマルになります。訳：(a)（ここでタバコを吸うな）(b)（ここでタバコを吸ってはいけません）

E

01. It will rain <u>tonight</u> [<u>this evening</u>]. / <u>It's</u> [<u>It is</u>] going to rain <u>tonight</u> [<u>this evening</u>].

02. I sometimes forget to check <u>it</u>[<u>that</u>]. ※ sometimes は文頭・文末でも可能

01.「雨が降るだろう」という先の予想は will Vg または be going to Vg を用います。will はより客観的な予想、気持ちを示し、be going to は実際の空模様から確信を持った判断を示します。また「雨が降る」は訳出しない形式的な it を主語にして it rains と表現します。これに未来表現を当てはめた形を作りましょう。

02.「…するのを忘れる」は forget to Vg で表現します。一方、forget Ving は「…したのを忘れる」です。不定詞は「未来」「未完了」、動名詞は「過去」「完了」のニュアンスと押さえておきましょう。「時々」は頻度を示す副詞 sometimes で、通常は一般動詞の前に置きますが文頭、文末でも構いません。

F

01. His book wasn't as <u>useful</u>（× more useful）as my dictionary.

02. How old <u>are</u>（× do）you?

03. Please remember <u>to post</u>（× posting）your comments. We would like to read your feedback.

01. 同等比較の否定表現 not as ... as ~「～ほど…ではない」。as の間は形容詞・副詞の原級（何も変化しない形）を用いますので比較級 more useful は誤りです。肯定文にすると as ... as ~「～と同じくらい…」という意味になります。否定文とのニュアンスの違いを押さえておきましょう。（訳：彼の本は私の辞書ほど役に立ちませんでした）

02. You are ... years old の下線部を疑問詞 how で尋ねたもので、動詞は be 動詞を用いますから do は誤りです。how old で年齢を尋ねる形になります。（訳：あなたはおいくつですか）

03. E の 02. 参照。同様に remember Ving「…したことを覚えている」は過去のニュアンスになり問題の文脈に合いません。remember to Vg「…することを覚えている」と未来ニュアンスにしましょう。※［他動詞］post：…を書き込む、would like to Vg：…したい（のですが）、［名詞］feedback：評価、意見（訳：あなたのコメントを投稿することを覚えておいてください。私たちはあなたの感想を読みたいのです）

Section 1 中３レベル / **Answer Key**

A

01. I've already (**learned**) so much about myself.

02. This is the Christmas present (**given**) to me last year.

03. It was very kind (**of**) you to help me with my paper.

04. The computer should (**be checked**) for viruses.

05. There were people (**who**) could speak some Japanese.

06. I (**watched**) the movie last night.

07. You are busy, (**aren't**) you?

08. The people (**working**) for this company (**are**) well educated.

01.「完了」用法の現在完了形 have Vpp「…した」「…してしまった」です。already は「すでに」という意味の副詞で、この完了用法でよく用いられます。疑問文・否定文では already の代わりに yet を用い、疑問文では「もう」、否定文では「まだ（…ない）」という意味です。※［名詞］much：多くのこと（肯定文では通常 much ではなく a lot (of) が使われます。much 単体では、通常、否定文または疑問文で用いられますが、so などに修飾されると肯定文でも使われます）（**訳：私はすでに自分自身のことについて、とてもたくさんのことを学びました**）

02. 名詞を修飾する過去分詞の形容詞用法。given to me「私に与えられた」が１つの形容詞句となっています。分詞１語であれば前から名詞を修飾しますが、問題のように２語以上になれば後ろから修飾します。現在分詞にも形容詞用法がありますが、今回の文のように、名詞と分詞の関係が受け身 the Christmas present was given to me（クリスマスプレゼントは私に与えられた）の関係であれば、過去分詞になります。（**訳：これは去年私に贈られたクリスマスプレゼントです**）

03. It is ~ of 人 to Vg「（人）が…するなんて～だ」。この構文では不定詞の意味上の主語として「for/of ＋人」を用いることができます。「人」と「～」部分を be 動詞で結び付けて文意がズレなければ、of になります。（○）You were very kind（あなたはとても親切だった）※ help O with ...：…のことで O を手伝う、助ける（**訳：私の論文を手伝ってくれるなんて、君はとても親切でした**）

04. 助動詞＋受け身（be Vpp）の表現です。助動詞の後には動詞の原型がくるため、checked は間違いです。the computer は「（人によって）…される」立場ですから should check the computer の the computer を主語にした受け身と考えます。should は当然のニュアンスで「…するべきだ」という意味です。（**訳：そのコンピューターはウィルスチェックをされるべきです**）

05.「人」を先行詞とする主格の関係代名詞 who を用いたものです。There were people（⇒先行詞）. と The people（⇒ who）could speak some Japanese. を、関係代名詞を用いて１つにした形です。先行詞＋主格の関係代名詞＋V' ... の語順になります。（**訳：日本語を少し話すことができる人たちがいました**）

06. 過去における動作を示す過去形。last night（昨夜）のように過去の一時点を明確にする副詞と現在完了形は一緒に用いることができません。現在完了形は「時間の幅」を示すニュアンスがあるため、過去の一時点に限定することができないからです。（**訳：僕は昨夜、その映画を見ました**）

07.「念押し」「確認」を表現する付加疑問文（動詞＋代名詞の主語）です。主節（You are busy）の動詞が肯定形であれば反対の否定形を用います。ちなみに動詞が一般動詞であれば do/does を用いた形になります。cf. Kenta speaks English, doesn't he?（ケンタは英語を話しますよね）（**訳：君は忙しいんだよね**）

08. 問題 02. と比較。現在分詞が後ろから名詞（The people）を修飾したものです。主語は The people と複数ですからそれを受ける be 動詞は are ですね。名詞と現在分詞の意味上の関係は、the people are working または the people work になります。※ be well educated：十分に教育を受けた、教養のある（**訳：この会社で働いている人たちは十分に教育を受けています**）

B

01. (a)The watch was too expensive for me to buy.

(b)The watch was (**so**) expensive that I (**couldn't**) buy it.

02. (a)I went to New Zealand two years ago.

　　(b)I have（ **been** ）to New Zealand before.

03. (a)Who is that man who is talking on the phone?

　　(b)Who is that man（ **talking** ）（ **on** ）the phone?

04. (a)We had a lot of fun during our stay in New York.

　　(b)We had a lot of fun（ **when[while]** ）（ **we** ）were（ **staying** ）in New York.

05. (a)I have a pet whose tail is long.

　　(b)I have a pet（ **with** ）a（ **long** ）tail.

06. (a)Aya went to Paris two months ago, and she is still there.

　　(b)Aya（ **has** ）（ **been** ）in Paris（ **for** ）two months.

07. (a)This is a letter my wife wrote to her father.

　　(b)This is a letter（ **written** ）by my wife（ **to** ）her father.

01. too 形容詞・副詞 for 人 to Vg「(人)にとってあまりに～すぎて…できない」構文。不定詞で用いた他動詞（buy）の目的語が主語（The watch）になっています。形式主語の it を用いて It was too expensive for me to buy the watch. としても OK です。見た目は肯定ですが意味的には否定になるのが特徴です。これを言い換えると so 形容詞・副詞 that S' can't V'g「とても～で S'は…できない」となります。**訳：(a)（その時計は私にとってあまりに高すぎて買えませんでした）(b)（その時計はとても高かったので、私には買えませんでした）**

02. 「2年前に行った」という過去の出来事を「以前に行ったことがある」というニュアンスで言い換えたものが英文(b)です。have been to ... で「…に行ったことがある」という経験用法の現在完了形になります。**訳：(a)（私は2年前にニュージーランドに行きました）(b)（私は以前、ニュージーランドに行ったことがあります）**

03. 主格の関係代名詞節（who is talking on the phone）を現在分詞の形容詞句で言い換えたものです。関係代名詞節も先行詞である名詞を修飾する形容詞のカタマリ（形容詞節）ですから、同じ働きをする分詞で言い換えることができます。**訳：(a)(b)（電話で話をしているあの男性は誰ですか）**

04. 前置詞 during「…の間」を接続詞 when[while] S' V'「S'が…するときに[する間に]」で言い換えたものです。前置詞の後ろは名詞（our stay）ですが接続詞の後ろは「主語＋動詞」が続きます。**訳：(a)（ニューヨークでの滞在期間にたくさん楽しいことがありました）(b)（ニューヨークで滞在しているとき[間]にたくさん楽しいことがありました）**

05. 所有格の関係代名詞 whose を用いた英文を、having の意味を持つ前置詞 with で言い換えたものです。前置詞の後ろは名詞になりますので a long tail「長いしっぽ」と関係代名詞節内の語順と違うことに注意しましょう。英文(a)は I have a pet. Its tail is long. の下線部を whose に変えて1つにしたものです。**訳：(a)（私はしっぽが長いペットを飼っています）(b)（私は長いしっぽを持つペットを飼っています）**

06. 「2か月前に行って、まだそこにいる」を現在完了形の継続用法で言い換えたものです。have Vpp ... for ~「～の間ずっと…だ（している）」。be in ... で「…にいる」と存在を表現できますので、これを現在完了形 have been in にすればいいですね。※[副詞] still：まだ　**訳：(a)（アヤは2カ月前にパリに行き、今もそこにいます）(b)（アヤは2カ月間パリにいます）**

07. 英文(a)は目的格の関係代名詞が省略されたものです。_SThis _Vis _Ca letter M {(_Othat) _Smy wife _Vwrote _{M'}to her father}. これを過去分詞で言い換えたものが英文(b)です。a letter written to her father は a letter was written to her father（手紙は彼女の父に宛てられたものだ）と受け身の関係になっています。**訳：(a)（これは私の妻が父親に宛てて書いた手紙です）(b)（これは私の妻によって父親に宛てて書かれた手紙です）**

C

01. She（ **has** ）just（ **left** ）for London.

02. （ **There** ）（ **must** ）be a good reason for it.

03. The ice wasn't thick（ **cnough** ）（ **to** ）support his weight.

04. Look at that（ **moving** ）（ **shadow** ）.

05. We（ **have** ）（ **never** ）talked to each other.

06. Switzerland is one of the countries（ **I** ）（ **want** ）（ **to** ）visit.

　　/ Switzerland is one of the countries（ **I'd** ）（ **like** ）（ **to** ）visit.

01. 「…したところだ」は現在完了形 have Vpp の完了用法で表現できます。この完了用法でよく用いられるのが just「ちょうど」、already「すでに」、yet「(疑問文) もう、(否定文) まだ」ですね。※ leave for ...：…に向けて出発する

02. 「…がある」は There is/are ... 構文です。これに「…のはずだ」と強い推量用法のある must を用いた形です。There must be ...「きっと…があるはずだ」という意味ですね。※ reason for ...：…に対する理由

03. 不定詞を用いた enough 表現。語順に注意が必要で、形容詞・副詞＋ enough to Vg「…するだけ (ほど) 十分な (形容詞・副詞)」となります。名詞を用いた場合は、enough 名詞 to Vg と語順が変化しますので注意しましょう。cf. enough money to build a house（家を建てるほど十分なお金）

04. 「動いている…」は move（動く）の現在分詞 moving で表現します。分詞 1 語の場合は名詞の前に置かれます。※ [名詞] shadow：影

05. 「一度も…したことがない」は現在完了形 have Vpp の経験用法です。ここでは完全否定の never「一度も…ない」を用いて表現します。※ talk to ...：…に話し掛ける

06. _SSwitzerland _Vis _Cone of the countries _M{(_Othat) _SI _Vwant to[would like to] visit}.
「国」に「私が訪れたい」という説明がつながっていますから、関係代名詞を用います。「私が訪れたい」には SV が含まれていますからその時点で目的格の関係代名詞（その省略）かな、と見当をつけましょう。実際に visit の目的語が抜けていますからそれを関係代名詞にし、さらに省略した形ですね。また one of ...「…のうちの 1 つ」には必ず複数名詞を用いることにも注意しましょう。

D

01. You'll（find it difficult to be）a good leader.

02.（I bought some books for）my son.

03.（The girl we met at the party was）really shy.

04.（Have they found a new house yet）?

05. This（is a new computer that was made in China）.

01. find it ~ to Vg「…することは~であると気づく (分かる)」。find は find O C「O が C と気づく (分かる)」という表現がありますが、この O に不定詞 (to Vg) は置けないというルールがあり、そこで形式目的語 it（訳出しません）を用いて不定詞部分のみを後ろに回したものが今回の問題です。本当の目的語は不定詞 (to be a good leader) であることがポイントです。**(訳：あなたは良いリーダーになることが難しいと分かるでしょう)**

02. buy O for 人「(人) に O を買ってあげる」。buy は buy O₁ O₂「O₁ に O₂ を買ってあげる」という語順も取れます。O₁（人）を後ろに回した場合は前置詞 for を伴うことに注意しましょう。**(訳：僕は息子に何冊か本を買ってあげました)**

03. _SThe girl M {(_Owho[that]) _Swe _Vmet _Mat the party} _Vwas _Creally shy.
骨組みを先につかめるかがポイントです。この場合は、The girl was really shy.（その女の子は本当にシャイだった）という文型をまずつかみます。その上で、the girl を先行詞として関係代名詞節（問題では目的格の関係代名詞が省略されています）we met at the party（私たちがパーティーで出会った）をつなげましょう。**(訳：私たちがパーティーで出会ったその女の子は本当にシャイでした)**

04. 現在完了形 have Vpp で完了用法の疑問文です。現在完了の疑問文は have/has のみを主語の前に移動させれば OK でしたね。be 動詞と同じ要領です。疑問文における yet は文末に置いて「もう…したか」という意味になります。**(訳：彼らはもう新しい家を見つけましたか)**

05. a new computer を後ろから修飾する関係代名詞 that を用いた節です。that was made in China が 1 つの形容詞のカタマリになったものですね。This is a new computer（⇒先行詞）. It（⇒ that）was made in China. を 1 つにした形です。関係代名詞節（that was made in China）を丸ごと過去分詞 made in China（中国で作られた…）とシンプルに言い換えることも可能です。**(訳：これは中国で作られた新しいコンピューターです)**

E

01. If it rains tomorrow, I won't[will not] go shopping. / I won't[will not] go shopping if it rains tomorrow.

02. I have already had[eaten/finished] breakfast.

01. 「明日雨なら」は if を用いた条件節で if it rains tomorrow と表現します。（×）if it will rain tomorrow。条件や時を示す副詞節（主節を除いたサブ的な英文）は実際の「時制」を意識しているわけではありませんので、未来の意味でも will などを用いる必要はありません。このルールが適用される副詞節を作る接続詞として when「…する時」と if「もし…なら」は最低限覚えておきましょう。「買い物に行く」は go shopping と表現します。go Ving で「…しに行く」という一種の慣用表現になっています。「…するつもりはない」は won't ［＝ will not］ で表現できます。be not going to でも文法的には問題ありませんが、「買い物に行かない」ということが will よりもより明確になります。話し手にもよりますが、「もう心を決めた」という感じです。

02. 「すでに…してしまった」は現在完了形 have Vpp の完了用法に already「すでに」を用いて表現します。

F

01. I don't know when she **will be**（× is）back.

02. Though[Although]（× But）she was tired, she kindly took me there. / She was tired, <u>but she kindly took me there</u>.　※ but の位置を変える

03. I like someone who <u>has</u>（× have）a good sense of humor.

---

01. ₛI ᵥdon't know ₒwhen she will be back.
この when 節は know の目的語となる名詞節ですから時制に合わせた変化、つまりここでは will be back にする必要があります。この英文では副詞節であれば、未来でも現在形という E の 01. でチェックしたルールは適用されません。... when she's coming back とも言います。

02. but を用いるのであれば、... but she kindly took me there.「…、しかし親切に私をそこへ連れて行ってくれました。」としなければなりません。あるいはそのままの位置で but を <u>though[although]</u>「…だけれども」とします。用いる接続詞がどんな内容を導くのかをしっかりと押さえておきましょう。

03. who 以下は主格の関係代名詞節で someone を先行詞とします。関係代名詞節内の動詞はこの先行詞によって変化します。someone は 3 人称単数（He/She）扱いになりますから have は has にしなければなりません。主格の関係代名詞の場合はその関係代名詞自体を取り除いたときに文法的に正しい形になっているかを確認する必要があります。（○）someone has a good sense of humor　（×）someone have a good sense of humor　※ sense of humor：ユーモアのセンス

---

p. 023-027

Section1 総まとめ / **Answer Key**

A（3点×7）

01. I had a cheeseburger for lunch.（ **The** ）cheeseburger wasn't very good.

02. Heat the pan on the kitchen stove（ **to boil** ）the water.

03. My father showed me how（ **to remove** ）the SIM card.

04. It was（ **harder** ）than I expected,（ **but** ）I didn't give up.

05. I saw the lady who（ **was crossing** ）the street.

06. These days he（ **teaches** ）three classes a day.

---

01. 不定冠詞 a/an は新情報を示し、周知の事実（旧情報）になると定冠詞 the「その…」に変化します。※ not very ...：あまり…ない（**訳：私は昼食にチーズバーガーを食べました。そのチーズバーガーはあまり美味しくありませんでした**）

02. 「目的」を表現する不定詞の副詞的用法「…するために」です。※［他動詞］heat：…を熱する、［他動詞］boil：…を沸かす（**訳：お湯を沸かすために、ガスレンジの鍋を温めて**）

03. 「疑問詞＋不定詞（to Vg）」が１つの名詞句となり目的語になった形。ここでは show O₁ O₂「O₁ に O₂ を教える」の O₂ になっています。文法的には tell で言い換えることができますが、実際に方法を見せながら教える場合は show を用いるのが普通です。how to Vg で「…の仕方」と押さえておきましょう。※［他動詞］remove：…を取り外す、取り除く（**訳：私の父は私に SIM カードの外し方を教えてくれました**）

04. 比較級 -er than S' expected「S' が思っていたよりも…」。文意より逆接の接続詞 but「〜でも…」が適切です。※［他動詞］expect：…を予測する、give up：あきらめる（**訳：私が思っていたよりもそれは困難でしたが、あきらめませんでした**）

05. 主格の関係代名詞 who ＋過去進行形。次の英文を１つにしたものです。I saw the lady（⇒先行詞）.（私はその女性を見た）＋ The lady（⇒ who）was crossing the street.（その女性はその通りを渡っていた）。関係代名詞を用いるとその後ろの英文は主語または目的語などが抜けた英文になります。ここでは主語が抜けた代わりに who が主格の関係代名詞として機能しているわけですね。who がなければ現在分詞 crossing も文法的に OK です。cf. I saw the lady crossing the street.（**訳：私はその通りを渡っているその女性を見ました**）

06. 現在形で現在の習慣を示したものです。主語が３人称単数形（He/She/It など）であれば、動詞に s が付く変化が生じます。these days（最近は）は主に現在形で用いられる副詞です。※ a day：一日につき（**訳：最近、彼は１日３クラスを教えています**）

B（3点×9）

01. I was very thirsty, but there（ **was** ）no water in the bottle.
02. Will you stop（ **staring** ）at me?
03. It will（ **be** ）sunny next week.
04. Where（ **were** ）you last night?
05. Potatoes（ **baked** ）in the oven taste great.
06. Arisa has（ **known** ）Akiko for a long time.
07. What language is（ **spoken** ）in your country?
08. I'm very interested in（ **riding** ）a motorcycle.
09. That（ **smiling** ）girl is his daughter.

01. there be 動詞 …「…がある、いる」構文ですね。「…」部分に単数名詞または不可算名詞が来ると be 動詞は必ず is/was になります。water は不可算名詞であり、前の英文より過去形と判断し there was の形が正解です。※［形容詞］thirsty：のどが渇いた、［名詞］bottle：ビン（**訳：私はとてものどが渇いていましたが、ビンに水がまったくありませんでした**）

02. stop は動名詞を目的語にします。stop Ving「…するのを止める」。stop to Vg の不定詞は目的を示す副詞的用法で「…するために立ち止まる」という解釈です。Will you … ? は「…してくれませんか」とカジュアルに相手にお願いをする表現ですね。※ stare at … ：…をじっと見る（**訳：私のことをじろじろ見るのは止めてくれませんか**）

03. 助動詞 will で客観的な天気の予想を表現したものです。助動詞の後ろは動詞の原形ですから be のままで OK です。※［形容詞］sunny：晴れの（**訳：来週は晴れでしょう**）

04. last night「昨夜」より be 動詞の過去形と判断できます。主語が you ですから were ですね。この be 動詞は存在「（…に）いる」を示すものです。（**訳：昨日の夜はどこにいましたか**）

05. 過去分詞を用いた baked in the oven が形容詞のカタマリ（形容詞句）となって名詞 Potatoes を後ろから修飾した形です。過去分詞を用いる場合、名詞と過去分詞の関係が受け身になります。potatoes are baked（ジャガイモは焼かれる）※［他動詞］bake：…を焼く、［名詞］oven：オーブン、［自動詞］taste：…の味がする（**訳：オーブンで焼いたジャガイモはとても美味しいです**）

06. 現在完了形 have Vpp の継続用法「ずっと…している」です。know の過去分詞 known とすれば正解です。※ for a long time：長い間（**訳：アリサはアキコとは長い付き合いです**）

07. 無生物主語を用いた受け身 be Vpp「…される、…られる」です。What language（何語）が主語になっており、言語は人によって話されるという受け身関係ですから speak の過去分詞 spoken にしましょう。（**訳：あなたの国では何語が話されていますか**）

08. 前置詞 in の目的語となる動名詞 Ving「…すること」です。前置詞の後ろは「前置詞の目的語」と見なされます。

目的語になるのは名詞のみですから他動詞 ride「…に乗る」は動名詞 riding にして名詞機能を持たせましょう。※ be interested in ...：…に興味がある **（訳：私はオートバイに乗ることにとても興味があります）**

09. 問題 05. と比較。名詞 girl「女の子」を前から修飾する現在分詞 smiling「微笑んでいる…」です。分詞は形容詞として名詞を修飾できます。分詞 1 語の場合は本来の形容詞と同じように前から名詞を修飾しますが、2 語以上のカタマリになれば問題 05. のように後ろに移動します。位置もしっかり復習しておきましょう。**（訳：あのニコニコしている女の子は彼の娘です）**

C（3点×7）　※スペルミス1つにつき1点減点

01. She isn't running.

02. I had to repeat the course.

03. These books are yours.

04. What did Tomoko receive?

05. How much (money) does he need to pay all the debts?

06. They were looking for him yesterday.

07. Those cups were broken by Hiroshi.

01. 現在進行形 be Ving の否定形。run のように語尾が「短母音＋子音」の場合、running と最後のアルファベットを 2 つ重ねて ing ですね。**（訳：彼女は走っているところではありません）**

02. 助動詞 must「…しなければならない」に過去形はないため、must をまず have to Vg に言い換え had to Vg にします。※［他動詞］repeat：…を繰り返す、もう一度する **（訳：私はもう一度そのコースを受講しなければなりませんでした）**

03. 名詞 book の複数形は books ですね。books を修飾する this「この…」も複数形 these「これらの…」にし、さらに books が主語ですから、それに合わせて動詞も変化します。主語が複数の場合の be 動詞は are ですね。※［所有代名詞］yours：あなた（たち）のもの **（訳：これらの本はあなた[あなたたち] のものです）**

04. 物事の内容を尋ねる疑問詞 what「何を」を用いた疑問文。received より過去形と判断し、その疑問文は did を用いた形になります。疑問文や否定文では動詞は原形に戻ることもポイントですね。※［他動詞］receive：…を受け取る **（訳：トモコは何を受け取りましたか）**

05. 「量」の程度を尋ねる How much ＋名詞「どれくらいの…」です。money のような不可算名詞の「量」を尋ねる場合は how much、books のような可算名詞の「数」を尋ねる場合は how many となります。how much だけで「金額」を尋ねることができますので how much money の money は通常省略します。後ろの不定詞（to pay ...）は「…するために」という意味で目的を示す副詞的用法ですね。※［他動詞］pay：…を支払う、［名詞］debt：借金 **（訳：すべての借金を返済するのにいくら［どれくらいの金額が］彼は必要ですか）**

06. 目的格の代名詞 him。Mr. は「男性」を示します。前置詞の後ろの名詞は「前置詞の目的語」と見なされるため、代名詞は目的格の形にしなければなりません。主格 he ⇒ 目的格 him　※ look for ...：…を探す **（訳：彼らは昨日彼を探していました）**

07. 受け身は他動詞の目的語を主語にして be Vpp とした形です。those cups が目的語ですからこれを主語にした受け身にしましょう。broke より過去時制と判断し、さらに主語が複数形になるため be 動詞は were になることも注意です。動作主を示す by ...「…によって」の後ろには元の主語を用いましょう。ただし動作主が代名詞の場合は省略されるのが普通です。Those cups were broken (by him). ※［他動詞］break：…を割る、壊す **（訳：あれらのコップはヒロシに割られました）**

D（3点×9）　※1つミス（スペルミスを含む）につき1点減点

01. (a)I went to a bookstore because I wanted to buy a new magazine.
(b)I went to a bookstore（ **to** ）（ **buy** ）a new magazine.

02. (a)I didn't work as hard as you.
(b)You（ **worked** ）（ **harder** ）than I did.

03. (a)What do you call this flower in English?
(b)What is this flower（ **called** ）in English?

04. (a)This is the house built by my uncle.

(b)This is the house (that) was (built) by my uncle.

05. (a)Having a dream is very important for us.

(b) (It) (is) very important for us (to) (have) a dream.

06. (a)Tomoko is in Canada now.

(b)Tomoko has (gone) to Canada.

07. (a)I couldn't study at all because I was very sleepy.

(b)I was very sleepy, (so) I couldn't study at all.

08. (a)He gave her a biscuit.

(b)He gave a biscuit (to) her.

09. (a)My sister sings well.

(b)My sister (is) a (good) (singer).

---

01. 英文（a）の内容より「本屋に行った目的」を表現する不定詞 to Vg で言い換えたものです。※［名詞］bookstore：本屋、［名詞］magazine：雑誌　**訳：(a)（私は本屋に行きました。なぜなら新しい雑誌を買いたかったからです）(b)（私は新しい雑誌を買うために、本屋に行きました）**

02. 英文（a）not as 形容詞・副詞 as ...「…ほど〜ではない」より「you のほうが一生懸命に働いた」という事実が分かります。そこで英文（b）では you が主語になっているため、比較級を用いて「より一生懸命に働いた」と肯定文（否定でも疑問でもない普通の英文）で言い換えることができます。**訳：(a)（私はあなたほど一生懸命に働きませんでした）(b)（あなたは私よりも一生懸命に働きました）**

03. 無生物を主語にした受け身表現です。英文（a）は call OC「O を C と呼ぶ」の C を what で尋ねた形になっています。この英文の O（＝ this flower）を主語にして受け身表現で言い換えたものが英文（b）になります。前置詞 in は言語の手段を示します。in English「英語で」（×）by English　**訳：(a)（あなたはこの花を英語で何と呼びますか）(b)（この花は英語で何と呼ばれていますか）**

04. 過去分詞を用いた形容詞句を主格の関係代名詞 that を用いた形容詞節で言い換えたものですね。主格の関係代名詞の場合はそれ自体が主語になりますから「先行詞＋関係代名詞（＝ S'）＋ V'」の語順になります。次の2文を1つにしたものですね。This is the house（＝先行詞）.（これは家です）＋ The house（＝ that）was built by my uncle.（その家はおじさんに建てられました）※［他動詞］build：…を建てる **（訳：これは私のおじさんに建てられた家です）**

05. 動名詞を用いた英文を不定詞の構文 It is 〜 for 人 to Vg「（人）が…することは〜だ」で言い換えたものです。英文（a）の主語 Having a dream「夢を見ること」は文法的には To have a dream と言い換えることができますが、頭デッカチになるため通常は to 不定詞を主語とせず、上記の構文で表現すると押さえておきましょう。for you は不定詞の意味上の主語で you have a dream「あなたは夢を見る」の関係になっています。**（訳：私たちにとって夢を見ることはとても大切です）**

06. have gone to ...「…に行ってしまった」、現在完了形の完了・結果用法で言い換えます。まだ帰国していない（she hasn't come back yet）ことを暗にほのめかした表現です。**訳：(a)（トモコは今カナダにいます）(b)（トモコはカナダに行ってしまいました）**

07. 接続詞 because と so の言い換えですが、導く内容が反対になっていることに注目しましょう。because は「結果」を受けてその「原因」「理由」を表現しますが、so は「原因」「理由」を受けてその「結果」がどうなったのかを表現します。※［形容詞］sleepy：眠い、not ... at all：まったく…ない　**訳：(a)（私はまったく勉強できませんでした。なぜならとても眠かったからです）(b)（私はとても眠かったので、まったく勉強できませんでした）**

08. give O₁ O₂「O₁ に O₂ を与える」の O₁ を前置詞 to を用いて移動させ SVO 文型で言い換えたものです。SVOO ⇔ SVO ＋前置詞 to/for ＋人 がポイントですね。この前置詞の使い分けは、1人ではその動作・行動が成立しない、つまり「相手」を必要とする他動詞は to、それ以外は for を用います。問題の give「与える」という行為は、相手がいなければその行為は成り立ちませんから to を用いるわけです。※［名詞］biscuit：ビスケット、クッキー**（訳：彼は彼女にビスケットをあげました）**

09.「上手に歌う」ということは「上手な歌手（歌い手）」ということです。一般動詞 sing を名詞 singer で言い換えることがポイントですね。**訳：(a)（私の姉［妹］は上手に歌います）(b)（私の姉［妹］は歌が上手です）**

E (3点×16) ※1つミス(スペルミスを含む)につき1点減点

01. She never (**reads**) (**novels**).

02. I'll check the message when I (**have**) (**finished**) my work.

03. She asked me (**not**) (**to**) (**help**) him.

04. My job is terrible. I hate (**it**).

05. (**How**) do you spell her name?

06. (**Don't**) bend your knees.

07. Our new office will open (**in**) April next year.

08. I (**studied**) (**nothing**) this afternoon.

09. Bottled water is (**better**) (**than**) tap water.

10. He was with a woman (**who**) was blind and deaf.

11. You (**should**) arrange for accommodations.

12. I'm very happy (**to**) see you again.

13. It (**can't**) be real.

14. (**Although[Though]**) I tried to hit a home run, it was (**too**) difficult.

15. The sun is (**much**) closer to us than (**any**) (**other**) star.

16. Satoshi (**has**) (**been**) to India many (**times**).

01. 否定の副詞 never「決して…しない」を用いた場合でも動詞は主語に合わせて変化します。ここでは3人称単数形 reads ですね。また特定の小説ではなく一般的な小説全般を示す場合は複数形 novels にします。ただし不可算名詞の場合は複数形がありませんので注意しましょう。

02. 時や条件を示す副詞節中では未来でも現在時制です。未来であることは主節の will より判断できます。さらに問題文は「仕事が済んだ」と完了ニュアンスですから、現在完了形 have Vpp にするのが自然です。※[他動詞] check：…を確認する

03. ask O not to Vg「Oに…しないように頼む」。不定詞の意味上の主語を挟み、さらに不定詞部分を not で否定にした形ですね。I did not help him(私は彼を手伝いませんでした)という意味上の関係になっています。

04. my job を言い換えた代名詞 it ですね。※[形容詞] terrible：ひどい

05. 「どのように」と「方法・手段」を尋ねる疑問詞 How です。※[他動詞] spell：…をつづる

06. 否定の命令文「…するな」は Don't Vg と表現します。※[他動詞] bend：…を曲げる、[名詞] knee：ひざ

07. 「月」を表現する前置詞 in です。

08. didn't study だと単に「勉強しなかった」という意味で問題の日本語に少し合いません。そこで代名詞 nothing「何も…ない」を目的語に用いる形にします。study nothing「何も勉強しない」を過去形にすれば正解です。

09. good の比較級 better です。※ bottled water：ペットボトルの水、tap water：水道水

10. 主格の関係代名詞を用いたものです。先行詞が a woman と「人」ですから who にします。次の2文を1つにしたものです。He was with a woman(=先行詞). (彼はある女性といた)、The woman (= who) was blind and deaf. (その女性は目と耳が不自由だった)※ be with ...：…と一緒にいる、[形容詞] blind：目の不自由な、[形容詞] deaf：耳が聞こえない

11. 「…するべきだ」は助動詞 should を用います。※ arrange for ...：…を手配する、[名詞] accommodation(s)：宿泊施設

12. 形容詞 happy を修飾する不定詞の副詞的用法です。to see が happy である「理由」「原因」を示しています。※[副詞] again：再び

13. 「…のはずがない」は can't be ... と表現します。強い否定の推量表現です。※[形容詞] real：本当の、現実の

14. 前後の流れから「…だけれども」と譲歩用法の接続詞 although[though] を用いて主節 (it was too difficult) につなげます。主節は too ~ to Vg「あまりに~で…できない」という否定ニュアンスの構文で it was too difficult (to do it) と to 以下が省略された形と考えましょう。これは it was so difficult that I couldn't do it(とても難しくて、僕はそれができなかった)に言い換えることができます。tried to Vg「…しようとした」は、問題文の主節内容のように、それができなかったことを暗に意味します。一方、tried Ving は「実際に…してみた」というニュアンスを表します。大切なポイントですので押さえておきましょう。※[他動詞] hit：…を打つ

15. 比較級で最上級ニュアンスの表現になっています。-er than any other ＋単数名詞「他のどの(名詞)よりも…だ」

で other の後ろは単数名詞になることもポイントです。much は比較級の強調で「はるかに」「ずっと」という意味で用いられます。※［形容詞］close：近い

16. have been to ...「…に行ったことがある」。現在完了形の経験用法「…したことがある」ですね。「何度も」は many times と表現します。「1回」once、「2回」twice、そして「3回」以上は three times のように数詞（基数詞）＋ times とします。

F（3点×8）※スペルミス1つにつき1点減点

01.（Can you fold your clothes）?
02.（How many dogs does he have）?
03. I（had something special to tell）you.
04.（He made me very uncomfortable）.
05.（Enough rooms are still available）now.
06.（What should I expect during）my interview?
07. This site（helped me very much when I was preparing）for the test.
08. I still sometimes（refer to the book I bought then）.

01.「…してくれませんか」とカジュアルに相手にお願いをする Can you ...? です。※［他動詞］fold：…をたたむ、名詞 clothes：（複数形で）衣服（訳：服をたたんでくれませんか）

02. C の 05. 参照。可算名詞 dogs の「数」を尋ねる場合は「How many ＋可算名詞の複数形（dogs）＋通常の疑問文」の語順にします。（訳：彼は何匹犬を飼っていますか）

03. 代名詞 something を後ろから修飾する形容詞的用法の不定詞です。名詞＋ to Vg で「…するための名詞」と解釈します。また something のように -thing の形を持つ代名詞を形容詞が修飾する場合は、形容詞が後ろに置かれます。（×）special something（訳：私はあなたに特別に話すことがありました）

04. make OC「O を C の状態にする」。この文型での他動詞 make は「…させる」という意味があります。前置詞は不要です。この文型では O ＝ C、つまり O is C ⇒ I was very uncomfortable（私はとても不快だった）の意味上の関係になっています。※［形容詞］uncomfortable：不快な、居心地の悪い（訳：彼は私をとても不快な気分にさせました）

05. SVC「S は C である」文型ですね。enough は不定詞を用いた、形容詞・副詞＋ enough to Vg「…するだけ十分な（形容詞・副詞）」も大切ですが、ここでは不定詞として用いる動詞がないため to は不要です。副詞 still「まだ」は形容詞 available「利用できる」を修飾しています。（訳：十分な部屋が現在もなお利用できます）

06. my interview は名詞句ですから、接続詞 while は使えません。名詞の前に置く前置詞 during が正解です。※［他動詞］expect：…を予想する、（期待して）…を待つ（訳：面接では何を尋ねられますか［＝面接で、私は何を予想すべきですか]）

07. 過去の出来事（過去形）と同時に進行していた状況を示す過去進行形を接続詞 when でつなげたものです。S Ved ... when S' was/were V'ing（S'が V'していたとき、S が…した）。※prepare for ...：…の準備をする（訳：私がテストの準備をしていたとき、このサイトはとても私の役に立ちました）

08. I bought the book then の目的語 the book が目的格の関係代名詞 which[that] になり、省略されたものです。「先行詞＋目的格の関係代名詞（＝ O'）＋ S'V'」の語順を押さえておきましょう。※refer to ...：…を参照する（訳：私はまだ時々、その時に買った本を参考にします）

G（4点×8）

01. Her father looked very <u>sad</u>（× sadly）.
02. I eat <u>rice</u>（× a rice）for breakfast.
03. My brother came <u>home</u>（× to home）very early today.
04. My mother closed the door <u>quietly</u>（× quiet）.
05. Please return this form <u>by</u>（× on）Sunday, May 2.
06. I don't know where <u>he lives</u>（× does he live）at the moment.
07. She is one of the most popular <u>players</u>（× player）in Japan.

08. Would you like a <u>little</u> （× few）more time?

---

01. look ＋補語（C）「…に見える」になっており、C は名詞または形容詞のみで、副詞 sadly は使えません。形容詞 sad にすれば OK です。

02. rice「お米」は不可算名詞で不定冠詞 a/an は NG です。無冠詞で OK でした。

03. この home は副詞「家に、家へ」ですから前置詞は不要です。前置詞は名詞とセットになります。

04. 他動詞 close を修飾する副詞 quietly「静かに」にします。quiet は形容詞「静かな」で動詞を修飾できません。

05.「…までに」と期限を示す前置詞 by です。「日曜日に」と単純に曜日を示す場合は on でも構いません。

06. 他動詞 know の目的語となる間接疑問文です。間接疑問文は「疑問詞＋ S'V'」の語順で、V' は主語と時制に合わせて変化します。語順に注意しましょう。

07. one of ...「…の１人（１つ）」の of の後は複数名詞になります。most を用いた最上級の表現ですね。※［形容詞］popular：人気のある

08. 不可算名詞 time を修飾するのは a little「少量の（少しの）」です。a few「少しの」は可算名詞を修飾するのでここでは NG ですね。Would you like ... ?「…はいかがですか」は丁寧に相手の希望を尋ねる表現です。※［形容詞］more：もっと

総まとめテスト 自己評価チェック

Grade A Good 170 - 200 points

文句なしの合格です。Section 2 に進むだけの十分な知識があります。ただし、間違えた原因がケアレスミスか理解不足かの分析は、怠らないようにしてください。この調子で、今後も復習をしながら知識を維持するよう心がけてください。

Grade B Passed 120 - 169 points

合格です。中学英文法の基礎〜標準レベルは定着しており、分野によっては発展的なものも理解しているようです。ただし、油断は禁物。間違えた問題はしっかり解説を読んで理解したうえで、Section 2 へ進みましょう。

Grade C Try Again - 119 points

中学英文法の基礎〜標準レベルが安定していないようです。まずは Section 1 の演習解説を精読し、弱点の分析と知識の磨き直しが必要です。総まとめ問題に再チャレンジし、合格点を達成したら Section 2 へ！

Grade B 以上の人は、Section 2 に進みましょう！

Section 2 Unit 1 / Answer Key

Output Stage 1　※ Output Stage 2 の解答も以下の英文を参照し、何度も音読練習をしましょう。

A **01.** One day this bird **will fly** free again.

02. My father **wants** a new car now.

03. He **is having** breakfast at the moment.

04. Look at those black clouds. It **is going to rain** soon.

05. My sister **studied** abroad from 2001 to 2003.

06. They **were playing** football when I saw them.

07. In Toronto, it snows［snowed］ a lot in December and January.

08. He always **listens to** me.

09. Last winter he **paid** a lot of money for that ring.

10. Look!　Some boys **are swimming** in the river.

11. We are going to meet ［meeting］ our customers at the taxi stand at 10 a.m. tomorrow.

12. Last week they **used** a different agency.

13. Sometimes a translation job doesn't **pay** at all.

---

01. ₘOne day ₛthis bird ᵥwill fly ₘfree ₘagain.
fly「飛ぶ」は自動詞で、後ろの free（自由に）は fly を修飾する副詞です。One day（いつか）、again（再び）より時制は未来と判断します。

02. ₛMy father ᵥwants ₒa new car ₘnow.
want「…を［が］欲しい（と思う）」は他動詞で、後ろの a new car（新しい車）は目的語ですね。now（今）から、現在の状況を示したものだと分かります。ちなみに want は状態動詞で原則として進行形にはしません。

03. ₛHe ᵥis having ₒbreakfast ₘat the moment.
この have は他動詞で後ろに目的語 breakfast を取ります。他動詞 have は「…を持っている」という意味では進行形は NG ですが、eat「…を食べる」の意味では進行形にすることが可能です。at the moment（今）より今まさに進行中の動作と判断します。

04. ᵥLook ₘat those black clouds. ₛIt ᵥis going to rain ₘsoon.
look「見る」は自動詞で look at ... で「…を見る」という意味になります。状況判断（black clouds）によって確信を持った未来の予測は、be going to で表現することができます。

05. ₛMy sister ᵥstudied ₘabroad ₘfrom 2001 to 2003.
この study「勉強する」は自動詞で、abroad（海外で）は副詞です。副詞は目的語にすることはできません。from 2001 to 2003（2001 年から 2003 年まで）より過去時制と判断します。これは過去のある期間における出来事を示したものですね。※ from A to B：A から B まで

06. ₛThey ᵥwere playing ₒfootball ₘwhen I saw them.
play「（スポーツなど）をする」は他動詞で、後ろの football は目的語です。また see「…を見かける」は他動詞で them はその目的語ですね。saw「…を見かけた」と同時に進行していた過去の出来事を過去進行形で表現しています。

07. ₘIn Toronto, ₛit ᵥsnows［snowed］ ₘa lot ₘin December and January.
snow「雪が降る」は自動詞です。a lot は程度、in December and January は時を示す副詞句です。カナダにあるトロントの一般的な天気を現在形で述べています。また文法的には snowed でも可能で、過去形にすると単純に過去の事実「雪が降った」を表したものになります。

08. ₛHe ₘalways ᵥlistens ₘto me.
listen「聞く」は自動詞で me の前に前置詞を必要としますが、listen at とは言いません。listen to ... で「…を聞く」

「（人）の話を聞く」という意味になります。現在の習慣を表す現在形です。

09. ₘLast winter ₛshe ᵥpaid ₒa lot of money ₘfor that ring.

この pay は他動詞で pay O（お金）for ...「…にお金を払う」という意味です。問題 13. の自動詞用法と区別しましょう。Last winter（去年の冬）より、過去の動作を表す過去形と判断します。

10. ᵥLook! ₛSome boys ᵥare swimming ₘin the river.

look「見る」、swim「泳ぐ」はどちらも自動詞です。swim in ... で「…で泳ぐ」。文意より、今起こっている状況と判断し現在進行形にしましょう。現在形 swim でも文法的に問題はありませんが、その場合日常的に男の子たちが川で泳いでいるニュアンスになります。

11. ₛWe ᵥare going to meet[are meeting] ₒour customers ₘat the taxi stand ₘat 10 a.m. tomorrow.

この meet「…を出迎える」「…と落ち合う」は目的語 our customers を取る他動詞です。時を示す副詞句 at 10 a.m. tomorrow（明日の午前 10 時に）より時制は未来ですね。are meet と 2 つの動詞の原形が一緒に並ぶことはあり得ないため、be going to の未来表現を選びましょう。また、are meeting でも可能です。現在進行形で、実現に向けてすでに動きのある、避けられないイベントやすでに手配済みの近い未来の計画を表すことができるんでしたね。現在進行形の方が予定の確定度が高くなります。

12. ₘLast week ₛthey ᵥused ₒa different agency.

この use は「…を利用する、使う」という意味で目的語を取る他動詞です。過去を示す副詞 last week（先週）より、過去時制と判断できます。※ ［形容詞］different：異なった、［名詞］agency：代理店

13. ₘSometimes ₛa translation job ᵥdoesn't pay ₘat all.

この pay は自動詞で「割に合う」という意味です。自動詞用法では前置詞 for を用いて pay for 物「物の代金を払う」も押さえておきましょう。また問題 09. の他動詞用法も大切です。sometimes（時々）から、現在の一般的な話を述べたものと判断します。※ ［否定の強調表現］not ... at all：まったく…ない

B **01.** We know each other.

02. He doesn't believe in an afterlife.

03. We are not going to walk to the bridge tomorrow.

04. A small church used to stand on the hill.

05. His parents were sitting right there.

06. Will the show start in the last week of October?

07. Does he help you with your work often?

08. She was lying on the bed when I got back.

09. Now, he is running in the park.

10. We will confirm your booking by email.

---

01. ₛWe ᵥknow ₒeach other.

know「…を知っている」は他動詞で each other（お互い）が 1 つの名詞句として目的語になっています。現在形で現在の状況を表現したものです。また、know は状態動詞で原則として進行形にはしません。（×）We are knowing each other.

02. ₛHe ᵥdoesn't believe ₘin an afterlife.

この believe「信じる」は前置詞句を伴う自動詞用法です。believe in ... で「…（の存在）を信じる」「（宗教）を信仰している」という表現になります。現在形で現在の習慣を表現したものですが、否定文 doesn't Vg（…しない）になっています。また、believe は状態動詞なので原則として進行形にはしません。※ believe は目的語を取る他動詞用法「…を信じている」もあります。※ ［名詞］afterlife：来世

03. ₛWe ᵥare not going to walk ₘto the bridge ₘtomorrow.

walk「歩く」は自動詞で、目的地（the bridge）を示すには前置詞 to が必要です。be going to Vg の否定文は be 動詞の後ろに not を置きましょう。

04. ₛA small church ᵥused to stand ₘon the hill.

stand「立っている」「立つ」は自動詞です。on the hill は場所を示す副詞句です。used to Vg で現在と対比させた過去の状態を表したものですね。to の後ろは動詞の原形であることに注意しましょう。ちなみに stand には他動詞用法もあり、その場合は「…を我慢する」という意味になります。この用法は通常否定文で用います。cf. I couldn't stand his rude attitude.（私は彼の失礼な態度が我慢できませんでした）

05. ₛHis parents ᵥwere sitting ₘright there.

sit「座る、座っている」は自動詞です。副詞 right（ちょうど、まさに）は場所を示す副詞 there（そこに）を強調したものです。過去の一時的状況を述べた過去進行形です。

06. Will ₛthe show ᵥstart ₘin the last week of October?

start「始まる」は自動詞です。in the last week of ...（…の最後の週）は時を表す副詞句です。will を用いた疑問文は be 動詞と同じで主語と位置を入れ替えるだけで OK です。will で今後の予定や予測を尋ねたものです。

07. Does ₛshe ᵥhelp ₒyou ₘwith your work ₘoften?

help「…を手伝う」は他動詞です。手伝う相手を目的語 you にし、手伝う事柄を with を用いて表現したものです。help O（人）with ... で「O を…のことで手伝う」。現在の習慣について尋ねる Does S Vg ... ? で、主語が 3 人称グループ（he、she、it など）以外であれば Do になります。be 動詞の場合は be 動詞の位置を主語と置き換えるだけで OK ですね。cf. He is Tom.　疑問文＝ Is he Tom?

08. ₛShe ᵥwas lying ₘon the bed ₘwhen I got back.

lying は自動詞 lie「横たわる」を活用させたものです。自動詞ですから（×）lie the bed のように直接、目的語を後ろに置くことはできません。過去進行形で過去のある一時点 when I got back（僕が戻ってきたとき）に同時に起こっていた出来事を示しています。

09. ₘNow, ₛshe ᵥis running ₘin the park.

run「走る」は自動詞で、その場所を示すためには前置詞が必要です。run in ... で「…を走る」。この英文は、まさに今（now）、行われている動作を示す現在進行形です。

10. ₛWe ᵥwill confirm ₒyour booking ₘby email.

confirm「…を確認する」は目的語 your booking を取る他動詞です。by email は手段を表す副詞句で「E メールによって」という意味です。この We はある店や会社スタッフの総称で特に訳出する必要はありません。will で今後の予定を示したものです。※［名詞］booking：予約

C **基本文** We stay at this hotel.

　01. We **will** stay at this hotel tomorrow.

　02. We **are going to** stay at this hotel for two nights.

　03. We **are staying** at this hotel tonight.

基本文 ₛWe ᵥstay ₘat this hotel.

stay「滞在する、宿泊する」は自動詞で滞在先を示すには前置詞 at や in などが必要です。※ stay at ... : …に滞在する

01. ₛWe ᵥwill stay ₘat this hotel ₘtomorrow.

tomorrow（明日）は未来時制で用いる副詞です。will を用いて客観的な予定を表したものです。

02. ₛWe ᵥare going to stay ₘat this hotel ₘfor two nights.

for two nights（2 晩）は期間の長さを示す副詞句で、自動詞 stay を修飾しています。すでに「2 泊の予約」が確定され準備が整った状態を be going to で示すことができます。

03. ₛWe ᵥare staying ₘat this hotel ₘtonight.

すでにホテルに到着寸前のような、確かな未来の予定を現在進行形で示したものです。現在進行形や現在形で未来を表現する場合は、現在時制との誤解を避けるために、通常 tonight（今夜）のような未来を示す語句を伴います。※ちなみに予定の確定度を簡単に示しておくと以下の順番になります。

現在形 ＞ 現在進行形 ＞ be going to Vg ＞ will Vg

Section 2 Unit 02 / Answer Key

Output Stage 1　※ Output Stage 2 の解答も以下の英文を参照し、何度も音読練習をしましょう。

A **01.** I **saw** my colleague just now.

02. He hasn't **completed** his project yet.

03. His grandmother **has been lying** / (△) **has lain** in bed since last month.

04. The woman **traveled** thousands of miles in 2000.

05. I **have watched** / **watched** this DVD many times before.

06. It **has been raining** / (△) **has rained** since last night.

07. Three years **have passed** since we last met.

08. Has he **mentioned** the matter yet?

09. We **discussed** it with him yesterday.

10. In some ways she **resembles** / **resembled** my sister.

11. I have never **been** to foreign countries.

12. We **went** to the amusement park a week ago.

13. Over the years, the team **has won** Olympic gold four times.

01. ₛI ᵥsaw ₒmy colleague ₘjust now.
　　see は他動詞で目的語 my colleague を取ります。just now（ついさっき）は a moment ago に言い換えられ、過去形と一緒に使います。ただし、「ちょうど今」（= at the moment）の意味では現在形と用いられます。

02. ₛHe ᵥhasn't completed ₒhis project ₘyet.
　　complete は他動詞「…を完成させる、終える」で、後ろに目的語 his project を置いた形です。yet は現在完了形の否定文で用いられ、「まだ…していない」という完了用法になります。

03. ₛHis grandmother ᵥhas been lying / (△) has lain ₘin bed ₘsince last month.
　　現在分詞 lying の原形は lie でこれは自動詞「横になる」でしたね。lie in bed で「ベッドで横になっている」という意味です。since（…から）を用いた現在完了進行形の継続用法「（ずっと）…している」です。また、since を用いた現在完了形でも継続を表現できますが、日常会話では通常、「継続」が明確な場合は現在完了進行形を用います。

04. ₛThe woman ᵥtraveled ₘthousands of miles ₘin 2000.
　　travel は自動詞で「旅行する」（= take a trip）、thousands of miles は距離を示す副詞句です。in 2000（2000 年に）と過去を明らかにする副詞句があるため、時制は過去形になります。過去の出来事を表したものですね。※ thousands of ... : 何千もの

05. ₛI ᵥhave watched/watched ₒthis DVD ₘmany times ₘbefore.
　　watch は他動詞「…を見る」で後ろの this DVD は目的語ですね。many times（何度も）、before（以前に）を伴った現在完了形の経験用法「（以前に）…したことがある」、または過去形 watched で言い換えても経験のニュアンスが生まれます。より経験ニュアンスを明確にさせたのが現在完了形と考えてください。

06. ₛIt ᵥhas been raining / (△) has rained ₘsince last night.
　　rain は自動詞「雨が降る」。名詞「雨」の場合もあるので文型を意識して区別しましょう。「（ずっと）…している」を表す、現在完了進行形の継続用法ですね。since は from ... until now を示し、過去のある時点から現在までのつながりニュアンスを持つ前置詞（接続詞の場合もある）です。現在完了形でも用いることができます。問題 03. 参照。

07. ₛThree years ᵥhave passed ₘsince we last met.
　　この pass は自動詞の「経過する」です。他動詞用法の場合、「…に合格する」という意味もありますので使い分けに注意しましょう。現在完了形の継続用法です。この since は接続詞「S が…して以来」として使われています。last は副詞で「最後に」「この前」という意味です。文末に置いても構いません。

08. Has ₛhe ᵥmentioned ₒthe matter ₘyet?

mention は他動詞「…について言及する」で、自動詞＋前置詞の talk about ... で言い換えることができます。
（×）mention about ... 。yet は現在完了形の疑問文で用いられると「もう…しましたか」（経験用法）という意味になります。※［名詞］matter：事柄、問題

09. ₛWe ᵥdiscussed ₒit ₘwith him ₘyesterday.
discuss は他動詞「…について議論する」で自動詞 talk about[over] ... で言い換えることができます。
（×）discuss about[over] ... 。yesterday（昨日）は過去であることが明らかなので、過去形で用いられます。
過去の出来事を示したものですね。

10. ₘIn some ways ₛshe ᵥresembles/resembled ₒmy sister.
resemble「…に似ている」は他動詞で、直接、目的語を取ることができます。性格、見かけのどちらが似ている場合にも用いることができます。また状態動詞ですから進行形にはしません。現在の状況を述べた現在形ですね。文法的には過去の状況を述べたものとして過去形 resembled としても OK です。in some ways は「いくつかの点で」「ある点では」という意味の副詞句です。

11. ₛI ᵥhave never been ₘto foreign countries.
この be は自動詞で「行く」「訪れる」という意味があり、後ろには「場所」を示す副詞・句を伴うのが普通です。have been to ... で「…へ行ったことがある」という意味の現在完了形の経験用法です。副詞を用いる場合は to を用いませんので注意しましょう。cf. I have been there twice.（私は 2 回、そこへ行ったことがあります）
（×）I have been to there twice. ※前置詞と副詞を一緒に用いることはできません。

12. ₛWe ᵥwent ₘto the amusement park ₘa week ago.
go は自動詞「行く」で、to ... は「行く先」を示す副詞句です。a week ago（1 週間前）より、過去形と判断しましょう。数詞＋ day(s)/week(s) など＋ ago は「（今から）…前に」という意味です。

13. ₘOver the years, ₛthe team ᵥhas won ₒOlympic gold ₘfour times.
win は他動詞「…を勝ち取る」「…に勝つ」という意味です。over the years（長年かけて、何年にもわたって）は過去から現在までの継続ニュアンスが含まれ、現在完了形で用いることができます。four times（4 回、4 度）を用いた経験用法です。

B **01.** She laid her baby in the crib.

02. He hasn't answered my question yet.

03. Your life has changed a lot this past year.

04. Her boyfriend hasn't contacted her since the end of June.

05. The recession has affected workers.

06. I didn't talk to her last night.

07. This year we founded our company.

08. I have never lied to you.

---

01. ₛShe ᵥlaid ₒher baby ₘin the crib.
laid の原形は lay で、これは他動詞「…を横にする」「…を置く」で目的語 her baby を取ります。in the crib（ベビーベッドに）は場所を示す副詞句ですね。過去形で過去の動作を示した形です。

02. ₛHe ᵥhasn't answered ₒmy question ₘyet.
answer は他動詞「…に答える」で、直接目的語を置くことができます。（×）answer to ... 。否定文で yet（まだ…［していない］）を用いた、現在完了形の完了用法です。

03. ₛYour life ᵥhas changed ₘa lot ₘthis past year.
change は自動詞「変わる」で後ろの a lot（かなり）は変化の程度を示す副詞句です。this past year（この 1 年で）は現在完了形で用いることができます。完了・結果用法です。※［形容詞］past：（完了時制で）最近の

04. ₛHer boyfriend ᵥhasn't contacted ₒher ₘsince the end of June.
contact「…と連絡を取る」は他動詞で、前置詞なしで目的語を取ることができます。現在完了形の継続用法です。継続用法で for を用いる場合は for six months のように継続期間を示す表現にする必要があります。the end of

June（6月の終わり）のような「時の起点」を意味する表現と一緒に用いることはできません。

05. ₛThe recession ᵥhas affected ₒworkers.

affect「…に（直接的な）影響を与える」は他動詞です。これは have an effect on ... で言い換えることが可能で、混同して（×）affect on ... としないように注意しましょう。現在完了形で、継続・完了どちらの解釈も可能です。無冠詞の複数名詞 workers は不特定多数の職種に属する労働者たちを意味します。

06. ₛI ᵥdidn't talk ₘto her ₘlast night.

talk は自動詞「話す」で、「話しかける相手」は to を用いて表現します。talk to ... で「…に話しかける」。一方、tell「…に話す」は他動詞で前置詞 to は不要です。last night（昨夜）の動作・出来事を過去形で示した形です。過去形では現在の状況まで示唆しませんが、現在完了形（I haven't talked to her since last night.）にすると「現在も話しかけていない」という状況を暗に示します。

07. ₘThis year ₛwe ᵥfounded ₒour company.

この found は「…を設立する、創立する」という意味の他動詞です。他動詞 find の過去形「…を見つけた」と混同しないように注意しましょう。this year は過去形、現在完了形の両方で用いることができる表現です。目的語の our company（私たちの会社）に合う意味は「見つけた」よりも「設立した」と考えましょう。

cf.（○）This year he found a new job.（○）This year he has found a new job.

08. ₛI ᵥhave never lied ₘto you.

ここでの lie は「嘘をつく」という意味の自動詞で、活用は過去形も過去分詞形も lied になります。lie to ... で「…に嘘をつく」。「横になる」の lie とは区別して押さえておきましょう。never（今までに一度も…ない）を用いた現在完了形の経験用法です。

C 01. (a)She's gone to Canada.

(b)She **went** to Canada, and she isn't here now.

02. (a)A small boat is coming to the island.

(b)A small boat is **approaching** the island.

03. (a)Ryo and I met that summer, and we still sometimes see each other.

(b)Ryo and I **have known** each other since that summer.

04. (a)They are still on the way to the village.

(b)They haven't **reached** the village yet.

05. (a)They will raise airfares by 10 percent in October.

(b)Airfares will **rise** by 10 percent in October.

---

01. (a) ₛShe ᵥhas gone ₘto Canada.

(b) ₛShe ᵥwent ₘto Canada, and ₛshe ᵥisn't ₘhere ₘnow.

現在完了形 have gone to ... は完了用法で「…に行ってしまった」という意味です。現在完了形は過去と現在のニュアンスを含みますから、それを利用して言い換えたものが英文（b）になります。「行ってしまった」ので「もうここにはいない」という解釈です。go は自動詞で to ... で「到着地」を表現します。英文（b）の is は自動詞で「存在」を示し「（…に）いる、ある」という意味です。

02. (a) ₛA small boat ᵥis coming ₘto the island.

(b) ₛA small boat ᵥis approaching ₒthe island.

come は自動詞で to を用いて目的地を示します。この come to ...「…に来る」を他動詞で言い換えると approach「…に近づく」になります。現在進行形で今まさに進行中の出来事を示しています。

03. (a) ₛRyo and I ᵥmet ₘthat summer, and ₛwe ₘstill ₘsometimes ᵥsee ₒeach other.

(b) ₛRyo and I ᵥhave known ₒeach other ₘsince that summer.

まず met は自動詞 meet「出会う」の過去形です。see「…と会う」と know「…を知っている」は他動詞で、目的語に each other「お互い」を用いたものです。過去「あの夏に出会った」＋現在「時々会う」の二つの時制の感覚を現在完了1文で示したものが英文（b）です。「あの夏から現在まで付き合いが継続している」と解釈できます。

04. (a) ~S~They ~V~are ~M~still ~M~on the way ~M~to the village.

　　(b) ~S~They ~V~haven't reached ~O~the village ~M~yet.

　　are は自動詞で、問題 01. の英文（b）と同様「存在」を示しています。on the way to ... で「…へ行く途中」という表現になります。また reach「…にたどり着く」は他動詞で後ろに直接、目的語を置きます。英文（a）で「行く途中」ということですから、言い換えると英文（b）「まだたどり着いていない」ということになります。not ... yet で「まだ…していない」でしたね。

05. (a) ~S~They ~V~will raise ~O~airfares ~M~by 10 percent ~M~in October.

　　(b) ~S~Airfares ~V~will rise ~M~by 10 percent ~M~in October.

　　raise「…を上げる」は他動詞、一方、rise「上がる」は自動詞です。これを利用すれば、主語を変えてほぼ同じ内容に言い換えることができます。will を用いて未来の計画を示した表現になっています。by 10 percent（10 パーセントだけ）は程度を示す副詞句です。

p. 62&63

Section 2 Unit 03 / Answer Key

Output Stage 1　※ Output Stage 2 の解答も以下の英文を参照し、何度も音読練習をしましょう。

A 01. A good idea **occurred to** us.

02. I was **talking on** the phone for about an hour.

03. The brothers won't **object to** the marriage.

04. I must **apologize for** the delay.

05. He is always **complaining about** his boss.

06. She might be **waiting** in the car.

07. His brother **resembles** you a lot.

08. You shouldn't **point at** people like that.

09. The girl **wished for** blue eyes.

10. This path may **lead to** the top of the hill.

11. My father was able to **succeed in** business.

12. I'll **pay for** your dinner tonight.

13. They wouldn't **argue with** their parents.

※ここからは「自動詞＋前置詞」＋「目的語」のまとまりで解釈できる場合はそのように文型解釈をしていきます。

01. ~S~A good idea ~V~occurred to ~O~us.

　　occur「起こる」「浮かぶ」は自動詞で occur to ... で「（考えなどが）…に浮かぶ」という意味になります。過去の出来事を示す過去形ですね。occur の過去形は r が 1 つ増えて ed になります。

02. ~S~I ~V~was talking ~M~on the phone ~M~for about an hour.

　　自動詞 talk「話す」で、on the phone は「手段」を示す副詞句になっています。talk on the phone で「電話で話す」という意味ですね。過去の一時的な状況を示す過去進行形です。for は「…の間」と時間の長さを示し、about は「およそ」という意味の前置詞（副詞と解釈することも可能）です。

03. ~S~The brothers ~V~won't object to ~O~the marriage.

　　自動詞 object「反対する」は object to ... の形で「…に反対する」という表現になります。won't「…しないだろう」は未来の客観的な予測を表現したものです。

04. $_S$I $_V$must apologize for $_O$the delay.

自動詞 apologize「謝罪する」で、謝罪内容を示すには前置詞 for を用います。「謝罪相手」を示した apologize to O$_1$（人）for O$_2$（事柄）「O$_1$ に O$_2$ を謝罪する」の形も押さえておきましょう。「…しなければならない」という主観的な義務を示す must で、話し手の気持ちを表しています。

05. $_S$He $_V$is always complaining about $_O$his boss.

always complains about …（いつも…について文句を言う）でも文法的に問題ありませんが、あえて進行形 be always complaining about … にすることで、話し手がそのことに対して「too much」である印象を持っていることを表すことができます。「いつも文句ばかり言っている」というニュアンスです。

06. $_S$She $_V$might be waiting $_M$in the car.

wait「待つ」は自動詞で、in the car は場所を示す副詞句です。「待つ相手」を示す場合は前置詞 for を用います。wait for 人 で「（人）を待つ」。may「…かもしれない」よりも話し手の確信度が低く「ひょっとしたら」の気持ちが含まれる推量 might です（形としては may の過去形）。この助動詞の後ろに一時的な動作の進行を示す、進行形 be Ving を合わせたものが問題の英文です。

07. $_S$His brother $_V$resembles $_O$you $_M$a lot.

resemble「…に似ている」は他動詞でしたね。他動詞であれば目的語の前に前置詞は不要です。resemble は take after で言い換え可能です。この文は現在の状況を表した現在形です。

08. $_S$You $_V$shouldn't point at $_O$people $_M$like that.

point「指差す」は自動詞で、「…を指差す」は point at … と表現します。「…すべきではない」という意味の shouldn't Vg です。like that は「そのように」という意味の副詞句で、point at を修飾しています。

09. $_S$The girl $_V$wished for $_O$blue eyes.

wish「望む」は自動詞で、現実として叶えるのが難しい願い事を wish for …「…を望む」で表現します。現実的な願いは hope for で表現しましょう。この文は過去の状況を示した過去形です。

10. $_S$This path $_V$may lead to $_O$the top of the hill.

lead「（道路などが）通じる、至る」は自動詞で、lead to … で「…に通じる、至る」という意味になります。また lead は他動詞用法で「…を導く」という意味もあります。lead O to … で「O を…へ導く」ですので区別して押さえておきましょう。cf. Your effort will lead you to good result.（努力すれば良い結果になるだろう）。 may は「…かもしれない」という推量表現です。the top of the hill は A of B で「B の A」という意味になります。

11. $_S$My father $_V$was able to succeed in $_O$business.

succeed「成功する」は自動詞で、成功する分野を示すには前置詞 in が必要です。succeed in … で「…で成功する」。「…できた」を意味する was able to です。結果として「…できた」と事実結果を述べる場合に could は用いません。

12. $_S$I $_V$will pay for $_O$your dinner $_M$tonight.

この pay「払う」は自動詞で pay for … で「（物事）の代価を支払う」という意味になります。「…するつもり」を示す意志未来の will です。問題文は I'll と短縮形なので、文脈や語調によってはその場のとっさの判断としても使えます。

13. $_S$They $_V$wouldn't argue with $_O$their parents.

argue「議論する」は自動詞でその相手を示すには前置詞 with が必要です。argue with … で「…と議論する」という意味になります。「（どうしても）…しようとしなかった」という過去の拒絶を示す wouldn't Vg です。

B 01. I can rely on your leadership.

02. Some schools might respond to this problem.

03. We have just returned home from our trip.

04. There can't be a lot of assignments today.

05. Our train left on schedule.

06. You didn't have to talk about it.

07. She must know about your plan.

08. We will be able to understand them.

09. She couldn't stand his loud voice.

01. S I V can rely on O your leadership.

rely「頼る」は自動詞で、頼る先を示すには前置詞 on を用います。rely on ... で「…に頼る」。可能を表す can「…できる」は be able to Vg で言い換えることができますが、フォーマルな感じに聞こえます。cf. I am able to rely on your leadership.

02. S Some schools V might respond to O this problem.

respond「反応する」は自動詞で、反応する対象を示すには前置詞 to が必要です。respond to ... で「…に反応する」。推量用法 may の過去形 might「ひょっとしたら…かもしれない」です。

03. S We V have just returned M home M from our trip.

return「戻る」は自動詞です。home は副詞なので前置詞は不要ですが、場所を示す名詞の前には前置詞 to が必要です。return to the house = return home「帰宅する、帰国する」（※ house は名詞です）。just（ちょうど）を用いた現在完了形の完了用法「ちょうど…したところだ」です。

04. M There V can't be S a lot of assignments M today.

「存在」を示す自動詞 be「いる、ある」です。there is/are ...「…がある、いる」構文では真の主語が「…」の部分に置かれます。can't Vg は否定の推量を示し「…のはずがない」という意味になります。

05. S Our train V left M on schedule.

この leave「出発する」は自動詞で、後ろの on schedule（時間通りに）は動詞を修飾しています。leave の他動詞用法も重要です。cf. Our train left O Kobe M for Nara on schedule.（私たちの電車は奈良に向けて神戸を時間通りに出発しました）。この文は過去の出来事を表現する過去形です。leave の過去形は不規則変化 left です。

06. S You V didn't have to talk about O it.

talk「話す」は自動詞で、「話す内容」は about を用いて表現します。talk about ... で「…について話す」。didn't have to Vg「…する必要はなかった」と過去形で過去の状況を示したものです。

07. S She V must know about O your plan.

この know「知っている」は後ろに前置詞を伴う自動詞ですが、他動詞として後ろに直接、目的語を続けて know your plan のように使われることもあります。know about ... は「…について（間接的に見聞きして）知っている」「…について知識として知っている」という意味で、一方、直接、目的語を続けて know O とした場合は「（直接、自らの経験を通して）知っている」というニュアンスになります。cf. I know about Yuka, but I haven't met her yet.（私はユカのことを知っていますが、まだ彼女に会ったことがありません）、I know Yuka. She is my cousin.（私はユカを知っています。彼女は私のいとこなんです）

この文では「…にちがいない」と強い推量を表現する must を使います。話し手の確信度は might、may、can、should などよりも強くなります。

08. S We V will be able to understand O them.

understand「…を理解する（している）」は他動詞なので前置詞は不要です。また、（×）will can のように助動詞を2つ連続して用いることはできませんので、未来表現において can の「能力・可能」の意味を伝えたい場合は can を be able to に言い換えて will be able to Vg「…できるだろう」と表現します。

09. S She V couldn't stand O his loud voice.

この stand「…を我慢する」は後ろに目的語 his loud voice を取る他動詞です。自動詞「立っている」とは区別して押さえておきましょう。couldn't「…できなかった」は wasn't able to で言い換えることができます。

C 01. We should **think** about our future.

　　02. You mustn't **tell** anybody.

　　03. She wasn't able to **reply** to my question.

　　04. You **don't have to** do this job by yourself. We will help you.

---

01. S We V should think about O our future.

この think「考える」は自動詞で、後ろに名詞を続ける場合は think about ... とし「…について考える」という意味になります。about は of で言い換えることも可能ですが、about のほうが積極的に考えるニュアンスが含まれ

ます。また他動詞の think は主に that 節を取ります。think that SV で「S が…であると思う、考える」となります。「…すべきだ」という当然のニュアンスを表現する should です。

02. ₛYou ᵥmustn't tell ₒanybody.
tell「話す」は他動詞で代名詞 anybody（誰も）が目的語です。talk は自動詞で、直接、目的語は NG。mustn't「…してはいけない」は Don't Vg（…するな）で言い換えられる禁止表現。cf. Don't tell anybody.（誰にも話すな）

03. ₛShe ᵥwasn't able to reply to ₒmy question.
reply「返事をする」は自動詞で、reply to ...「…に返事をする、答える」とします。他動詞の answer で言い換えることができます。couldn't の言い換え wasn't able to Vg「…できなかった」です。肯定形では使い分けに注意が必要でしたが、結果として行動できなかったことを意味する否定文においてはどちらでもニュアンスを気にせず用いることができます。

04. ₛYou ᵥdon't have to do ₒthis job ₘby yourself. ₛWe ᵥwill help ₒyou.
do「…する」、help「…を手伝う、助ける」はどちらも他動詞で、それぞれ目的語を後ろに続けた形です。don't have to は「…する必要がない」という意味ですね。will は話し手の意志「…するつもり」を表現したものです。

---

p. 74&75

Section 2 Unit 04 / Answer Key

Output Stage 1　※ Output Stage 2 の解答も以下の英文を参照し、何度も音読練習をしましょう。
言い換え可能表現を［　　］内に示しておきますので参考にしましょう。

A 01. (T) Could［Would］you take off your shoes［take your shoes off］here, please? — OK.
　02. (F) My dad hastily **wrote it down** on the slip of paper.
　03. (T) Can I have a timetable? — Certainly. Just a moment.
　04. (F) We have to **get off the bus** at the next stop.
　05. (T) You should put your glasses on［put on your glasses］.
　06. (F) The jet must have **taken off**.
　07. (T) Can［Will］you throw away this paper［throw this paper away］, please?
　08. (T) Could［May］I park my car here? — Sorry, there's no parking here.
　09. (F) May［Could］I **think it over** and call you back tomorrow?
　10. (T) You can［may］look at the data, but you cannot［may not］take it away.
　11. (F) Shall **we** walk to the station? — Yes, let's.
　12. (T) Will you put out the candles［put the candles out］? — All right.
　13. (F) Shall I **pick you up** at the hotel? — That sounds great.

---

01. Could ₛyou ᵥtake off ₒyour shoes ₘhere, ₘplease? — OK.
この take off ...「…を脱ぐ」は他動詞＋副詞のフレーズ。この場合、目的語 your shoes を直接 take の後ろに持ってくることができます。関連表現として、自動詞表現の get undressed「衣服を脱ぐ」（堅い表現です）、自動詞 change「着替える」なども押さえておきましょう。Could［Would］you ... ?（…していただけませんか）はとても丁寧に依頼・要求する表現です。

02. ₛMy dad ₘhastily ᵥwrote ₒit ₘdown ₘon the slip of paper.
write down ...「…を書きとめる」は他動詞＋副詞のフレーズ。問題 01. とは違い、目的語が代名詞（it）ですので（×）write down it とは言えません。注意しましょう。過去の出来事を示す過去形です。on the slip of paper は文字を書きとめた場所を示します。※［副詞］hastily：急いで、あわてて

03. Can $_S$I $_V$have $_O$a timetable? — Certainly. Just a moment.

この質問文は have を用いています。直訳では「…を持ってもいいですか」ですが、ニュアンスとしては「…をください」であることに注目しましょう。Can I…?「…してもいいですか」は日常のカジュアルなシーンで用いられる、許可を求める表現です。Certainly.（もちろん）は Yes の返答として相手の提案に賛成したり、要求を了解したりする表現です。Just a moment (, please). は丁寧な表現で、Wait a minute. と言い換えるとカジュアルになります。※［名詞］timetable：時刻表

04. $_S$We $_V$have to get off $_M$the bus $_M$at the next stop.

get off …「…を降りる」は自動詞＋前置詞の形で１つの他動詞用法になるため get と off の間に目的語を入れることはできません。have to Vg で「…しなければならない」という意味ですね。※［形容詞］next：次の、［名詞］bus stop：バス停

05. $_S$You $_V$should put $_O$your glasses $_M$on.

put on …「…を身につける」は他動詞＋副詞のフレーズ。put on your glasses も可能です。put on は動作を示す一方で、wear は「…を身に付けている」という状態を表します。should Vg は「…すべきである」という意味ですが義務だけでなく「提案」表現としても使えます。cf. We should phone the police.（警察に電話すべきです）、Shall we phone the police?（警察に電話しましょうか）

06. $_S$The jet $_V$must have taken off.

この take off「離陸する」は自動詞＋副詞から成り立ち、目的語は置けないため it は不要です。must have Vpp で、「…したにちがいない」という過去における強い推量を表します。※名詞 jet：jet plane[airplane]（ジェット機）の略称

07. Can $_S$you $_V$throw away $_O$this paper, $_M$please?

throw away …「…を捨てる」は他動詞＋副詞フレーズ。目的語が this paper と名詞であれば副詞の後ろでも他動詞の後ろでも構いません。ただし、目的語が動名詞（詳しくは Unit 06 で）の場合や、形容詞などに修飾された長い名詞句（目的語）になる場合は、副詞が動詞と離れてしまうため、通常は他動詞＋副詞＋目的語の語順にします。Can you…? は親しい間柄で用いられますが、何かを依頼したり要求する場合は、最低限度の丁寧さを出すために please を用いるようにしましょう。親しき仲にも礼儀あり です。

08. Could $_S$I $_V$park $_O$my car $_M$here? — Sorry, there's no parking here.

park は他動詞で「（車など）を駐車させる、駐車場に入れる」という意味です。there is no Ving で「…できない」という意味です。Could I…? で、とても丁寧に相手に許可を求めています。丁寧に返答する場合、Sorry, you're not allowed to park here. と言うこともできます。（※詳しくは Unit 11 で学びます）

09. May $_S$I $_V$think $_O$it $_M$over and $_O$call $_O$you $_M$back $_M$tomorrow?

think は副詞 over を伴い他動詞として働きます。目的語が it のような代名詞であれば think の直後に続けなければなりません。ちなみに他動詞の consider「…を熟考する」で言い換えることができます。May I…?「…してもよろしいですか」で、堅い調子で相手に許可を求めたものです。※ call O back：O に電話をかけ直す

10. $_S$You $_V$can look at $_O$the data, but $_S$you $_V$cannot take $_O$it $_M$away.

look at（自動詞＋前置詞＝他動詞として解釈）も take も他動詞で、後ろに直接、目的語を置いた形ですね。take away … は「…を持ち去る」という意味で、他動詞＋副詞フレーズですが、目的語が代名詞の場合は take ＋代名詞＋ away の形になります。can はここでは許可を示したものです。※［接続詞］but：でも…

11. Shall $_S$we $_V$walk to $_O$the station? — Yes, let's.

walk「歩く」は自動詞で、walk to … で「…まで歩く」という表現（自動詞＋前置詞）になります。Shall I…? は自分１人で「…しましょうか」と提案する表現です。Shall we…? は「一緒に…しよう！」という提案表現で Let's でも言い換えられ、問題の日本語に合います。答え方も let's になっていますね。

12. Will $_S$you $_V$put out $_O$the candles? — All right.

put out …「（電気、火など）を消す」は他動詞＋副詞フレーズ。１語で extinguish と言い換えることができますが堅い印象がありますので日常会話では put out でいいでしょう。Will you…? は「…してくれますか」とカジュアルに相手に依頼・要求する表現です。

13. Shall $_S$I $_V$pick $_O$you $_M$up $_M$at the hotel? — That sounds great.

pick up …「…を車で迎えに行く」は他動詞＋副詞フレーズ。目的語が代名詞の場合は（×）pick up ＋代名詞の語順は NG です。Shall I…?「…しましょうか」は話し手が１人で行うことを相手に提案する表現でしたね。That sounds great. は文脈によって「いい案ですね。」「素晴らしい考えですね。」など肯定的な気持ちを示せる便利な表現です。great は程度次第で good で言い換えても OK です。

B **01.** I'll look it up in the telephone directory.

02. Would you look for the old woman, please?

03. Shall we pass by the sea?

04. Will you put on these slippers [put these slippers on]?

05. Hiroshi must have looked over the contract [must have looked the contract over].

06. Could you turn off the TV [turn the TV off]?

07. Can I try this on?

08. Nao cannot have given up the plan [cannot have given the plan up].

09. Could I carry out these tests [carry these tests out]?

---

01. $_S$I $_V$will look $_O$it $_M$up $_M$in the telephone directory.
look up …「…を調べる」という意味の他動詞＋副詞フレーズですが、目的語が代名詞であるため（×）look up it とは言えません。この will はその場で判断した場合の話し手の意志を表します。※ telephone directory：電話帳

02. Would $_S$you $_V$look for $_O$the old woman, $_M$please?
look for …「…を探す」は自動詞＋前置詞から成る表現で、look は自動詞のため直接、目的語を続けることはできず、必ず look for O の語順になります。（×）look the old woman for とは言えません。Would you … ?「…していただけませんか」は相手の意志を尊重し、とても丁寧に依頼する表現です。please の位置は Would you please look for … ? としても OK です。

03. Shall $_S$we $_V$pass by $_O$the sea?
pass by「通り過ぎる」は基本的には自動詞＋副詞の表現ですが、この英文では「自動詞＋前置詞」＝他動詞と考えて the sea を目的語とするのが自然な解釈と言えるでしょう。cf. $_S$A car $_V$passed $_M$by $_M$in the dark.（闇の中を車が通り過ぎました）提案表現の Shall we … ?「…しませんか」は Let's … で言い換え可能です。※ by：通り過ぎて、そばに

04. Will $_S$you $_V$put on $_O$these slippers? / Will $_S$you $_V$put $_O$these slippers $_M$on?
put on …「…を履く」は他動詞＋副詞フレーズ。目的語が名詞の場合は副詞 on の前後両方に目的語を置きましたね。ここの Will you … ?「…しませんか」はカジュアルに相手の意志を確認する提案表現です。Would you like to put on…? とすると丁寧な提案表現になります。

05. $_S$Hiroshi $_V$must have looked over $_O$the contract. / $_S$Hiroshi $_V$must have looked $_O$the contract $_M$over.
look over「…にざっと目を通す」の look は副詞 over を伴うことによって他動詞として働きます。looked the contract over の語順も可能です。過去の強い推量を示す must have Vpp「…したにちがいない」です。反対に弱い過去の推量は might have Vpp「ひょっとしたら…だったかもしれない」で表すことができます。

06. Could $_S$you $_V$turn off $_O$the TV? / Could $_S$you $_V$turn $_O$the TV $_M$off?
turn off …「（テレビなど）を消す」は他動詞＋副詞フレーズで turn the TV off も可能です。Could you Vg … ?「…していただけませんか」は相手にとても丁寧に依頼・要求する表現です。その場の状況で「…することが可能か、そうでないのか」といった可能性や能力を確認するニュアンスが含まれています。

07. Can $_S$I $_V$try $_O$this $_M$on?
try on …「…を試着する」は他動詞＋副詞フレーズです。目的語が代名詞（this）のため必ず他動詞 try の後ろという語順になります。（×）try on this とは言えません。Can I Vg … ?「…してもいいですか」はカジュアルに相手に許可を求める表現です。親しい間柄であっても頼みにくいことであれば Can I をより丁寧にした Could I を用いるほうがベターです。

08. $_S$Nao $_V$cannot have given up $_O$the plan. / $_S$Nao $_V$cannot have given $_O$the plan $_M$up.
give up …「…をあきらめる」は他動詞＋副詞フレーズで、given the plan up の語順で言い換えることも可能です。cannot have Vpp は must have Vpp の反意表現で「…したはずがない」と過去の否定推量になります。

09. Could $_S$I $_V$carry out $_O$these tests? / Could $_S$I $_V$carry $_O$these tests $_M$out?
carry out …「…を実行する」は他動詞＋副詞フレーズ。carry these tests out も可能です。Could I … ? は、とても丁寧に相手に許可を求める表現ですね。

C **01.** Shall I turn on the air conditioner?

    (c)Unfortunately, it doesn't work very well.

02. Would you call me up tonight?

    (d)Of course. May I have your phone number, please?

03. Could you put my name on the waiting list?

    (b)Sure. Please complete this application form.

04. Do you see him sometimes?

    (a)Yes, of course.

01. Shall _SI _Vturn on _Othe air conditioner? — Unfortunately, it doesn't work very well.

turn on ...「（テレビ、ラジオ、電気など）をつける」は他動詞＋副詞フレーズ。turn the air conditioner on の語順も可能です。work は自動詞で「作動する」という意味です。提案表現の Shall I ... ?「…しましょうか」には、すでに話し手の決意が込められています。※［副詞］unfortunately：あいにく、不運にも（＝ unluckily）

02. Would _Syou _Vcall _Ome _Mup _Mtonight? — Of course. May I have your phone number, please?

call up ...「…に電話をかける」は他動詞＋副詞フレーズ。目的語（me）が代名詞であるため、（×）call up me とは言えません。この文では Will you ... ?「…してくれますか」よりフォーマルな響きのある依頼・要求表現の Would you ... ?「…していただけませんか」を用いています。

03. Could _Syou _Vput _Omy name _Mon the waiting list? — Sure. Please complete this application form.

他動詞 put「…を載せる」です。put O on ... で「O を…に載せる」という意味になっています。この on は前置詞で後ろの名詞（the waiting list）とセットになっており、これを切り離して（×）put on my name the waiting list という語順にはできません。Could you ... ?「…していただけませんか」は相手に負担や手間がかかることを依頼・要求する場合に重宝する表現です。※［他動詞］complete：…に記入する（＝ fill in/out）、…を仕上げる application form：申込書

04. Do _Syou _Vsee _Ohim _Msometimes? — Yes, of course.

他動詞 see「…に会う」です。Do you ... ? で質問して、yes/no で答える形ですね。この疑問文に合うのは Yes, ... で始まる（a）ですね。※［副詞］sometimes：ときどき

p. 86&87

Section 2 Unit 05 / Answer Key

Output Stage 1　※ Output Stage2 の解答も以下の英文を参照し、何度も音読練習をしましょう。

A **01.** This trip cost **us $5,000** altogether.

02. Kaori showed the old letter **to me**.

03. About three hours after that, the climbers **were found**.

04. Will you show **me your passport**, please?

05. My cousin **was bitten** on the leg by a monkey.

06. Ayako left some pancakes **for me**.

07. The bar **charged** us $50 for the wine.

08. The contract will **be discussed** next week.

09. Permission for permanent residence **was denied** him in the end.

10. Someone **threw** a note to me.

11. I handed my ticket **to** the ticket collector.

12. Can you lend me $10 until Wednesday?

13. Her father was killed in a car crash.

01. ${}_S$This trip ${}_V$cost ${}_{O_1}$us ${}_{O_2}$$5,000 ${}_M$altogether.
cost O_1O_2「O_1 に O_2 がかかる」。cost は、この意味で SVO 文型に語順を変えることはできません。

02. ${}_S$Kaori ${}_V$showed ${}_O$the old letter ${}_M$to me.
show O_1O_2「O_1 に O_2 を見せる」を SVO 文型に言い換えたものです。SVO ＋ to 人の形です。

03. ${}_M$About three hours after that, ${}_S$the climbers ${}_V$were found.
found the climbers（登山家たちを見つけた）を受け身にした形ですね。

04. Will ${}_S$you ${}_V$show ${}_{O_1}$me ${}_{O_2}$your passport, please?
show O_1O_2「O_1 に O_2 を見せる」の語順です。Will you ... , please? は「…してくれませんか」という意味のカジュアルな依頼・要求表現です。公共の場でもよく耳にする一般的な表現ですが、フォーマルな場面では Would you ...？とする方が良いでしょう。

05. ${}_S$My cousin ${}_V$was bitten ${}_M$on the leg ${}_M$by a monkey.
A monkey bit my cousin on the leg. を受け身にしたものです。※［他動詞］bite：…にかみつく

06. ${}_S$Ayako ${}_V$left ${}_O$some pancakes ${}_M$for me.
leave O_1O_2「O_1 に O_2 を残しておく」の O_1 を後ろに移動させたものです。この意味では「…のために」を意味する前置詞 for を用いますが、「…を（人）に任せる」という意味で用いるときは前置詞 to を用います。cf. She left the work to me.（彼女は私にその仕事を任せました）

07. ${}_S$The bar ${}_V$charged ${}_{O_1}$us ${}_{O_2}$$50 ${}_M$for the wine.
charge O_1O_2「O_1 に O_2 を請求する」。この意味では SVO ＋ to/for ... パターンにはできません。また、目的語が 2 つ（us と $50）揃っているため、受け身ではないと判断できます。

08. ${}_S$The contract ${}_V$will be discussed ${}_M$next week.
will discuss the contract を受け身にしたものです。discuss「…について議論する」は他動詞で、前置詞 about は必要ありません。※［名詞］contract：契約（書）

09. ${}_S$Permission for permanent residence ${}_V$was denied ${}_M$(to) him ${}_M$in the end.
They denied him permission for permanent residence を受け身にしたものです。deny O_1 O_2 という語順で「O_1 に O_2 を与えない」という意味になります。この O_2 を主語とした受け身にした場合、O_2 is denied to O_1 となりますが O_1 が代名詞のときは to は省略可能です。

10. ${}_S$Someone ${}_V$threw ${}_O$a note ${}_M$to me.
throw O_1O_2「O_1 に O_2 を投げる」を SVO 文型で言い換えたものです。throw O to ... で「…の方へ O を投げる」という意味になります。to を at で言い換えるとニュアンスが変化します。throw O at ...「…を狙って O を投げる（ぶつける）」。cf. Someone threw a stone at my car.（誰かが僕の車に石をぶつけました）

11. ${}_S$I ${}_V$handed ${}_O$my ticket ${}_M$to the ticket collector.
hand O_1O_2「O_1 に O_2 を手渡す」を SVO 文型で言い換えたものです。

12. Can ${}_S$you ${}_V$lend ${}_{O_1}$me ${}_{O_2}$$10 ${}_M$until Wednesday?
lend O_1O_2「O_1 に O_2 を貸す」。SVO 文型で言い換えるなら $10 to me が正しい言い方です。Can you ...？で「…してくれませんか」とカジュアルな依頼・要求表現になっています。親しい間柄でも、相手の負担が大きくなる場合は Could you ...？とする方が一般的です。※［前置詞］until：(継続) …まで

13. ${}_S$Her father ${}_V$was killed ${}_M$in a car crash.
killed her father を受け身にしたものですが、be killed in ...「…で死ぬ」と慣用表現として押さえておくと良いでしょう。die は自動詞「死ぬ」で受け身にすることはできません。※［名詞］crash：衝突（事故）、墜落

B **01.** The girl was adopted by an old couple.

02. The problem hasn't been fixed yet.

03. I brought her some water.

04. This dessert is made from cream cheese and coconut.

05. Will the meeting be put off?

06. He must have been treated well.

07. The bottle contains two liters.

08. This jacket was made in England.

09. Subway fares might be raised next year.

01. ₛThe girl ᵥwas adopted ₘby an old couple.

An old couple adopted the girl. を受け身にしたものです。adopt は他動詞で「…を養子にする」という意味があります。つづりが似ている adapt は「…を適合・適応させる」という意味ですので、混同しないようにしましょう。

02. ₛThe problem ᵥhasn't been fixed ₘyet.

They haven't fixed the problem yet. を受け身にしたものです。fix は他動詞で「…を修理する」「…を片付ける」という意味です。

03. ₛI ᵥbrought ₒ₁her ₒ₂some water.

bring O₁O₂「O₁ に O₂ を持って行く」。SVO 文型で言い換えた場合、for/to でニュアンスが少し異なります。cf. I brought some water to her.（彼女の元へ水を持って行った）、I brought some water for her.（彼女のために水を持って行った）

04. ₛThis dessert ᵥis made ₘfrom cream cheese and coconut.

be made from ... で「…でできている」。原料の質に変化があり、見た目でそれが識別できない場合は from を用いるのが一般的です。

05. Will ₛthe meeting ᵥbe put off?

They will put off the meeting. を受け身にして The meeting will be put off. さらに疑問文のため will のみを文頭に移動させた形です。put off は固まりの「他動詞＋副詞」フレーズで「…を延期する」（＝ postpone）という意味です。

06. ₛHe ᵥmust have been treated ₘwell.

They must have treated him well. を受け身にしたものです。treat は他動詞で「…を扱う」という意味です。must have Vpp「…したはずだ」で、過去の内容を表現できましたね。

07. ₛThe bottle ᵥcontains ₒtwo liters.

他動詞 contain「…を含む」「…が入る」のような状態動詞は受け身にできません。状態動詞の例：have「…を持っている」、resemble「…に似ている」、fit「…に合う」、suit「…に適する」など

08. ₛThis jacket ᵥwas made ₘin England.

be made in ... で「…製の」「…産の」。動作主を示す by ではなく、場所を示す in を用います。

09. ₛSubway fares ᵥmight be raised ₘnext year.

They might raise subway fares next year. を受け身にしたものです。risen の原形は rise でこれは自動詞「上がる」ですから受け身で用いることはできません。might は「ひょっとしたら…かもしれない」と可能性の低いことを表す推量表現でしたね。※［名詞］fare：運賃

C **01.** A letter was sent to me (by someone).

02. English is spoken in Fiji.

03. I was taken to the hospital by that ambulance.

04. Jim held the party.

01. ₛA letter ᵥwas sent ₘto me ₘby someone.

send O₁O₂「O₁ に O₂ を送る」の言い換えは send O₂ to O₁ ですね。それを受け身にしたものです。動作主が不明の場合は by 以下を省略できるので、by someone は省略することができます。

02. ₛEnglish ᵥis spoken ₘin Fiji.

be spoken in ... で「…で話されている」。場所を示す in です。動作主はその国の人々であることは明らかなので、

わざわざ by people を示す必要はありません。

03. _SI _Vwas taken _Mto the hospital _Mby that ambulance.
take O to ...「O を…に連れて行く」を受け身 be taken to ... にしたものですね。前置詞 to の場所に注意しましょう。

04. _SJim _Vheld _Othe party.
他動詞 hold「…を開催する」。by ... が能動態の主語になりますから Jim ... で始まる英文にします。受け身の文で be 動詞が過去形だったので、能動態の文の動詞 hold を過去形 held にします。

Section 2 Unit 06 / Answer Key

Output Stage 1 ※ Output Stage 2 の解答も以下の英文を参照し、何度も音読練習をしましょう。

> **A** **01.** He has wanted **to take** up other instruments since then.
>
> **02.** He **became** a teacher at the high school.
>
> **03.** The traffic light **turned** green.
>
> **04.** It was sensible **of** you to refuse their proposal.
>
> **05.** They **kept** quiet to protect her from scandal.
>
> **06.** You have to protect yourself by **avoiding** trouble in the first place.
>
> **07.** I expected **to see** him there.
>
> **08.** All our plans **went** wrong.
>
> **09.** This offer **seems** good for us.
>
> **10.** He tried **to open** the can with the knife.
>
> **11.** Please remember **to lock** the door.
>
> **12.** It **smells** good.
>
> **13.** My sister stopped **talking** and began to eat.

01. _SHe _Vhas wanted _Oto take up other instruments _Msince then.
take up は「…を始める」「…を取り上げる」という意味での「他動詞＋副詞」フレーズ。これが不定詞となり他動詞 want の目的語になっています。want to Vg で「…したい」と押さえましょう。問題文は現在完了形の継続用法ですね。※［形容詞］other：ほかの…、［名詞］instrument：楽器

02. _SHe _Vbecame _Ca teacher _Mat the high school.
become「…になる」で a teacher が補語になっています。get をこの意味で使うときは後ろに名詞を続けることができません。

03. _SThe traffic light _Vturned _Cgreen.
変化を示す自動詞 turn「…になる」。grow は「成長」のニュアンスがあるためこの英文の状況には合いません。cf. The tree in the garden grew old.（庭にある木は古くなりました）※形容詞 green は「緑の」のほかに日本語の「青い」という意味で使われることがあります。

04. It _Vwas _Csensible of you _Sto refuse their proposal.
It is ～ to Vg「…するのは～だ」に不定詞の意味上の主語 of ... を挟んだ形です。意味上の主語は for ... で表すこともできますが、p. 94、95 で学習したように補語が意味上の主語の性質や性格を示す場合は of を使います。この英文の場合は you are sensible ということで、補語 sensible が意味上の主語 you の性質を表しています。※［形容詞］sensible：賢明な、［他動詞］refuse：…を拒否する

05. _SThey _Vkept _Cquiet _Mto protect her from scandal.

形容詞を補語に取る自動詞 keep「…であり続ける」。この意味で補語が名詞になることはありません。後ろの to protect は目的（…するために）を表現する不定詞です。※ protect O from ... : O を…から守る

06. ₛYou ᵥhave to protect ₒyourself ₘby avoiding trouble ₘin the first place.
前置詞の目的語に不定詞を用いることはできません。by Ving で「…することで」と覚えておきましょう。have to Vg で「…しなければならない」という「義務」を表したものです。※［他動詞］protect：…を守る、avoid：…を避ける、in the first place：まず第一に

07. ₛI ᵥexpected ₒto see him ₘthere.
他動詞 expect「…を予期する」「…を期待する」は不定詞を目的語に取ります。expect to Vg で「…するつもりである」「…するだろうと思う」と覚えておきましょう。

08. ₛAll our plans ᵥwent ᴄwrong.
自動詞 go は「…になる」という意味を持ち、悪い状態への変化を示します。go bad（悪くなる）、go wrong（失敗する）、go bankrupt（倒産する）、go dead（不通になる）、go white（真っ青になる）などの表現を押さえておきましょう。

09. ₛThis offer ᵥseems ᴄgood ₘfor us.
自動詞 seem（= appear）は「…のようだ」と客観的な事実、主観的な印象や気持ちを伝えます。seems to be good と be があれば seems to でも正解でした。ちなみに look は表情や態度など、主に見た目の印象を伝えるのが基本です。cf. You look tired.（疲れているようですね）

10. ₛHe ᵥtried ₒto open the can ₘwith the knife.
try は目的語に不定詞と動名詞の両方を取ることができますがニュアンスが異なります。未完ニュアンスのある不定詞を用いることで、「…することを試そうとしたが、できなかった」という気持ちを表すことができます。問題文には but he couldn't do it（でも、彼はそれができなかった）の気持ちが暗に含まれていると考えましょう。仮に動名詞を取る場合は完了ニュアンスとなり「実際に開けることを試した」という意味になります。※［前置詞］with：…を用いて、［名詞］can：缶

11. ₘPlease ᵥremember ₒto lock the door.
他動詞 remember「…を覚えている」は不定詞を取り、remember to Vg で「…することを覚えている（=忘れずに…する）」という意味。これから先の話に言及しています。一方、動名詞を取る場合は過去の内容になります。remember Ving「…したことを覚えている」。※［他動詞］lock：…に鍵をかける

12. ₛIt ᵥsmells ᴄgood.
補語を取る自動詞 smell「…のにおいがする」。補語を取らずに完全な自動詞として用いた場合は「嫌なにおいがする」というネガティブな表現になるので注意しましょう。cf. It smells.（臭いなぁ）

13. ₛMy sister ᵥstopped ₒtalking and ᵥbegan ₒto eat.
他動詞 stop「…することをやめる」は動名詞を目的語にします。不定詞の場合は自動詞「…するために立ち止まる」という意味になります。cf. My sister stopped to talk.（妹は話をするために立ち止まりました）begin は不定詞と動名詞のどちらでも目的語にすることができます。

B **01.** She left home without saying a word.

02. Digging those holes was not easy.

03. He promised to get out of the old habit.

04. The old woman stopped to take a rest.

05. I forgot to pay my rent this month.

06. Would you mind me smoking here?

07. I chose to fly to the UK via Bangkok.

08. The children had nothing to eat.

09. We were very happy to hear that.

---

01. ₛShe ᵥleft ₘhome ₘwithout saying a word.

自動詞 leave「去る」「出発する」。leave home で「家を出る」という意味です。前置詞 without は「…なしで」という意味で、前置詞の目的語に不定詞は NG なのでここは動名詞が正解。※ without Ving：…しないで

02. ₛDigging those holes ᵥwas not ꜀easy.
dig は他動詞「…を掘る」で、ここは動名詞の形で主語として働いています。動名詞の主語は単数扱いですから be 動詞は is/was になります。holes につられて are/were としないように注意しましょう。

03. ₛHe ᵥpromised ₒto get out of the old habit.
promise は他動詞「…を約束する」。promise は不定詞のみを目的語とし、動名詞は用いられません。※ get out of ...：…をやめる、…から抜け出す

04. ₛThe old woman ᵥstopped ₘto take a rest.
stop は不定詞を目的語に取る他動詞「…を止める」ですが、この問題のように目的を示す副詞的用法の不定詞を取ることもあり、その場合は自動詞で「…するために立ち止まる」という意味になります。※ take a rest：休憩する

05. ₛI ᵥforgot ₒto pay my rent ₘthis month.
他動詞 forget「…を忘れる」は不定詞を取れば「…することを忘れる」という未来や未完のニュアンス、動名詞を取れば「…したことを忘れる」という過去や完了のニュアンスを表現できます。「払うのを忘れた」は支払いの未完了を示しますから不定詞が適切ですね。※［名詞］rent：家賃

06. Would ₛyou ᵥmind ₒme smoking ₘhere?
他動詞 mind「…を嫌に思う」は動名詞を目的語に取ります。ここでは me は動名詞 smoking の意味上の主語で、タバコを吸う人を表しています。Would you mind ... ? はとても丁寧に相手の意志や気持ちを確認する表現で、直訳は「あなたは（〜が）…することを不快に思われるのでしょうか」です。「…してもよろしいでしょうか」という意味で用いることができます。mind my smoking と言う場合もあります。

07. ₛI ᵥchose ₒto fly to the U.K. via Bangkok.
他動詞 choose「…を選ぶ」は、不定詞を目的語にします。fly to（…まで飛行機で行く）の to は前置詞で、名詞 the U.K. を目的語としています。動詞の原形を取る不定詞と混同しないようにしましょう。※［前置詞］via：…経由で

08. ₛThe children ᵥhad ₒnothing ₘto eat.
代名詞 nothing「何も…ない」を修飾する不定詞の形容詞的用法です。nothing to eat で「食べるものがない」という表現になります。cf. something to eat：食べるもの

09. ₛWe ᵥwere ꜀very happy ₘto hear that.
very happy（とても幸せ）の理由や原因を表現する副詞的用法の不定詞です。be happy to Vg で「…して嬉しい」という意味になります。

C **01.** My brother never **gets** sick.

02. This **sounds** like a good business.

03. The price of gasoline has **become** a severe issue.

04. His wife **appears** to be a big fan of yours.

---

01. ₛMy brother ᵥnever gets ꜀sick.
ある状態への変化を示す自動詞 get「…になる」です。根本的には become は「永続的に」「徐々に」、get は「一時的に」「瞬間的に」というニュアンスの違いをそれぞれ持っています。

02. ₛThis ᵥsounds ꜀like a good business.
自分で見聞きした気持ちを伝える自動詞 sound「…に思われる」「…に聞こえる」。名詞を補語にする場合は通常、前置詞 like（…のような）を伴います。

03. ₛThe price of gasoline ᵥhas become ꜀a severe issue.
問題 01. 参照。自動詞 become「…になる」。ここでは現在完了形の継続用法で「…になっている」と考えましょう。get はこの意味で名詞を補語にできません。※［形容詞］severe：深刻な、［名詞］issue：問題（点）

04. ₛHis wife ᵥappears ꜀to be a big fan of yours.
客観的な事実や、主観的な印象や気持ちを伝える自動詞 appear（＝ seem）「…のようだ」。seem と違って（×）

appear like ... のような形にはしません。また appear には完全な自動詞として「現れる」という意味もあります。
cf. She didn't appear.（彼女は現れませんでした）※ a big fan of ...：…の大ファン

p. 102–105

Section 2 Shuffle Stage 1 / Answer Key

A

01. She <u>bought</u> me a new jacket.

02. We couldn't <u>arrive</u> there in time.

03. My father <u>became</u> very angry.

01. $_S$She $_V$got $_{O1}$me $_{O2}$a new jacket. この get は SVOO 文型を取る他動詞。この用法では「O$_1$ に O$_2$ を買ってあげる（手に入れてあげる）」という意味になり、同じ SVOO 文型を取る他動詞 buy で言い換えることができます。**(訳：彼女は私に新しいジャケットを買ってくれました)**

02. $_S$We $_V$couldn't get $_M$there $_M$in time. この get は SV 文型を取る自動詞で、この用法では「着く」という意味になり、同じ SV 文型を取る自動詞 arrive で言い換えることができます。※ in time：間に合って **(訳：私たちは時間に間に合うように、そこに着けませんでした)**

03. $_S$My father $_V$got $_C$very angry. この get は SVC 文型を取る自動詞で、この用法では「…になる」という意味になり同じ SVC 文型を取る自動詞 become で言い換えることができます。**(訳：私の父はとても怒りました)**

B

01. I'm（ going ）（ to ）cancel my appointment with Dr. Davis.

02. You（ should ）brush your teeth well.

03. Would you（ like ）a sandwich?

04. She（ must ）（ have ）been very pleased with you.

05.（ I'll ）check my account again.

06. She（ can't ）（ have ）gone very far.

01.「…する予定である」は be going to Vg で表現できます。will よりも予定や計画の準備が進んでいるニュアンスです。cancel は他動詞で「…をキャンセルする」という意味です。「…との約束・予約」は appointment with ... を用いて表現できます。

02.「…するべき」は助動詞 should を用います。強制・命令的ニュアンスのある義務の must「…しなければならない」と区別しましょう。brush は他動詞で「…を磨く」という意味です。

03. Would you like ...? は「…はいかがですか」という丁寧な勧誘表現です。カジュアルな Do you want ... ?「…が欲しいですか」の関連表現として押さえておきましょう。

04. must have Vpp「…したはずだ」「…であったはずだ」。助動詞に完了形 have Vpp を用いると過去の事柄に対する表現になります。ここでは must を使った強い推量表現になっています。pleased「喜んで」は他動詞 please「…を喜ばせる」の過去分詞が形容詞化したものです。

05.「調べてみる」と話し手の意思を示す助動詞 will です。予定・計画などを示す未来表現「…するつもりだ」の意味もあります。

06. 問題 04. 参照。can't[cannot] have Vpp「…したはずがない」と強い否定の推量表現になります。must have Vpp の反意表現として一緒に押さえておきましょう。

036

C

01. He has (**wanted to**) meet my sister since last summer.

02. It was important (**to help**) each other.

03. I'm expecting (**to hear**) from his office.

04. He (**was looking**) for something when I saw him.

05. I finished (**writing**) my paper this morning.

06. The dead man might have (**died**) of a heart attack.

01. 継続用法の現在完了形 have Vpp「(ずっと) …している (…してきた)」です。また他動詞 meet「…と会う」があることから want to と不定詞の形にしましょう。**(訳:彼は私の姉[妹]に去年の夏から会いたがっています)**

02. It is ～ to Vg「…することは～だ」の表現です。不定詞を用いますので to help としましょう。each other「お互い」は他動詞 help の目的語になっています。**(訳:互いに助け合うことが大切でした)**

03. expect to Vg「…することを期待する」「…するつもりだ」。expect は不定詞を目的語に取ります。**(訳:私は彼の事務所からの連絡を待っています)**

04. when の中身で示された過去の出来事 (I saw him) の時点で、同時に起こっていた進行状況を表現した過去進行形 was/were Ving と判断します。**(訳:私が彼を見たとき、彼は何かを探していました)**

05. finish は動名詞を目的語にします。finish Ving「…するのを終える」。**(訳:私は今朝、論文を書き終えました)**

06. might have Vpp「(ひょっとしたら) …かもしれなかった」。might は may よりも確信度の低さを示しています。助動詞に完了形を用いることで過去の内容を表現したものですね。※ [形容詞] dead:死んでいる、die of ...:…が原因で死ぬ、heart attack:心臓病 **(訳:死体の男性は、ひょっとしたら心臓病で亡くなったのかもしれません)**

D

01. I was (**drowning**) in the river. Luckily, a man (**saved**) me.

02. My shoulder really (**hurts**). I can't move it.

03. You can (**rely**) on my sister.

04. I was (**struggling**) with this machine.

05. It was freezing last night. The wind was (**blowing**) very hard.

06. I haven't (**accepted**) the job offer yet.

07. We had to (**break**) the lock on the door to get into the room.

08. It will (**cost**) me $100 to update my website.

01. drown は「おぼれ死ぬ」という自動詞です。これを進行形にすることで「…しかかっている」という状況を表すことができます。他動詞 save は「…を救う」という意味です。※ [副詞] luckily:幸運にも

02. hurt は自動詞で「(体の部位が) 痛む」という意味です。他動詞として「…を傷付ける」という意味で用いることも可能です。

03. rely on ... は「自動詞＋前置詞」フレーズで、「…を頼る」という意味です。前置詞 on を用いて、頼りにする相手を示します。rely の代わりに depend や count を用いることもできます。

04. struggle with ... は「自動詞＋前置詞」フレーズで、「…と格闘する、奮闘する」という意味です。

05. 自動詞 blow は「(風などが) 吹く」という意味です。過去における一時的な状況を過去進行形で表しています。※ [形容詞] freezing:凍えるような

06. 他動詞 accept は「…を受け入れる」という意味です。現在完了形の完了用法です。副詞 yet は否定文で用いると「まだ…していない」という意味になります。

07. 他動詞 break は「…を壊す」という意味です。had to Vg は「…しなければならなかった」という助動詞の表現ですね。※ get into ...:…の中へ入る

08. cost O₁ O₂「O₁ に O₂ がかかる、要する」という SVOO 文型の表現ですが、これに不定詞を用いたものです。it は形式主語で、真主語は不定詞部分になります。cost O₁ O₂ to Vg「O₁ が…するのに O₂ がかかる、要する」という感じで覚えておきましょう。※ [他動詞] update:…を更新する

E

01. Could you lend it（ **to** ）me?

02. We had to attend（ **the lecture** ）yesterday.

03. They have already（ **raised** ）the price of their products.

04. Could you wake（ **me up** ）tomorrow morning?

05. You are always（ **worrying** ）about me.

06. He has wanted to（ **marry** ）me since we met.

07. I tried to（ **get** ）a loan from the bank, but I was（ **refused** ）.

08. She likes（ **lying** ）in my bed.

---

01. lend O₁ O₂「O₁ に O₂ を貸す」を SVO 文型にすると lend O₂ to O₁ になります。前置詞 to がポイントです。また SV O₁ O₂ 文型の O₂ に代名詞 it は置けないため SVO 文型で言い換えるという点も覚えておきましょう。**(訳：それを私に貸していただけませんか)**

02. attend は他動詞「…に参加する」で前置詞は不要です。※［名詞］lecture：講義 **(訳：私たちは昨日、その講義に出席しなければなりませんでした)**

03. raise は他動詞「…を上げる」で、後ろに直接、目的語を取ることができます。the price に注目して他動詞の raise を選びましょう。一方、rise は自動詞「上がる」ですね。※他動詞 raise には「…を育てる」（＝ bring up ）という意味もあります。**(訳：彼らはすでに製品の値上げをしました)**

04. wake O up「O を起こす」です。「他動詞＋副詞」の表現で目的語が代名詞の場合は「他動詞＋代名詞（＝ O ）＋副詞」の語順になります。Could you Vg ...？は「…していただけませんか」ととても丁寧に相手にお願いする表現ですね。**(訳：明日の朝、起こしていただけませんか)**

05. be always Ving「いつも…してばかりいる」は too much、too often のニュアンスで、話し手が不平不満を抱いているときによく使われる表現です。また worry は自動詞で about と一緒に用いて「…を心配する」という意味になります。**(訳：あなたはいつも私のことを心配してばかりいます)**

06. marry は他動詞なので前置詞 to は不要です。want を用いた現在完了形の継続用法ですね。この since は接続詞で since S' V' ...「S'が…して以来」という意味です。**(訳：出会って以来、彼はずっと私と結婚したがっています)**

07. to は不定詞ですから後ろは動詞の原形です。try to Vg を過去形で用いると「…しようとしたが、結局できなかった」というニュアンスです。問題文でも、but が導く文の中で他動詞 refuse「…を断る」を受け身 be Vpp にすることで、結局拒否されたことが明らかになっています。**(訳：私は銀行から融資を受けようとしましたが、断られました)**

08. 後ろに前置詞 in があることから「自動詞＋前置詞」と判断します。lying は自動詞 lie の動名詞でこれが正解です。lie — lay — lain —lying でしたね。動名詞が他動詞 like の目的語になったものですが、不定詞で言い換えることも可能です。（○）likes to lie in ... **(訳：彼女は私のベッドで横になるのが好きです)**

F

01. (a)We couldn't survive the recession.

(b)We（ **weren't** ）（ **able** ）（ **to** ）survive the recession.

02. (a)I'll find you a good job.

(b)I'll find a good job（ **for** ）（ **you** ）.

03. (a)Sleeping enough is not only important but necessary.

(b)（ **It** ）（ **is** ）not only important but necessary（ **to** ）sleep enough.

04. (a)It began to rain last night, and it's still raining now.

(b)It（ **has** ）（ **been** ）raining since last night.

05. (a)Remember to set the alarm clock.

(b)（ **Don't** ）（ **forget** ）to set the alarm clock.

---

01. couldn't Vg の言い換え wasn't/weren't able to Vg ですね。主語 We に合わせて were とします。他動詞 survive は「（切り抜けて）…を生き残る」という意味です。※［名詞］recession：不景気　訳：(a)(b)（私たちは不況を切り抜けることができませんでした)

02. find O$_1$ O$_2$「O$_1$ に O$_2$ を見つけてあげる」を SVO 文型にすると find O$_2$ for O$_1$ になります。前置詞 for がポイントです。E の問題 01. と比較。SVOO 文型を SVO 文型に言い換えた際に用いる前置詞 to/for の使い分けですが、「相手がいなくても成立する動作」は for と押さえておきましょう。**訳：(a)（あなたに良い仕事を見つけてあげましょう）(b)（良い仕事をあなたに見つけてあげましょう）**

03. 動名詞を主語として用いた英文を It is ~ to Vg「…することは～だ」構文で言い換えたものです。また not only A but (also) B で「A だけでなく B も」という意味の表現になっています。**訳：(a) (b)（十分な睡眠は重要なだけでなく必要なものです）**

04. 英文 (a) の文意より、「昨夜から現在にかけてずっと雨が降っている」という状況を現在完了進行形 have been Ving で表現したものです。※［副詞］still：まだ… **訳：(a)（昨夜、雨が降り始めて、今もまだ降っています）(b)（昨夜からずっと雨が降っています）**

05. remember to Vg は「…することを覚えている」＝「忘れずに…する」という意味です。これを否定の命令文 Don't forget to Vg「…することを忘れるな」で言い換えたものですね。不定詞は「未来」「未完了」ニュアンスであることを押さえておきましょう。※動名詞を目的語に取った場合は「過去」「完了」ニュアンスの表現になります。remember Ving「…したことを覚えている」、forget Ving「…したことを忘れる」。**訳：(a)（目覚まし時計を忘れずにセットしなさい）(b)（目覚まし時計をセットするのを忘れないように）**

G

01. Are you（ ready to get on the bus ）?

02.（ Can you pick me up at ）the airport?

03.（ I tend to waste my money ）on shoes.

04.（ It takes me two hours to ）write a blog entry.

05.（ My bicycle was stolen in ）the night.

06. I（ have never been to Okinawa ）.

01. be ready to Vg「…する準備ができている」は形容詞 ready を修飾する不定詞の副詞的用法の表現です。また get on は「自動詞＋前置詞」で、これで 1 つの他動詞になります。間に the bus を挟まないように注意しましょう。（×）get the bus on **（訳：あなたはバスに乗る準備はできていますか）**

02. pick up「…を車で迎えに行く」は「他動詞＋副詞」表現です。目的語が代名詞の場合は他動詞の直後に代名詞を取る語順でしたね。（×）pick up me（○）pick up Tom。Can you Vg ...?「…してくれませんか」はカジュアルに相手にお願いをする表現です。**（訳：空港まで車で迎えに来てくれませんか）**

03. tend to Vg で「…しがちである」という表現になります。この tend は自動詞で後ろの不定詞は副詞的用法になっています。関連表現として be likely to Vg「…しそうである」も押さえておきましょう。他動詞 waste は「…を無駄にする」という意味です。**（訳：私は靴にお金を無駄遣いしがちです）**

04. take O$_1$ O$_2$ to Vg「O$_1$ が…するのに O$_2$ がかかる」という意味です。SVOO 文型に to 不定詞がくっついた形ですね。**（訳：私はブログを書くのに 2 時間かかります）**

05. 被害ニュアンスの受け身表現 be Vpp です。※ in the night：夜間に **（訳：夜の間に私の自転車が盗まれました）**

06. have been to ...「…に行ったことがある」という現在完了形の経験用法です。never を用いて「一度も…したことがない」という意味になっています。**（訳：私は今までに沖縄へは一度も行ったことがありません）**

H

01. She wants to stop <u>drinking</u>（× to drink）. She might need medical assistance.

02. Nobody is listening to the radio. Would you mind turning <u>it off</u>（× off it）?

03. When I visited her, she <u>was working</u>（× worked）on her laptop.

04. We managed to <u>communicate with</u>（× communicate）each other on the internet.

05. They charged <u>us $120</u>（× $120 to us）for a room.

01. 他動詞 stop は基本的に動名詞を目的語とし「…するのを止める」という意味になります。不定詞を用いた場合は

目的を示す副詞的用法になり「…するために立ち止まる」という意味になりますので混同しないように注意しましょう。ここでは文意より動名詞にします。※ medical assistance：医学的支援（**訳：彼女はお酒を止めたいと思っています。ひょっとしたら医学的支援が必要かもしれません**）

02.「他動詞＋副詞」フレーズの turn off ...「（電源など）…を切る、オフにする」です。目的語が代名詞の場合は turn の直後に置かなければなりません。Would you mind Ving ... ? は「…することを嫌に思われますか」が直訳ですが「…していただけませんか」というとても丁寧な依頼表現になります。（**訳：誰もラジオを聞いていません。電源を切っていただいてもよろしいですか**）

03. C の 04. 参照。過去における一時点で同時に進行していた動作は過去進行形 was/were Ving で表現します。worked のままでは「彼女を訪ねたときに、彼女は働いた（動作の完結）」のような雰囲気で不自然ですね。※ ［名詞］laptop：ノートパソコン（**訳：私が訪ねたとき、彼女はノートパソコンで仕事をしていました**）

04. communicate は「（互いに）意思疎通をする」という意味では自動詞で、その相手を表現するには前置詞 with が必要です。manage to Vg は「…をなんとかやり遂げる」という表現です。（**訳：私たちはインターネット上で、なんとかお互いにコミュニケーションを取りました**）

05. charge O₁ O₂「O₁ に O₂ を請求する」という SVOO 文型ですが、charge はこの意味で「SVO ＋ for/to ＋人」の語順で言い換えることはできません。（**訳：私たちは一部屋 120 ドルを請求されました**）

05. charge O_1 O_2「O_1 に O_2 を請求する」という SVOO 文型ですが、charge はこの意味で「SVO ＋ for/to ＋人」の語順で言い換えることはできません。（**訳：私たちは一部屋 120 ドルを請求されました**）

p. 106

Section 2 Communication Stage 1

1. got、it、for、me　**2.** It's、really、good　**3.** starting、to、get、bored
4. I'll、do、that

※以下のダイアローグは何度も音読して口の筋肉を鍛えましょう！

Mr. Evine: ① Is that a new MP3 player?

Ms. Parker: ② Yeah, my dad **got it for me** for my birthday.

Mr. Evine: ③ Oh, I've been thinking of getting one of those, too. ④ What's it like?

Ms. Parker: ⑤ **It's really good**. ⑥ I can get my whole CD collection on here.

Mr. Evine: ⑦ Wow, that's amazing.

Ms. Parker: ⑧ Yeah. ⑨ The only trouble is I'm **starting to get bored** with my CDs.

Mr. Evine: ⑩ Can't you download new stuff off the internet?

Ms. Parker: ⑪ Yeah, **I'll do that** when I get home tonight.

重要ポイント

②get O for ...「…のために O を買ってあげる、手に入れてあげる」。got me a new MP3 のように SVOO 文型で「私に新しい MP3 を買ってくれた」とすることは可能ですが、この文型の 2 つ目の目的語に代名詞 it を用いることはできないため、本文のように前置詞 for を用いた SVO 文型になっています。

③I've been thinking of Ving「…することを（ずっと）考えていた」。現在完了進行形で継続ニュアンスを強調した形です。継続を示す言葉である since や for なしで継続用法を示す場合は基本的にこの現在完了進行形 have been Ving の形になります。（be 動詞や know、have などの状態動詞はこの用法では用いることができません）

④It is like ...「それは…のようだ」の「…」の部分に物事の内容を尋ねる疑問詞 what を用いた形です。what は代名詞用法で前置詞 like の目的語が変化したもの。前置詞 like がなければ what を how で言い換え可能です。

⑦amaze「…を驚かせる」のようなもともと「…させる」という意味を持つ他動詞を現在分詞にした場合、「（人を）驚かせるような」という意味になります。一方、過去分詞 amazed にすると「驚かされる」⇒「（主語自身が）驚いて」という意味になりますので注意しましょう。

⑨The only trouble is (that) ...「唯一の問題は…であることだ」。接続詞の that「…ということ」が省略されています。

bored は他動詞 bore「…を退屈させる」の過去分詞が形容詞化したもので、主語自身が「退屈する」状態を表しています。現在進行形（I'm starting）は get bored with ...「…に退屈する」という状態になり始めているという変化を表現しています。start to Vg で「…し始める」という意味ですね。名詞的用法の不定詞が start の目的語になっています。

⑩ Can't you ... ?「…できないのですか」は暗に「当然…できるでしょ?!」をほのめかした婉曲表現です。stuff は thing（物、こと）、material（材料、原料）、matter（事柄）などを表す口語表現としてよく用いられます。ここでは music の言い換えです。また off the Internet「インターネットから」の前置詞 off は from の言い換えで「根源」用法です。

⑪ 話し手の意思を示す助動詞 will「…するつもりだ」です。単純な未来の予定や計画だけでなく意思を示す用法もとても多いので押さえておきましょう。代名詞 that は相手がその前に話した内容の一部または全部を指します。ここでは that ＝ download new stuff off the internet ですね。副詞節 when S' V'の when は「S'が V'する（した）とき」と時を導く接続詞です。時や条件を示す副詞節中では未来でも現在形で表現します。接続詞について詳しくは Unit 09 で勉強します。

日本語訳

Mr. Evine：①それって、新しい MP3 プレーヤー？

Ms. Parker：②そうなの、お父さんが私の誕生日に買ってくれたのよ。

Mr. Evine：③いいねぇ、僕も買おうかとずっと考えてたんだよ。④どんな感じ？

Ms. Parker：⑤本当にいいわよ。⑥これに私が持ってる CD の曲を全部取り込めるの。

Mr. Evine：⑦そりゃあ、すごいなぁ！

Ms. Parker：⑧まあね。⑨でも唯一の問題は、だんだん CD の曲に飽きてきちゃったことなの。

Mr. Evine：⑩インターネットから新しい曲をダウンロードできないの？

Ms. Parker：⑪できるわよ、今夜家に帰ったら新曲をダウンロードするつもり。

P. 116&117

Section 2 Unit 07 / Answer Key

Output Stage 1　※ Output Stage 2 の解答も以下の英文を参照し、何度も音読練習をしましょう。

A **01.** Rieko got **married**, didn't she?

02. You can request an email **reminding** you of your password.

03. They robbed the store **of** cash.

04. Are you **interested** in sharing your idea **with** us?

05. I watched an **exciting** movie on TV yesterday.

06. My laptop has some problems **sending** email.

07. Tomoko's opinion is very **interesting** to me.

08. The boy went **crying** to his father.

09. Satoshi got **transferred** to Chicago last April.

10. Her brother is not **connected** with the trading company.

11. Usually we go **shopping** together.

12. Today I'll replace **the broken window** with a new one.

13. This question is very **confusing** for kids, isn't it?

---

01. _SRieko _Vgot _Cmarried, didn't she?

　　過去分詞 married が「結婚して」という状態を示す形容詞になったものです。これが補語となり自動詞 get「…に

なる」と結びついた形です。,didn't she? は付加疑問文で「…です（よ）ね」と相手に念押しや確認をするために用いる表現です。主節が肯定であれば否定形、否定であれば肯定形になります。

02. ₛYou ᵥcan request ₒan email ₘreminding you of your password.
現在分詞のカタマリ（reminding ... password）が後ろから名詞（an email）を修飾した形です。「E メールを頼むことができますよ」という文に「（その E メールは）あなたのパスワードを思い出させてくれますよ」という追加説明をイメージしながら現在分詞を用いてつないでいきましょう。また現在分詞になっている remind O of ... は「O に…を思い出させる」という意味です。

03. ₛThey ᵥrobbed ₒthe store ₘof cash.
rob O of ...「O から…を奪う」。rob は目的語に「襲う相手・場所」を取ります。そしてその結果、相手から奪ったものを of の後ろで示す形になります。※［名詞］cash：現金

04. ᵥAre ₛyou ᴄinterested ₘin sharing your idea with us?
be interested in Ving「…することに興味がある」。過去分詞 interested「興味を持って」を用いた表現です。「…させる」という意味で感情を表す他動詞を過去分詞にすると、主語の気持ちを表現することができます。また share O with ... は「O を…と共有する」という意味ですね。

05. ₛI ᵥwatched ₒan exciting movie ₘon TV ₘyesterday.
現在分詞 exciting「わくわくさせる（＝刺激的な、興奮する）」が形容詞となり名詞（movie）を前から修飾したものです。分詞 1 語ですから名詞の前に置きます。問題 02. 参照。

06. ₛMy laptop ᵥhas ₒsome problems ₘsending e-mail.
この文では sending email が後ろから名詞（problems）を修飾したものと考えがちですが、直前に前置詞 with が省略されており、ここでの sending は動名詞用法の Ving となります。また、硬い表現になりますが、My laptop has some problems preventing me from sending email. も可能です。※［名詞］laptop：ノートパソコン

07. ₛTomoko's opinion ᵥis ᴄvery interesting ₘto me.
他動詞 interest「…に興味を抱かせる」を過去分詞 interested にすると主語がその気持ちになることを意味するためここでは不適切です。物事を主語にして「人を…させるような」と表現する場合は現在分詞 interesting「面白い」にしましょう。※「…（という気持ち）にさせる」と感情を示す他動詞を現在分詞にすると「人を…（な気持ち）にさせる」というニュアンスになります。cf. He is interesting.（彼は面白い人です）、He is interested.（彼は興味を持っています）

08. ₛThe boy ᵥwent ᴄcrying ₘto his father.
「…しながら」を意味する現在分詞 crying です。本来、自動詞 go は補語を取りませんが、慣用的に分詞を続けることができます。went to his father に分詞をはさんだ形ですね。

09. ₛSatoshi ᵥgot ᴄtransferred ₘto Chicago ₘlast April.
他動詞 transfer「…を転勤（任）させる」の過去分詞 transferred「転勤させられた」を自動詞 get の補語にした形です。「転勤させられた状態になった」＝「転勤させられた」。

10. ₛHer brother ᵥis not ᴄconnected ₘwith the trading company.
be connected with ...「…と関連がある」。もともと connect her brother with the trading company を受け身にした形です。connect O with ...「O を…と関係づける」。※［名詞］trading：貿易

11. ₘUsually ₛwe ᵥgo ᴄshopping ₘtogether.
go Ving「…しに行く」。自動詞 shop「買い物をする」を現在分詞にしたものです。※［副詞］usually：たいてい

12. ₘToday ₛI ᵥwill replace ₒthe broken window ₘwith a new one.
他動詞 break「…を壊す」の過去分詞 broken「壊された（＝壊れた）」が形容詞となり名詞（window）を修飾しています。また replace O with ... は「O を…と取り換える」という意味です。※代名詞 one は「a/an ＋名詞（＝window）」を言い換えたものです。

13. ₛThis question ᵥis ᴄvery confusing ₘfor kids, isn't it?
形容詞となる現在分詞を補語として用いたものです。confuse は他動詞「…を混乱させる」で、これを現在分詞にすると「（物事が）混乱させるような」という意味になります。ちなみに過去分詞にすると「（主語が）混乱した（状態の）」となり、文意に合わないため不適切です。※, isn't it?：付加疑問文「…です（よ）ね」

B **01.** He stole the idea from me.

02. I visited her, hoping for a chance to talk.

03. My father looked very bored.

04. The partition separates this area from another.

05. I was charged with an important task.

06. The man waiting for the bus is my colleague.

07. The sirens kept me from getting to sleep.

08. It was difficult for me to understand the email written in English.

09. Arriving at the station, I called my wife.

---

01. _SHe _Vstole _Othe idea _Mfrom me.
steal O from ...「O を…から盗む」。steal は目的語として「盗む物」を取ります。そして後ろに「誰から盗むのか」を from を用いて示すのがポイントです。

02. _SI _Vvisited _Oher, _Mhoping for a chance to talk.
付帯状況「…しながら」を表現する現在分詞です。物事が同時に進行している場合に用います。hope for ... は「…を望む」という意味で、「自動詞＋前置詞」で他動詞になるフレーズです。a chance to talk（話すチャンス）は、形容詞的用法の不定詞 to talk が名詞 chance を修飾した形です。

03. _SMy father _Vlooked _Cvery bored.
自動詞 look「…に見える」が他動詞 bore「…を退屈させる」の過去分詞 bored「退屈して」を補語に取ったものです。

04. _SThe partition _Vseparates _Othis area _Mfrom another.
separate O from ...「O を…から分離する」。後ろに前置詞フレーズを伴う他動詞をこの Unit では学んでいますが、特定の前置詞を伴わずに一般的な他動詞として働く場合も当然あります。cf. Police moved in to separate the crowd.（警官は群衆を分散させるために中に割って入りました）

05. _SI _Vwas _Ccharged _Mwith an important task.
be charged with ...「…を任せられる、課せられる」。charged me with を受け身にしたものです。charge O with ... で「O に…を課す」。名詞 charge を用いた be in charge「担当である」も押さえておきましょう。cf. I'm in charge of accounting.（私は経理を担当しています）

06. _SThe man _Mwaiting for the bus _Vis _Cmy colleague.
現在分詞のカタマリ（waiting for the bus）が名詞（man）を後ろから修飾したものです。The man から the bus で大きな１つの主語になっているのがポイントですね。※［名詞］colleague：同僚

07. _SThe sirens _Vkept _Ome _Mfrom getting to sleep.
keep O from ...「O に…させないでおく」。getting は動名詞で前置詞 from の目的語になっています。※ get to sleep：眠りにつく

08. It _Vwas _Cdifficult for me _Sto understand the email _Mwritten in English.
過去分詞のカタマリ（written in English）が名詞（email）を後ろから修飾したものです。文全体は It was ~ for me to Vg「私にとって…することは～だった」の形です。It は形式主語で不定詞（to understand the email）が真の主語になります。for me は不定詞の意味上の主語ですね。

09. _MArriving at the station, _SI _Vcalled _Omy wife.
連続用法の分詞構文の表現です。「…して、それから～」という意味です。After I arrived at the station, I called my wife. と言い換えることができます。

C **01.** I couldn't open the **attached** PDF.

02. This is a luxury hotel **located** in the business district of Hong Kong.

03. His new film was **disappointing** to us.

04. I feel very **relaxed** and comfortable today.

01. $_S$I $_V$couldn't open $_O$the attached PDF.

他動詞 attach「…を添付する」の過去分詞 attached「添付された」が形容詞として後ろの名詞（PDF）を修飾した形です。

02. $_S$This $_V$is $_C$a luxury hotel $_M$located in the business district of Hong Kong.

他動詞 locate「…に位置させる」は過去分詞 located「（…に）位置した」で用いるのが普通です。ここではカタマリ（located ... Hong Kong）で名詞（hotel）を後ろから修飾した形です。※［形容詞］luxury：豪華な、贅沢な、business district：ビジネス街

03. $_S$His new film $_V$was $_C$disappointing $_M$to us.

他動詞 disappoint「…を落胆させる」を現在分詞 disappointing にすると「（人を）がっかりさせるような」という、周りに影響を与えるニュアンスを持ちます。この表現は人を主語にして言い換えることができます。cf. We were disappointed at his new film.（私たちは彼の新しい映画にがっかりしました）。現在分詞が過去分詞に変化するのがポイントですね。臨機応変に表現方法を変えられるように練習してください。※［名詞］film：映画

04. $_S$I $_V$feel $_C$very relaxed and comfortable $_M$today.

他動詞 relax「…をくつろがせる」を過去分詞 relaxed にすると「くつろいだ」と自分の気持ちを表現できます。feel は「…の心地がする」という意味で、後ろに補語を取る自動詞です。※［形容詞］comfortable：快適な、気楽な

p. 128&129

Section 2 Unit 08 / Answer Key

Output Stage 1　※ Output Stage 2 の解答も以下の英文を参照し、何度も音読練習をしましょう。

A 01. What was their wedding like?

02. Where did you drink too much?

03. My grandmother couldn't remember who she was.

04. Whose sister is the girl?

05. Tell me where to park my car.

06. How does my stew taste?

07. Why did you pull me over, officer?

08. How long will it take to settle the case?

09. What should I attach to my application?

10. When did you buy the ring for her?

11. How is this related to Europe?

12. I'm not sure which station I should get off at.

13. How often have you changed jobs?

01. What is/was ... like? で相手の印象や感想を尋ねる口語表現です。like を省略し what を how で言い換えることもできます。

02.「場所」を尋ねる疑問詞 where。この drink は自動詞で、「酒を飲む」という意味です。※ too much：過度に

03.「人」を尋ねる疑問詞 who を用いた間接疑問文「疑問詞＋S'V'」。間接疑問文は名詞のカタマリとなり他動詞 remember「…を覚えている」の目的語になっています。

04. 所有を示す疑問詞 whose。形容詞用法で「誰の…」という意味になり、sister を修飾しています。

05. $_V$Tell $_{O1}$me $_{O2}$〔where to $_{V'}$park $_{O'}$my car〕.

疑問詞＋不定詞（to Vg）が目的語（O₂）になった形。間接疑問文で言い換えることも可能です。cf. Tell me where I should park my car（どこで車を止めるべきか教えて）

06. my stew tastes [ ]（私のシチューは [ ] な味がする）の補語の内容（[ ] 部分）を疑問詞 how で尋ねた形。この補語には good など形容詞が用いられます。本来 how は副詞を言い換えたものですが、この例のように「どんな状態［様子・具合］で」と相手に感想や印象を尋ねる場合には形容詞的用法として how を用いることができます。cf. How's it going?（調子はどうですか）

07.「理由」や「目的」を尋ねる疑問詞 why「なぜ」。pull over O は他動詞＋副詞の表現で「O を片側に寄せる」という意味。O が代名詞の場合はこの問題文のように語順は pull O over となります。officer は警察官に対する呼びかけで、無冠詞で使うことができます。※ pull over は「車を道の片側に寄せる」という意味で自動詞の用法もあります。

08. it takes [時間] to Vg「…するのに [時間] がかかる」の [時間] を尋ねた how long です。この long は「時の長さ」を示し how でその程度を尋ねたもの。settle は他動詞で「…の決着をつける」「…を解決する」。自動詞用法で settle down「定住する」「（仕事などに）落ち着く、慣れる」も押さえておきましょう。※ [名詞] case：訴訟、事件

09. attach [ ] to my application「申込書に [ ] を添付する」の添付内容を疑問詞 what で尋ねた形。この should は「…したらいいでしょう」の意味です。

10. buy O₁ O₂「O₁ に O₂ を買ってあげる」で、前置詞 for を用いて SVO 文型で言い換えた buy O₂ for O₁ の形ですね。

11. この疑問詞 how は「どんな具合に」という意味。relate this to Europe「これをヨーロッパに関連付ける」を受け身 this is related to Europe にして how でその様子（様態）を尋ねた表現になっています。※ be related to ...「…と関係している」と受け身の形で用いられることが多いです。

12. 特に限られた選択肢の中で物事を決定したいときに用いる疑問詞 which（不特定多数の場合は what）。ここでは形容詞用法「どちらの…」として名詞（station）とセットになっています。get off at [ ]「[ ] で降りる」の [ ] を which station で尋ねた形で、最後の前置詞 at が抜けないように注意しましょう。また、I'm not sure ...「…がよく分からない、はっきりしない」は確信が持てないときに用いる表現で、この問題のように後ろに wh 節（間接疑問文など）を伴うことが多いです。

13. How often「何回くらい、どれくらい」は経験・頻度を尋ねる疑問詞の表現。現在完了形の経験用法になっています。※ change jobs：転職する

B 01.（か）How can I open this? Just press the button.

02.（い）Why didn't you vote for the candidate? She isn't the right person for the job.

03.（お）Which team won the game? My team, of course.

04.（く）Whose name should I say first? Your client's name.

05.（け）Where did the dog bite you? On the ankle.

06.（き）How long have you been in London? Since last spring.

07.（え）What kind of music do you recommend? R&B is good.

08.（あ）How did you know about Hiroko? She's my brother's girlfriend.

09.（う）Do you know who represents him? No, I have no idea.

01.「ボタンを押せ」と具体的な動作を示していることから「方法」「手段」を尋ねる疑問詞 how に対する返事と判断します。press は他動詞で「…を押す」という意味。

02. 話し手の意見を述べていることから、「理由」を尋ねる why を用いた質問と判断します。Why don't/didn't you ...? は否定疑問文で「どうして…しない（しなかった）のですか」という意味。場合によっては「丁寧な提案」あるいは「…しなさいよ」と軽い命令の意味が暗に含まれることがあります。※ [形容詞] right：ふさわしい、適切な

03. team を返事に挙げていることから、文意より「試合の勝者」を尋ねていると判断。限られた中での物事を尋ねる疑問詞 which「どちらが」ですね。この疑問詞 which は「どの…」という形容詞用法で名詞 team を修飾しています。which team 自体が主語になっていますので、（×）Which team did win the game? としないように注意しましょう。

04. 「所有者」を尋ねる疑問詞 whose。ここでは形容詞用法「誰の…」として名詞（name）を修飾しています。質問に name とあることからそれに関連付けても解答を選ぶことができます。※［名詞］client：顧客

05. On the ankle「足首を」と具体的な場所を挙げていることから「場所」を尋ねる疑問詞 where「どこ」を用いた質問と判断します。bite は他動詞で「…をかむ、かみつく」という意味です。※［名詞］ankle：足首

06. since「…以来」と継続の起点を示す前置詞を用いていることから、継続期間の長さを尋ねる How long「どれくらいの（期間）」を用いた質問と判断します。現在完了形の継続用法になっています。

07. 具体的な音楽ジャンルを挙げていることから、What kind of music「どんな種類の音楽」という質問に対する返事と判断できます。この what は形容詞用法「何の」で、名詞句 kind of music とセットになったもの。※ what kind of ... : どんな種類の…

08. 「手段」「方法」を尋ねる疑問詞 How を用いた質問に、少し遠まわしな言い方で答えています。「弟の彼女」⇒「だから知り合いになった」という文脈ですね。文意より判断しましょう。

09. 疑問詞は具体的な内容をダイレクトに尋ねたもので、それに対して「はい」「いいえ」で答えるのは不自然です。一方、「…ですか」と尋ねる普通の疑問文に対しては Yes/No で答えることができます。そこで Do you ... ? の形で尋ねたものと判断しましょう。他動詞 know の目的語として名詞のカタマリである間接疑問文 who V'「誰が…するのか」を用いたものですね。I have no idea. は「アイデアがない」という意味ではなく I don't know. を強調した表現です。場合によっては投げやりな感じで失礼な印象を与えますので、相手との関係によっては使用を控えましょう。※［他動詞］represent：…の代理をする

C **01.** **How** is your job search going?

02. He blamed himself **for** her death.

03. I spent $100 **on** these shoes.

04. He was thought **of as** a genius.

---

01. 物事の様子、状況を尋ねる「様態」用法の疑問詞 how。この自動詞 go は「（物事が）進行する」という意味です。It is going well.（うまくいっています）の well のように様態を示す副詞を伴い、この副詞を言い換えたものが how です。what は形容詞や名詞の内容に対しての質問文を作るため、この英文では用いることができません。

02. blame O for ...「O を…のことで責める」。主語と目的語が同じ「彼」なので、目的語に「彼自身」を意味する再帰代名詞 himself を用いています。

03. spend お金 on ...「…にお金を費やす」。in の場合は、「ある行動に時間を費やす［…して過ごす］」という場合に用います。cf. I spend my free time (in) reading.（暇な時間は読書をして過ごします）

04. think of O as ...「O を…と見なす」を過去の受け身にした形。of が抜けないように注意しましょう。※［名詞］genius：天才

---

p. 140&141

Section 2 Unit 09 / Answer Key

Output Stage 1 ※ Output Stage 2 の解答も以下の英文を参照し、何度も音読練習をしましょう。

A **01.** The man **stood up and frowned at** the boys.

02. She was **so frightened that she rolled off** the bed.

03. I don't know **how things were a hundred or** 50 years ago.

04. When I listened to that music, **it made me** really sleepy.

05. I didn't **want to employ him because he was** too young.

06. I'm sure **this offer will make you happy.**

07. When I climbed the mountain, **I found it hard to breathe.**

08. Is it true he left his brother alone?

09. **It will keep you warm if you walk** around.

10. **We elected him governor.**

11. I was missing her, **so I picked up my cellphone and called** her.

12. How would you like your eggs? — I like mine sunny side up.

13. What can I call you? — Just call me Evine if you like.

01.「…し、そして～する」と行動の順序をまとめてくれる接続詞 and です。主語が同一ですから frowned の主語 the man は省略されています。frown は自動詞で「(…に) しかめっ面をする」という意味です。※ frown at ... : …にしかめっ面をする

02. so 形容詞・分詞 that ~「とても…で～」の表現。過去分詞 frightened は「おびえた」「ぎょっとした」という意味の形容詞です。かなり驚いた結果、どうなったのかが接続詞 that 以下で表現されています。roll は自動詞で「転がる」という意味です。※ roll off ... : …から転がり落ちる

03. A or B で「A あるいは B」という選択を示す表現になっています。他動詞 know の目的語となる名詞節を導く接続詞 that「…ということ」が省略されています。I don't know (that) …「…ということを知らない」。さらにこの目的語のカタマリ (how ... ago) は間接疑問文 (疑問詞＋S'V') になっています。How _Vwere _Sthings a hundred or 50 years ago?（100 年前あるいは 50 年前の事情はどうだったのでしょうか）⇒ 間接疑問文の語順は how _Sthings _Vwere …。※ [名詞] thing(s)：事情、事態

04. 時を示す接続詞 when「…するとき」。make は他動詞で make OC「O を C の状態にする」のパターンで用いることができます。※ it ＝ that music、[形容詞] sleepy：眠い

05. 理由や原因を表現する接続詞 because「なぜなら…」。employ は他動詞で「…を雇う」(＝ hire) という意味です。※ want to Vg：…したい (と思う)、[副詞] too：…すぎる

06. SV (be 動詞) [形容詞] that ...「…のことについては [形容詞] である」。I'm sure (that) …は「…について確信している」という意味で、接続詞 that が省略されています。make は make OC の語順で「O を C にする」という意味ですね。make の場合、C には形容詞だけではなく名詞を用いることもできます。※ [名詞] offer：提案

07. find it C to Vg「…することは C であると分かる」。この it は形式目的語で真の目的語は to 以下の不定詞で表現されています。when「…するとき」は時を表現する接続詞。breathe は自動詞で「息をする」という意味です。

08. leave は後ろに目的語と補語を取り leave OC「O を C のままにしておく」という意味。it is true (that) ...「…ということは本当である」の it は形式主語で that 以下の内容を示します。

09. keep は keep OC「O を C の状態にしておく」というパターンも作れます。接続詞 if は条件を示し「もし…なら」という意味になります。※ walk around：散歩する、うろうろ歩く

10. elect OC (身分・地位)「O を C に選ぶ」。この補語には無冠詞の名詞を用います。※ [名詞] governor：知事

11. 結果を表現する接続詞 so「だから…」。この miss は他動詞で「…がいないのを寂しく思う」という意味になっています。他にも「…に乗り遅れる」「…を見[聞き]そこなう」などの意味もあります。
※ pick up：…を手に取る、[自動詞で] 電話を取る (＝ answer)、cell phone：携帯電話

12. like one's eggs [ ]「卵が [ ] の状態を好む」の補語 [ ] を疑問詞 how「どんな具合に」「どんなふうに」で尋ねたものです。would like は like を丁寧にしたものです。mine は my eggs の言い換えですね。※ sunny side up：(片面焼いた) 目玉焼き ([両面焼いた] 目玉焼きは fried eggs)

13. call O [ ]「O を [ ] と呼ぶ」の補語 [ ] を疑問詞 what で尋ねたものです。call は基本的に名詞を補語として取るため how ではなく代名詞用法のある what を用います。※ if you like：よろしかったら、なんなら

B　01.（う）I was very hungry so I stopped by McDonald's.

02.（き）If the light is blinking, you should stop the engine.

03.（え）When you think about it, you'll see he is wrong.

04. （か）Their children are so cute that I'd like to get their photos.

05. （く）I'll watch the film again tomorrow, though I've seen it many times before.

06. （い）It would be hard to dig a hole because there are so many rocks.

07. （お）I found it comfortable to partner with him.

08. （あ）We are not Christian but we celebrate Christmas.

01. 「お腹が空いた」その結果「…した」という流れですから接続詞 so「だから…」ですね。so は結果を表現する接続詞です。※ stop by：（途中で）立ち寄る

02. 「…するべきだ」という主節の文意にふさわしいのは接続詞 if「もし…なら」で始まる文ですね。if は条件を表す接続詞です。blink は自動詞で「（車のライトが）点滅する」という意味です。※［名詞］engine：エンジン、［名詞］light：ライト

03. この when は「…するとき」より「（…する）ならば」という if ニュアンスに近い働きをしています。if よりも強調されており、確実性が高くなります。また、時や条件を示す副詞節は現在時制で表しますから When you will think ... とはなりません。この see は understand「…を理解する」の意味で後ろには接続詞 that が省略されています。(that) he is wrong が1つのカタマリで目的語になっています。※［形容詞］wrong：誤った

04. so ＋形容詞・副詞＋ that ~「とても…なので〜」。I'd（＝ would）like to Vg「…したい（と思うのですが）」は like to Vg を丁寧にしたものです。want to Vg の丁寧表現と押さえても OK。この get は他動詞で「（写真など）を撮る」という意味になっています。

05. 譲歩を表現する though［although］「…だけれども」です。though の中身は現在完了形の経験用法になっています。※ many times：何度も

06. it is ~ to Vg「…することは〜だ」の is を would be で言い換えたもの。これは時制が過去というわけではなく（because 以下の時制で判断）、過去の助動詞 would を用いて確信度の低いニュアンスを持たせるためです。ここは hard（困難な）である理由を示す because「なぜなら…」を続けるのが文意より適切と判断します。dig は他動詞で「…を掘る」という意味です。この英文のように、複数名詞（rocks）が来るときは there are とするのが原則ですが、口語表現では語調の関係で there's（＝ there is）… もよく用いられます。※［名詞］hole：穴

07. find it C to Vg「…するのは C であると分かる」表現ですね。SVOC の場合、目的語に不定詞が置けないため形式目的語 it を置いて、真の目的語（不定詞）を後ろに移した表現になっています。partner は名詞「パートナー」で耳慣れていますが、ここでは自動詞として「（〜と）組む、提携する」という意味になっています。※［形容詞］comfortable：気楽な、快適な、partner with ...：…と組む

08. 話の流れをガラリと転換する接続詞 but「〜、しかし…」でつなげましょう。celebrate は他動詞で「…を祝う」という意味です。※［名詞］Christian：クリスチャン、［名詞］Christmas：クリスマス

C **01.** We need to <u>leave/keep</u> all the doors open for ventilation.

02. Do I **make** you nervous?

03. He didn't **call** me Mom at all.

04. I've **found** it difficult to claim damages.

05. Just **leave** that alone because it's breakable.

01. leave OC で「O を C の状態にしておく」です。keep OC にすると「O を C のままにしておく」と意図的なニュアンスがあります。※ need to Vg：…する必要がある、［名詞］ventilation：換気、［形容詞］open：開いた

02. 「O を C にさせる」の make OC。※［形容詞］nervous：緊張して、ドキドキして

03. 「O を C と呼ぶ」の call OC。※ not ... at all：まったく…ない

04. 「…するのは〜とわかる」の find it C to Vg。claim は他動詞で「…を請求・要求する」という意味です。※［名詞］damage(s)：損害

05. 「O を C のままにしておく」は leave ですね。leave は「触らずに放置する」というニュアンスです。副詞 just「と

もかく」は leave を強調しています。alone は「人」以外にも用いることができます。※［形容詞］breakable：壊れやすい

p. 152&153

Section 2 Unit 10 / Answer Key

Output Stage 1　※ Output Stage 2 の解答も以下の英文を参照し、何度も音読練習をしましょう。

A **01.** I **warned** you to stay away from me.

02. My boss **told** me to complete the contract.

03. I would **like** you **not** to neglect your schoolwork.

04. Who cooks best **in** your home?

05. Nothing is **worse** than war.

06. He was as **surprised** as you.

07. I **got** my husband to rub the stain harder.

08. In fact, I earn **half as** much as you.

09. He is not allowed **to smoke** in the house.

10. **Nothing** is more annoying **than** bad houseguests.

11. I will **ask** him to copy it today.

12. The nurse **helped** me hold my baby's head.

13. This is **not as** expensive as you think.

01. ₛI ᵥwarned ₒyou ᴄto stay away from me.
warn O to Vg「O に…するように警告する」。「公的な」勧告のニュアンスの場合、advise で言い換えることができます。※ stay away from ...：…に干渉しない、…から離れている

02. ₛMy boss ᵥtold ₒme ᴄto complete the contract.
tell O to Vg「O に…するように言う」。ask よりも強い命令ニュアンスがあります。※［他動詞］complete：…を完了する、履行する、［名詞］contract：契約

03. ₛI ᵥwould like ₒyou ᴄnot to neglect your schoolwork.
would like O to Vg「O に…して欲しい（のですが）」の不定詞の内容を否定する、would like O not to Vg の形。want O to Vg の丁寧な表現。※［他動詞］neglect：…を怠る、schoolwork：学業

04. ₛWho ᵥcooks ₘbest ₘin your home?
cook well（上手に料理する）の最上級です。基本的に副詞の前に the は置かないことが多いですね。疑問詞 who は「人」を尋ねるものでしたね。in は最上級の範囲を示します。

05. ₛNothing ᵥis ᴄworse ₘthan war.
否定語＋比較級は than の後ろが一番（最上級）であることを示します。worse は bad の比較級です。※［代名詞］nothing：何も…ない

06. ₛHe ᵥwas ᴄas surprised ₘas you.
as ... as ~「～と同じくらい…だ」。「…」の部分に形容詞の surprised「驚いて」を用いたものです。as you are と言うこともあります。

07. ₛI ᵥgot ₒmy husband ᴄto rub the stain harder.
get O to Vg「O に…してもらう」。前の状況・状態と比較していることは明らかですので than ... は省略されています。※［他動詞］rub：…を磨く、［名詞］stain：汚れ

08. ₘIn fact, ₛI ᵥearn ₒhalf as much ₘas you.

half as ... as ~「～の半分の…」。倍数表現ですね。as you do と言うこともあります。
※ in fact：実際は、[名詞] much：多額（much money と言う必要はありません）

09. ₛHe ᵥis not allowed ₘto smoke ₘin the house.

S doesn't/don't allow him to smoke in the house を受け身にした表現です。allow O to Vg「O に…することを許す」⇒ be allowed to Vg「…するのを許されている」。

10. ₛNothing ᵥis ₒmore annoying ₘthan bad houseguests.

問題 05. 参照。比較級を用いた最上級表現ですね。Bad houseguests are the most annoying.（いやな来客はもっとも迷惑です）と言い換えることができます。annoying は他動詞 annoy「…をいらいらさせる」の現在分詞「いらいらさせるような」が形容詞に変化したものです。※［形容詞］annoying：迷惑な、うんざりする、[名詞] houseguest：来客

11. ₛI ᵥwill ask ₒhim ₒto copy it ₘtoday.

ask O to Vg「O に…してもらうように頼む」。フォーマルな表現として require O to Vg「O に…するように要求する」で言い換えることができます。※［他動詞］copy：…をコピーする

12. ₛThe nurse ᵥhelped ₒme ₒhold my baby's head.

help O (to) Vg「O が…するのを手伝う」。to はよく省略されます。※［他動詞］hold：…を支える、保持する

13. ₛThis ᵥis not ₒas expensive ₘas you think.

not as ... as S think「S が思っているほど…でない」。（×）「同じくらい…でない」という意味にはならないので注意しましょう。※［形容詞］expensive：高価な

B **01.** We don't know what he wants us to do.

02. Remind me to buy some batteries for the remote.

03. What food do you think is the most delicious in Japan?

04. I waited for her to reply.

05. The agency fee was almost twice as high as my rent.

06. She was able to dance better than anyone else.

07. What job is the best for you?

08. Their service is getting even worse.

09. I did much better than usual.

10. Wi-Fi is one of the most important technologies for them.

---

01. ₛWe ᵥdon't know ₒ{what ₛhe ᵥwants ₒus ₒto do}.

間接疑問文（what S'V'）が他動詞 know の目的語になった形。この間接疑問文の中身に want O to Vg「O に…して欲しい（と思う）」を用いたものです。wants us to do O（私たちに O をして欲しい）の O が疑問詞 what に代わり、前に移動しています。

02. ᵥRemind ₒme ₒto buy some batteries for the remote.

remind O to Vg「O に…することを気付かせる」。ここは動詞の原形で始めて、命令文になっているものですね。※［名詞］battery：電池、[名詞] remote：リモコン（= remote control）

03. ₛWhat food ₘdo you think ᵥis ₒthe most delicious ₘin Japan?

「何の食べ物が一番おいしいと思うのか」は Yes/No で答えることができません。その場合は疑問詞を用いた疑問文にします。ₛyou ᵥthink ₒ(間接疑問文)what food is the most delicious を疑問文にし → Do you think what food ... in Japan? → What food がセットで文頭に移動！と考えましょう。※［形容詞］delicious：とてもおいしい

04. ₛI ᵥwaited for ₒher ₒto reply.

wait for O to Vg「O が…するのを待つ」。wait for で 1 つの他動詞表現と考えましょう。※［自動詞］reply：返事をする

05. ₛThe agency fee ᵥwas ₒalmost twice as high ₘas my rent.

twice as ... as ~「～の 2 倍…だ」。almost「ほとんど」「もう少しで」が twice を修飾しています。価格・給料・

比率などの「高さ」は high を用いることができます。※［名詞］agency：代理店、［名詞］rent：家賃

06. ₛShe ᵥwas able to dance ₘbetter ₘthan anyone else.

well の比較級 better を用いた表現ですね。anyone else は「ほかの誰も」と不特定多数を対象にしたものです。「物」を対象にする場合は anything else となります。cf. Time is more precious than anything else.（時間は他の何よりも貴重です）※ be able to Vg：…することができる

07. ₛWhat job ᵥis ꜀the best ₘfor you?

good の最上級 best を用いた表現ですね。「何の」は疑問詞 what を用います。

08. ₛTheir service ᵥis getting ꜀even worse.

get C「C の状態になる」の補語に bad の比較級 worse を用いたものです。even は比較級を強めて「（より）いっそう」という意味です。ここは現在進行形によって状況がどんどん悪化している様子が表現されています。※［名詞］service：サービス

09. ₛI ᵥdid ₘmuch better ₘthan usual.

than usual は「いつもより」という意味で慣用的な表現として重宝します。much は比較級の強調で「はるかに（ずっと）」という意味です。

10. ₛWi-Fi ᵥis ꜀one of the most important technologies ₘfor them.

one of ＋最上級＋複数名詞「もっとも…な（名詞）の１つ・１人」。one of の中身は複数名詞にするというのがポイントですね。

C 01. (a)The doctor told me not to smoke.
　　　(b)The doctor **said** to me, "**Don't** smoke."
02. (a)Your bag looks newer than mine.
　　　(b)My bag looks **older** than yours.
03. (a)Nobody here is more courteous than she is.
　　　(b)**She** is **the most** courteous person here.

---

01. tell O not to Vg「O に…しないように言う」。不定詞の内容を not で否定した形ですね。言い換えとして、否定の命令文（Don't Vg）を生のセリフの O に用いた表現にします。セリフをそのまま目的語に取れるのは say しかありません。say（to 人）O「（人に）O を話す」。
02. look C「C に見える」の補語に比較級を用いた形。比較対象が mine から yours になると比較表現の形容詞（あるいは副詞）も new から old と反対になります。
03. 否定語＋比較級は最上級のニュアンスになることを利用した、比較級から最上級への言い換えですね。※［形容詞］courteous：礼儀正しい、丁寧な（＝ polite）

---

p. 164&165

Section 2 Unit 11 / Answer Key

Output Stage 1　※ Output Stage 2 の解答も以下の英文を参照し、何度も音読練習をしましょう。

A 01. Where is the woman **you loved**?
02. I **made** the students talking loudly shut up.
03. This is the novel **I'm reading**.
04. She **felt** somebody **touch** her on the shoulder.

05. Did you eat the cake **which**[**that**] **was** in the fridge?

06. I ran into the woman **who**[**that**] **sat** in front of me at the party.

07. I was **seen to** enter the headquarters.

08. Do you know the woman **who**[**that**] **is** staring at us?

09. The girl **he was** talking with was very cute.

10. I'll take the chance **that**[**which**] my father never **let** me take when I was younger.

11. I **had** her **open** the envelope he was holding.

12. I didn't **hear you** come in.

13. The people **who**[**that**] work in the office **are** not very friendly.

※関係代名詞節の文は文構造を明らかにしていますので、どの位置に入っているのかを意識して解説をチェックしましょう。

---

01. Where ᵥis ₛthe woman 関係代名詞節 M{ₒ·(who[that]) ₛ·you ᵥ·loved}？
the woman について、どんな「人」なのかを示した目的格の関係代名詞節。節内の他動詞 love の目的語が関係代名詞 who[that] になり省略された形です。whom も使えます。

02. 使役動詞 make O Vg「O に…させる」。O の the students を現在分詞の形容詞句 talking loudly が後ろから修飾しています。冗長になりますが、関係代名詞節で言い換えることも可能です。⇒ who[that] were talking loudly
※ shut up：話をやめる

03. ₛThis ᵥis cthe novel 関係代名詞節 M{ₒ·(which[that]) ₛ·I ᵥ·am reading}.
the novel について、どんな「物」なのかを示した目的格の関係代名詞節。節内の他動詞 read の目的語が関係代名詞 which[that] になり省略された形です。現在進行形は、目の前でその動作が進行している状況を表すだけでなく、ここ最近繰り返し行われている習慣を表すこともできます。

04. 知覚動詞 feel O Vg「O が…するのを感じる」。※ touch O on the shoulder：O の肩に触れる

05. Did ₛyou ᵥeat ₀the cake 関係代名詞節 M{ₛ·which[that] ᵥ·was M·in the fridge}？
問題 03. と比較。「物」を修飾する主格の関係代名詞 which[that] 節です。節内で関係代名詞そのものが主語になっています。主格の関係代名詞は省略できませんので注意しましょう。※ [名詞] fridge：冷蔵庫（＝ refrigerator）

06. ₛI ᵥran into ₀the woman 関係代名詞節 M{ₛ·who[that] ᵥ·sat M·in front of me M·at the party}.
問題 01. と比較。「人」を修飾する主格の関係代名詞 who[that] 節です。節内で関係代名詞が主語になります。
※ run into ...：…と偶然出会う

07. see O Vg「O が…するのを見る」の受け身の表現 be seen to Vg。受け身では Vg → to Vg に変化します。日常会話で使われる自然な表現としては、I was seen entering the headquarters. もあります。これは see O Ving「O が…しているのを見る」を受け身にしたもの。※ [名詞]（複数形で）headquarters：本社

08. Do ₛyou ᵥknow ₀the woman 関係代名詞節 M{ₛ·who[that] ᵥ·is staring at ₀·us}？
問題 06. 参照。節内で主語の代用をしているのが関係代名詞 who[that] です。この英文は問題 02. のような現在分詞を用いた表現で言い換えることもできます。cf. Do you know the woman staring at us? ※ stare at ...：…をじっと見る

09. ₛThe girl 関係代名詞節 M{ₒ·(who[that]) ₛ·he ᵥ·was talking with} ᵥwas cvery cute.
問題 01. 参照。talk with O の目的語の代用をしているのが関係代名詞 who[that] で、省略可能。厳密には「人」を示す目的格の関係代名詞は whom ですが、会話においては who[that] を使うか、省略されることがほとんどです。

10. ₛI ᵥwill take ₀the chance 関係代名詞節 M{ₒ·that[which] ₛ·my father ᵥ·never let ₀·me c·take} Mwhen I was younger.
問題 03. 参照。節内では let O Vg「O に…させる」の使役表現が用いられ、その take の目的語の代用をしているのが関係代名詞 which[that] です。省略することが可能。

11. 使役動詞 have O Vg「O に…してもらう」を過去形で用いた形です。また名詞 the envelope を関係代名詞節（which[that]）he was folding が形容詞のカタマリとして修飾しています。

12. 知覚動詞 hear O Vg「O が…するのが聞こえる」。※ come in：入る、入ってくる

13. ₛThe people 関係代名詞節 M{ₛ·who[that] ᵥ·work M·in the office} ᵥare cnot very friendly.
問題 06. 参照。主語は The people で複数形です。be 動詞はそれに合わせますから are ですね。動詞の活用は主語の見極めがポイントです。ちなみにこの英文は現在分詞を用いて言い換えても OK です。cf. The people working in the office are not very friendly.

B **01.** Seeing other people yawn makes me yawn.

02. Let me know when you're available.

03. How can I get rid of a sore throat that is getting worse?

04. We heard the bomb explode.

05. The couple who live next door are very kind.

06. The boys I met there made me feel tired.

07. The man I wanted to see wasn't there.

08. She watched her boyfriend drive away.

09. I'm looking for a book which is not in the catalogue.

01. 動名詞句（Seeing other people yawn）を主語にした使役表現 make O Vg「O に…させる」です。make には、話し手の意志とは無関係に強制するニュアンスがありますが、ここでは無生物主語（人以外）ですので「自然に…してしまう」という感覚です。同じ「…させる」という意味の let は「許可」のニュアンスですので区別しておきましょう。※［形容詞］other：ほかの、［自動詞］yawn：あくびをする

02. let O know「O に知らせる」という意味で、let me know は使役動詞 let を用いた一種の慣用表現です。※［形容詞］available：手が空いている、（物が）利用できる

03. How can $_S$I $_V$get rid of $_O$a sore throat 関係代名詞節 M｛$_S$that $_V$is getting $_C$worse｝?
a sore throat を修飾する主格の関係代名詞節（that is getting worse）を用いたものです。関係代名詞節は名詞（＝先行詞）の内容を詳しく説明する形容詞のカタマリです。※ get rid of ...：…を取り除く、a sore throat：のどの痛み、get worse：悪くなる

04. hear O Vg「O が…するのが聞こえる」。動詞の原形を用いる表現ですから名詞 explosion は誤りです。

05. $_S$The couple $_M$｛$_S$who $_V$live $_M$next door｝$_V$are $_C$very kind.
名詞 The couple の内容を詳しく説明する主格の関係代名詞節（who live next door）を用いたものです。主語が The couple「夫婦」と複数を表しますから、それを受ける be 動詞は are にします。

06. $_S$The boys $_M$｛$_O'$（who[that]）$_S'$I $_V$met $_M$there｝$_V$made $_O$me $_C$feel tired.
節内の他動詞 meet の目的語の代用となる関係代名詞 who[that] が省略されています。make O Vg「O に…させる」を用いた表現です。feel tired で「疲れを感じる」という意味です。whom も使えます。

07. $_S$The man $_M$｛$_O'$（who[that]）$_S'$I $_V$wanted $_O$to see｝$_V$wasn't $_M$there.
節内の他動詞 see の目的語の代用となる関係代名詞 who[that] が省略されています。see の目的語だった him は関係代名詞になるので不要です。

08. watch O Vg「O が…するのを見る」。不定詞の to は動詞を受け身にした場合に用います。肯定文では動詞の原形 drive になります。ただし、watch の場合は通常受け身にはしません。

09. $_S$I $_V$am looking for $_O$a book $_M$｛$_S$which $_V$is not $_M$in the catalogue｝.
a book を特徴づける主格の関係代名詞節を用いたものです。関係代名詞節があることによって a book がどんな本なのかが明らかにされています。which は that で言い換えても OK です。※［名詞］catalogue：カタログ

C **01.** I didn't know the singer who[that] was singing at the concert.

02. I haven't read the book (which[that]) you bought before.

03. The people (who[that]) we met in New Zealand were so nice.

04. This is a list of the movies which[that] are now showing.

※話題にしている「人」「物事」をより明確にするのが関係代名詞節です。「人」には who[that]、「物事」には which[that] で使い分けましょう。

01. $_S$I $_V$didn't know $_O$the singer $_M$｛$_S$who[that] $_V$was singing $_M$at the concert｝.

the singer のことを指している 2 文目の She を主格の関係代名詞 who[that] で言い換えてつなげれば OK です。

02. ₛI ᵥhaven't read ₀the book ₘ{₀·(which[that]) ₛ·you ᵥbought} ₘbefore.
the book のことを指している 2 文目の it を目的格の関係代名詞 which[that] で言い換えてつなげれば OK です。省略も可能です。

03. ₛThe people ₘ{₀·(who[that]) ₛ·we ᵥ·met ₘ·in New Zealand} ᵥwere ₍so nice.
the people のことを指している 2 文目の them を目的格の関係代名詞 who[that] で言い換えてつなげれば OK ですね。ここも省略可能です。whom も使えます。

04. ₛThis ᵥis ₍a list of the movies ₘ{ₛ·which[that] ᵥare now showing}.
movies のことを指している 2 文目の They を主格の関係代名詞 which[that] で言い換えてつなげれば完了ですね。

p. 176&177

Section 2 Unit 12 / Answer Key

Output Stage 1 ※ Output Stage 2 の解答も以下の英文を参照し、何度も音読練習をしましょう。

A 01. I **had** my finger bitten by a squirrel.
　02. I can't believe **what** my parents said.
　03. The hotel **where** we stayed wasn't so comfortable.
　04. Get those things **cleaned** up.
　05. The boy was looking at the man **passing** by.
　06. That's **why** I'm so much into jazz.
　07. That's **what** I wanted to hear.
　08. Trying to reach your goals will **keep** you motivated.
　09. I had him **wash** my car yesterday.
　10. I'll tell you something **that** I saw last night.
　11. She wants to make **herself** understood.

01. have O Vpp「O が…される」。my finger was bitten（私の指がかまれた）と受け身の被害ニュアンスになっています。bite は他動詞で「…をかむ」という意味です。※［名詞］squirrel：リス

02. 関係代名詞 what 節が他動詞 believe の目的語になったものです。the thing(s)（which[that]）my parents said で言い換えることができます。what には先行詞が含まれているのが特徴です。

03. ₛThe hotel ₘ{where ₛ·we ᵥ·stayed} ᵥwasn't ₍so comfortable.
場所を示す関係副詞 where。関係副詞 where 節内では場所を示す前置詞 in/at などを用いる必要はありません。関係代名詞 which[that] we stayed at の前置詞と関係代名詞を where 1 語で言い換えたものが問題文です。

04. get O Vpp「O を…してしまう」。完了ニュアンスです。構造的には受け身 those things are cleaned up の関係になっています。命令文では have よりも get の方が用いられます。

05. look at O Ving「O が…しているところを見る」。look at は「注意してよく見る」というニュアンスです。これは The boy was looking at the man. He was passing by. を 1 つにした表現です。現在分詞を用いた場合は、動作の一部分のみを「…した」ことを示唆し、一部始終を「…した」というニュアンスになる動詞の原形の表現とは区別して覚えておきましょう。※ pass by：通り過ぎる

06. that's why S' V' ...「そういうわけで（だから）S'は…する」。前文の内容を受けて、理由を表現したものです。厳密には先行詞 the reason が関係副詞 why の前に省略されています。※ be into ...：…に夢中である

07. ₛThat ᵥis ₍{₀·what ₛ·I ᵥ·wanted to hear}.

補語となる関係代名詞 what 節。what 節は名詞のカタマリですから主語、目的語だけでなく補語としても用いることができます。

08. keep O Vpp「O に…させ続ける」。motivate「…にやる気を起こす」は他動詞で、その過去分詞形 motivated「やる気のある」を補語としたものです。これは過去分詞から形容詞に変化したものですね。

09. have O Vg「O に…してもらう」。動詞の原形であることがポイントです。he washed my car（彼は私の車を洗った）と意味上の関係があり、これは受け身の関係ではないため Vpp にしません。

10. ${}_S$I ${}_V$will tell ${}_{O1}$you ${}_{O2}$something ${}_M${${}_O$that ${}_S$I ${}_V$saw ${}_M$last night} .
先行詞 something に注目して、関係代名詞 that［which］と判断します。先行詞＋関係代名詞（that［which］）を1語で言い換えたものが what です。cf. ${}_S$I ${}_V$will tell ${}_O$you ${}_{O2}${${}_O$what ${}_S$I ${}_V$saw ${}_M$last night} . ※ tell O_1 O_2：O_1 に O_2 を話す

11. make oneself understood「自分自身を理解してもらう」。使役動詞と再帰代名詞（oneself）を用いた慣用表現です。

B **01.** We heard him **yelling at the woman**.
02. No one saw her **creep upstairs**.

---

01. hear O Ving「O が…しているのを聞く」。この英文は He was yelling at the woman, and we heard it.（彼はその女性に怒鳴っており、私たちはそれを聞きました）のニュアンスです。※ yell at ...：…に怒鳴る

02. see O Vg「O が…するのを見る」。この英文のように動詞の原形を用いた場合は、「動作の一部始終」を見たというニュアンスになるんでしたね。creep は自動詞で「忍び足で歩く」「（赤ちゃん、動物などが）はう」という意味です。

C **01.** I found **myself lying on** my back.
02. **What we do may** harm them.
03. I was really surprised **when I heard my name called**.
04. I have to **get my paper done by** tomorrow.
05. **If you smell something burning**, leave the building.
06. The man's wife found **him drinking**.
07. I had **the bad tooth pulled** out last year.
08. That's how he knew **where** you were.
09. You don't realize **what you're saying**.

---

01. find oneself Ving「自分自身が…しているのに気付く」。主語と目的語が同一人物である場合に再帰代名詞（oneself）を用います。※ lie on one's back：仰向けで寝る

02. ${}_S${${}_O$What ${}_S$we ${}_V$do} ${}_V$may harm ${}_O$them.
主語になる関係代名詞 what 節。先行詞がない状態で what 以外の関係代名詞を用いることはできません。先行詞がなくスッキリとしていて使い勝手のいい関係代名詞 what に慣れましょう。harm は他動詞で「…を害する」という意味です。

03. hear O Vpp「O が…されるのを聞く」。my name was called（私の名前が呼ばれた）という受け身の関係ですね。この when は「…するとき」という意味で、時を表現する接続詞ですね。※ be surprised：驚いて

04. get O Vpp「O を…してしまう」。完了ニュアンスになっています。他動詞 do には finish, complete の意味があります。※［前置詞］by：（期限を示して）…までに

05. smell O Ving「O が…するにおいがする」。something is burning（何かが燃えている）のニュアンスですね。if は「もし…なら」と条件を示す接続詞です。burn は自動詞で「燃える」、leave は他動詞で「…を去る、離れる」という意味です。

06. find O Ving「O が…しているのを見つける」。he was drinking（彼は飲んでいました）の関係。

07. have O Vpp「O を…してもらう」。使役ニュアンスですね。the bad tooth was pulled out（虫歯が抜かれた）というニュアンス。※ pull out ...：…を引き抜く

08. 方法を示す関係副詞の表現 that's how S' V' ...「こうして S'は…する」です。関係副詞 how の場合は先行詞 the way(s) は使えません。（×）the way(s) how ... 。where you were は間接疑問文。

09. ₅You ᵥdon't realize ₀[₀'what ₅'you ᵥ'are saying].
他動詞の目的語となる関係代名詞 what 節。what は節内の他動詞 say の目的語 O'であり、realize の目的語となる名詞のカタマリを導く関係代名詞です。realize は他動詞で「…を悟る、実感する」という意味です。

> **D 01.** (a)Kobe is the place I was born in.
>   (b)Kobe is **where** I was born.
>
> **02.** (a)I saw Emiko the other day. She was walking with her fiance.
>   (b)I saw Emiko **walking** with her fiance the other day.
>
> **03.** (a)I'm not interested in the things which he is doing at the moment.
>   (b)I'm not interested in **what** he is doing at the moment.
>
> **04.** (a)We saw a bear rushing down on him. So we shot the bear.
>   (b)We saw a bear rushing down on him. **That's why** we shot the bear.

---

01. 場所を示す関係副詞 where。where 節内では場所を示す前置詞は不要です。

02. 過去進行形で示される動作の一部を目撃したことを現在分詞で表現する see O Ving です。

03. 前置詞の目的語となる what 節。what = the thing(s) which[that] です。※ at the moment：今

04. 理由を示す関係副詞の表現 that's why S' V' ...「そうして（だから）S'は…する」。英文（a）の結果を導く接続詞 so「だから…」に注目して文意を読み取りましょう。shoot は他動詞で「…を撃つ」という意味です。※ rush down on ...：…に猛然と襲い掛かる

---

p. 180–183

Section2 Shuffle Stage 2 / Answer Key

A

01.（ **What** ）（ **does** ）she look like? — She is short and slim.

02.（ **What** ）（ **did** ）she say? — She said nothing.

03.（ **How** ）（ **long** ）did it take you to complete this exercise? — About an hour.

---

01. 前置詞 like「…のような」の目的語になっている疑問詞 What「何」を用いたものです。この like がなければ How で彼女の容姿などについて尋ねることができます。cf. How does she look? ※ look like ...：…のように見える(**訳：彼女はどのような人ですか。— 背が低くてスリムです**)

02. 他動詞 say の目的語となる疑問詞 What「何」を用いたものです。(**訳：彼女は何と言いましたか。— 何も言いませんでした**)

03. take O₁ O₂ to Vg「O₁ が…するのに O₂ がかかる」の O₂ に当たる「時間」の長さを How long「どれくらいの期間」で尋ねたものです。他動詞 complete は「…を終える、完成させる」という意味です。(**訳：あなたがこの訓練を終えるのにどれくらいかかりましたか。— およそ 1 時間です**)

B

01. The man（ that[who(m)] ）（ I ）（ met[saw] ）yesterday（ is ）99 years old.

02. You look（ better ）now（ than ）last time.

03. I'll show you（ what ）I got yesterday.

04. He was sitting（ surrounded ）by his（ sleeping ）children.

05. I found（ it ）difficult（ to ）take night photos.

06. I know the town（ where ）she lives.

---

01. ₛThe man ₘ{（₀that[who(m)]）ₛ'I ᵥ'met[saw] ₘ'yesterday）ᵥis ᴄ99 years old.
他動詞 meet[see] の目的語となる関係代名詞 that[who(m)] を用いた表現ですね。目的格の関係代名詞は省略することもできます。

02.「元気そうに見える」は look good と表現でき、これを比較級にしたものです。good の比較級は better ですね。時期を比較する場合は、時間を表す語の間に than を挟んで better now than last time とします。

03.（　）の後ろを見ると got「手に入れた」の目的語がありません。何らかの主要素が抜けている場合は関係代名詞節と判断します。show O₁ O₂「O₁ に O₂ を見せる」の O₂ に名詞節を作る関係代名詞 what 節を用いた形。what はこれ自体に先行詞を含み what S' V' ...「S' が…するもの、こと」という解釈がポイントですね。関係代名詞 who/which/that の場合は先行詞が必要ですから、問題の（　）の数で判断しましょう。

04. sit のような完全な自動詞は、本来補語を必要としませんが、ここは分詞（surrounded）を主語の状態を示す補語として用いたものです。自動詞 sit ＋過去分詞で「…された状態で座る」という意味です。He was sitting と He was surrounded がミックスされたニュアンスですね。原形 surround は他動詞で「…を囲む、取り巻く」という意味です。また２つ目の（　）に入る sleeping は名詞 children を修飾する形容詞用法の現在分詞ですね。

05. 形式目的語 it を用いた find it C to Vg「…することは C であると分かる、気付く」です。SVOC 文型の O には不定詞（to Vg）が置けません。そこで代わりの it を用いて真の目的語は後ろに回したものが問題文です。

06. 先行詞 the town を修飾する関係副詞 where です。この文は I know the town.（私はその町を知っている）と She lives there.（彼女はそこに住んでいる）の２文を１つにしたもので、２文目の副詞 there を関係副詞 where に変えています。もとの英文の S や O などの主要素が置き換えられている場合は関係代名詞、副詞や副詞となる前置詞句（前置詞＋名詞）が置き換えられている場合は関係副詞と押さえておきましょう。

C

01. I（ was injured ）in a car accident.

02. I have a tickle in my throat. It makes me（ cough ）sometimes.

03. My wife（ asked ）me to do the washing up.

04. I got a lot of viruses because of that e-mail system. That is（ why ）I stopped using it.

05.（ What ）he does makes me very happy.

06. He is as（ clever ）as his brother.

---

01. injure はもともと他動詞で「…を傷つける」という意味です。そこで話し手（S）自身が傷付く場合は受け身ニュアンス（傷つけられる）の過去分詞の形になります。be injured in ... で「…でけがをする」という意味ですね。前置詞 in もポイントです。**（訳：私は車の事故でけがをしました）**

02. make O C（＝動詞の原形）「O に…させる」という使役表現です。強制あるいは話し手の意思とは無関係に自然にその状態になる場合は make を使います。使役動詞 have は相手にお願いをしてしてもらうというニュアンスです。自動詞 cough は「咳をする」という意味です。※［名詞］tickle：こそばゆさ、むずがゆさ、［名詞］throat：のど **（訳：のどがムズムズしています。それで時々咳が出るんです）**

03. ask O to Vg で「O に…するように頼む」という表現になります。talk はこの形を取りません。この do は他動詞で「…をする」という意味ですね。**（訳：妻は私に洗い物をすませるように頼みました）**

04.「原因・理由」を示す前文の内容を受けて「結果」を導く That is why「そういうわけで（だから）…」の表現です。この why は関係副詞で先行詞 the reason が省略されています。that は this で言い換えることもできます。※ because of ...：…が原因で **（訳：その E メールシステムのせいで、大量のウィルスに感染しました。というわけ**

でそれを使うのは止めたんです）

05. S[O'What S'he V'does] V'makes O'me C'very happy.
（　　）の後ろを見ると他動詞 do の目的語がありません。そこで（　　）には目的格の関係代名詞が来ると判断します。先行詞がありませんので先行詞をそれ自体に含んだ what を用いましょう。What he does は The thing(s) which[that] he does で言い換えることができます。make OC で「O を C の状態にする」という意味になっています。**（訳：彼のすることは私をとても幸せにしてくれます）**

06. 同等比較の表現 as 形容詞・副詞 as ...「…と同じくらい〜」です。as の間には形容詞も副詞も置く可能性がありますが、ここは as を外した元の英文から判断します。元の英文は He is clever.（彼は賢い）の SVC 文型です。補語は形容詞または名詞のみで副詞 cleverly は使えませんから問題の cleverly は不適切と考えましょう。**（訳：彼は彼の兄[弟]と同じくらい賢いです）**

D

01. I was（ **concerned** ）about my parents.
02. I heard someone（ **screaming[scream]** ）.
03. Wait for her（ **to look** ）at you.
04. The schedule was very（ **tiring** ）.
05. （ **Walking** ）is good for some people who（ **have** ）knee problems.
06. The balloon was seen（ **to burst** ）.

01. C の 01. 参照。concern は他動詞で「…を心配させる」（＝ worry）という意味です。話し手（S）自身が心配する気持ちの場合は受け身ニュアンス（心配させられる）の過去分詞の形にしなければなりません。be concerned about[for/at/that 節] ... で「…を心配する」という意味です。前置詞 about を with に変えると「…に関することである、関係している」という別の意味になるので注意しましょう。**（訳：私は両親のことを心配していました）**

02. 知覚動詞 hear O Ving「O が…しているのが聞こえる」。scream とすれば行為の一部始終が聞こえていたというニュアンスになりますし、screaming とすれば行為の一部だけが聞こえたというニュアンスになります。この scream は自動詞で「キャーと悲鳴をあげる」という意味です。**（訳：私は誰かが悲鳴をあげている[あげる]のを耳にしました）**

03. wait for O to Vg で「O が…するのを待つ」という意味になります。**（訳：彼女があなたのほうを見るまで待ちなさい）**

04. tire は他動詞で「…を疲れさせる」という意味です。無生物主語の場合は現在分詞 tiring にして「疲れさせるような」という意味で用いるのが一般的です。**（訳：そのスケジュールはとても疲れるものでした）**

05. （　）部分は主語になりますから動名詞 Ving の形にします。通常は、不定詞 To Vg を主語として頭に持ってくることはありません。who 以下は関係代名詞節です。この中身の動詞は先行詞（some people）に合わせて変化します。ここは複数名詞ですから have はそのままで OK ですね。※［名詞］knee：ひざ **（訳：歩くことはひざの問題を抱える人々にとって良いことです）**

06. 知覚動詞 see O Vg「O が…するのを見る」を受け身にすると be seen to Vg と不定詞の to が必要になります。**（訳：風船が破裂するのが見えました）**

E

01. （ **Add** ）some cheese to it,（ **stirring** ）constantly.
02. The bank was（ **robbed** ）of more than 10 million dollars.
03. We don't（ **blame** ）him for leaving the job.
04. I love the sun（ **shining** ）in a blue sky.
05. It is easy to（ **replace** ）the broken part with a new one.
06. It was very（ **exciting** ）to have such a big name（ **come** ）and speak to us.
07. You are not（ **permitted** ）to smoke inside the rooms.

01. add O to ... で「O を…に加える」という意味になります。後ろの（　）には自動詞 stir「かき混ぜる」の現在分詞 stirring を用いて、「…しながら」というニュアンスの付帯状況を表します。※［副詞］constantly：繰り返して、

絶えず

02. rob O of ... で「O から…を奪う」という意味になります。問題文は O を主語にした受け身表現です。この O には「人」「場所」を用います。一方、steal は steal O from ...「…から O を盗む」という意味で O には「盗む物」を用いますので混同しないように注意しましょう。

03. blame O for ... で「O を…のことで責める」という意味になります。前置詞 for の後ろの動詞は必ず動名詞にします。(×) for leave、for to leave　この leave は他動詞で「…を辞める、退学する」という意味があります。

04. 名詞 sun を後ろから修飾する形容詞用法の現在分詞 shining です。現在分詞が他の語句 (in a blue sky) と一緒になると名詞の後ろに移動します。1語だけの場合は名詞の前です。(○) the <u>shining</u> sun、the sun <u>shining in a blue sky</u>。shine は自動詞で「輝く」という意味です。

05. replace O with ... で「O を…と取り換える」という意味になります。過去分詞 broken は名詞 part (部品) を修飾する形容詞用法です。また one は代名詞で part を言い換えたものです。ちなみに、文構造が It is ~ to Vg「…することは~だ」になっているのもポイントですね。

06. D の 04. 参照。excite は他動詞で「…をワクワクさせる」という意味です。無生物主語の場合は現在分詞 exciting にして「ワクワクさせるような」という意味で用いましょう。過去分詞にすると主語自体が「ワクワクした、興奮した」という状態になり、ここでは不自然ですね。また to 以下には、have O Vg「O に…してもらう」という使役表現が用いられています。※［形容詞］such：そのような、big name：大物、有名人

07. permit O to Vg で「O が…することを許す」という意味です。問題文はこの O を主語にした受け身表現ですね。シンプルに Smoking is not permitted ... と言い換えてもいいですね。

F

01. We didn't have much money, (**so**) we decided to help each other.

02. She wants to be a reporter (**when**) she grows up.

03. (**Though**) he is tall and smart, he never thinks those are his good points.

01. 「原因」「理由」を受けて「結果」を導く接続詞 so「…だから（それで）～」です。decide to Vg は「…することを決める」という意味です。**(訳：私たちはあまりお金を持っていなかったので、互いに助け合おうと決めました)**

02. 「時」を示す副詞節を導く when「…のとき」です。「大人になる」という意味で if を用いてわざわざ「もし…なら」と想定するのは、不自然で誤りです。また when 節の中身が現在形になっていることもポイントです。節（SV を含む英文）が「時」や「条件」を表す副詞節の場合は、未来でも現在時制（現在形または現在完了形）で表します。(×) ... when she will grow up. **(訳：彼女は大人になったら、レポーターになりたいと思っています)**

03. 「…だけれども」と譲歩を示す副詞節を導く接続詞 though です。副詞節の内容を控えめにし、主節（he never thinks ... points）を目立たせる働きがあります。but は逆接の接続詞で「…しかし～」という意味になります。**(訳：彼は背が高くて賢いのですが、それが自分の長所だとは決して思っていません)**

G

01. (a)He said to me, "Pour water into the bottle carefully."

(b)He (**told**) me (**to**) pour water into the bottle carefully.

02. (a)Sho doesn't know the time when we are meeting.

(b)Sho doesn't know (**when**) we are meeting.

03. (a)My father never allowed me to visit him.

(b)My father never (**let**) me visit him.

04. (a)That is the park where we play tennis.

(b)That is the park we play tennis (**in**).

05. (a)This book isn't as useful as yours.

(b)Your book (**is**) (**more**) useful than this one.

01. 英文 (a) の引用文が命令文（Vg ...）になっていることがポイントです。命令・指示ニュアンスのある tell O to

Vg「Oに…するように言う」という表現で言い換えます。他動詞 pour は「…を注ぐ」。訳：(a)（彼は私に「慎重にビンに水を注ぎなさい」と言いました）(b)（彼は私に、慎重にビンに水を注ぐように言いました）

02. 英文 (a) は「時」を示す先行詞 the time を修飾する関係副詞 when 節を用いたものです。この先行詞を省略し間接疑問文（疑問詞＋S'V'）にしたものが英文 (b) になります。when 節に共通して用いられている現在進行形には、確実性の高い近い予定や計画を示す働きがあります。訳：(a) (b)（彼女は私たちがいつ会うのか知りません）

03. allow O to Vg で「Oが…することを許す」という意味ですが、これをカジュアルに言い換えたものが英文 (b) の let O Vg です。let は make や have の仲間で使役動詞ですが、強制・依頼ニュアンスはありません。訳：(a) (b)（父は彼を訪ねることを決して許してくれませんでした）

04. 英文 (a) ₛThat ᵥis ᴄthe park ₘ{ₘwhere ₛwe ᵥplay ₒtennis}.
英文 (b) ₛThat ᵥis ᴄthe park ₘ{ₒ(that[which]) ₛwe ᵥplay ₒtennis in}.
英文 (a) は「場所」を示す先行詞 the park を修飾する関係副詞 where 節を用いたものです。英文 (b) ではこの関係副詞部分をどう言い換えるのかがポイントになります。where はもともと副詞 there あるいは副詞句 in the park が変化したものです。そこで in the park の前置詞の目的語 the park だけを関係代名詞 which で置き換え、この which は省略可能な目的格の関係代名詞なので省略し、前置詞 in だけを文末に残したものと考えれば正解につながります。関係副詞で言い換えられる「前置詞＋名詞」の名詞部分のみを関係代名詞に変化させたものが英文 (b) というわけです。前置詞のあるなしが大きなポイントでした。訳：(a) (b)（あれが私たちがテニスをする公園です）

05. 英文 (a) の not as 形容詞・副詞 as ... は「…ほど～ではない」という意味です。つまりここでは this book のほうが役に立たないことを意味するわけです。これを押さえて、主語を Your book に言い換えた英文 (b) をどう表現するか判断します。than がありますから比較級であることは間違いないですね。useful の比較級は more useful です。そして英文 (a) より Your book のほうが役立つと判断できますから、肯定形 is を用いれば正解です。※ yours ＝ your book。訳：(a)（この本はあなたの本ほど役には立ちません）(b)（あなたの本はこの本よりも役に立ちます）

H

01.（He always leaves the door open）.
02. I（want you to guide me）around the city.
03.（I got him to paint the wall）.
04.（I went shopping for a birthday gift）.
05.（He spends a lot of time on the computer）.
06. I don't（have any specific reason that made me）sad.
07.（I mean he's not my boyfriend）.

---

01. leave O C で「O を C のままにしておく（放置する）」という意味です。この open は形容詞「開いた（状態の）」で補語になっています。頻度を示す副詞 always「いつも」は通常一般動詞の前に置きます。（訳：彼はいつもドアを開けたままにしています）

02. 不定詞の意味上の主語を用いた want O to Vg「O に…して欲しい（と思う）」です。O と to 不定詞が you guide me という意味上の SV 関係になっています。主語が不定詞で示す動作をしたいと思っていることを意味する want to Vg「…したいと思う」と区別しましょう。（訳：私はあなたに街中を案内してほしいです）

03. 問題 02. 参照。get O to Vg で「O に…してもらう」という意味になり he painted the wall という意味上の関係になっています。使役動詞 have O Vg の言い換え表現ですが、不定詞 to が必要です。paint は他動詞で「…にペンキを塗る、…を絵の具で描く」という意味です。（訳：私は彼に壁のペンキ塗りをしてもらいました）

04. go Ving で「…しに行く」という表現になります。この shop は「買い物をする」という意味の自動詞です。shop for で「…を買いに行く」という意味になっています。（訳：私は誕生日の贈り物を買いに行きました）

05. spend O on ... で「…に O を費やす」という表現になります。spend O (in) Ving「O を…することに費やす」と一緒に押さえておきましょう。（訳：彼はコンピューターにかなりの時間を費やします）

06. ₛI ᵥdon't have ₒany specific reason ₘ{ₛthat ᵥmade ₒme ᴄsad}.
名詞 reason を先行詞とする関係代名詞の that 節です。make O C「O を C にする」の主語を主格の関係代名詞

that に変えたものです。※［形容詞］specific：特定の（訳：私が悲しくなったのに何か特別な理由はありません）

07. I mean (that) S' V' ...「つまり…ということだ［私は…ということを意味する］」。mean は他動詞で「…を意味する」という意味で接続詞 that がこの他動詞の目的語となる節を導いた形です。接続詞 that は「…ということ」と解釈し、問題のように省略することができます。（訳：つまり、彼は私の彼氏ではありません）

I

01. He came in and helped me <u>(to)</u>（× with）peel the potatoes. / He came in and helped me with <u>peeling</u>（× peel）the potatoes.

02. I like my coffee <u>strong</u>（× strongly）, with just one sugar.

03. I was <u>so</u>（× very）happy that I was almost crying.

04. Actually I asked him <u>not to</u>（× to not）oppose it.

---

01. help には help O (to) Vg「O が…するのを手伝う」と help O with ...「O の…を手伝う」という表現があります。peel のままで残すのであれば to を補うか、to は省略して用いるかになります。前置詞 with を残すのであれば peel が「…の皮をむく」という意味の他動詞ですからこのままでは前置詞の目的語にはできないので、動名詞 peeling にすれば OK です。（訳：彼がやって来て、ジャガイモの皮をむくのを［皮むき］を手伝ってくれました）

02. like O C「O が C であるのを好む」の表現を用いたものです。補語に副詞（strongly）を使うことはできませんから形容詞 strong にすれば正解です。（訳：私は砂糖1個だけの濃いめのコーヒーが好きです）

03. so 形容詞・副詞 that S' V' ...「とても〜なので S'は…する」という表現です。very はこの用法で使えません。※［副詞］almost：ほとんど、もう少しで（訳：私はとても幸せで、もう少しで泣きそうになっていました）

04. ask O to Vg「O に…するように頼む」。不定詞の意味上の主語として O を挟んだ表現ですが、不定詞部分を否定する場合は to の前に not を置きます。he does not oppose it という意味上の関係になっているのがポイントです。oppose「…に反対する」は他動詞ですから前置詞は不要ですね。（訳：実のところ、私は彼にそれに反対しないように頼んでおきました）

P. 184

Section2 Communication Stage 2

1. said、you、could、get　**2.** have、you、seen、thinking、about、it
3. got、us、killed　**4.** heard、got、back

※以下のダイアローグは何度も音読して口の筋肉を鍛えましょう！

Ms. Parker: ① Hey, Kelly **said you could get** a ride with her to work anytime.

Mr. Evine: ② No kidding! ③ I'll have to get her number and give her a call.

Ms. Parker: ④ But **have you seen** Kelly drive? ⑤ I get nervous just **thinking about it**.

Mr. Evine: ⑥ Is she that bad?

Ms. Parker: ⑦ Well, last time she nearly **got us** all **killed**!

Mr. Evine: ⑧ Sounds scary.

Ms. Parker: ⑨ Then yesterday I **heard** she only just **got** her driver's license **back**.

Mr. Evine: ⑩ Oh well, riding my bicycle's good exercise.

重要ポイント

① said (that) ...「…ということを言った」。接続詞 that「…ということ」の省略です。could は主節の過去形 said に合わせて過去形 could になっています（時制の一致）が、意味的には現在（今も可能）になっています。get a ride

で「車に乗る」という口語表現です。get a ride with ... で「…の車に乗せてもらう」という解釈になります。またこの work は不可算名詞で「職場」という意味で用いられています。to work で「職場まで」という表現ですね。※ ［副詞］anytime：いつでも

② No kidding!「本当かい？」（＝ Really?）。驚きを表現しています。

③ I'll have to Vg「…しなければならないだろう」は助動詞 will「…だろう」に義務 have to「…しなければならない」をプラスしたもので「これから…しないとね」というニュアンスです。give her a call は call her「彼女に電話をする」で言い換えることができます。

④ see O Vg「O が…するのを見る」。この表現を現在完了形 have Vpp の経験用法「…したことがある」で用いたものです。接続詞 but は「〜、でも…」と前の内容とは逆のニュアンスを発信する働きがあります。

⑤ get nervous で「不安になる、緊張する」。この get は「（ある状態）になる」という意味ですね。thinking about it は when I think about it を現在分詞で言い換えたものです。主語が同一の場合、このような形で主語の動作や行為の表現を追加することができます。日常会話でよく用いられますので慣れておきましょう。

⑥ この that は副詞で「そんなに」という意味で形容詞 bad を修飾しています。前の話の内容を受けて、数量や程度を表現するものです。

⑦ get O Vpp「O は…される」。got us all killed は意味上の受け身関係（we were all killed）になっています。※ ［副詞］nearly：もう少しで

⑧ sound ...「…に聞こえる（…のようだ）」。前文の内容を受ける代名詞の主語 that が省略されています。(That) sounds scary. ※ ［形容詞］scary：恐ろしい、怖い

⑨ heard (that) ...「…ということを聞いた」。接続詞 that「…ということ」の省略です。get O back は「O を取り戻す」という意味です。ここは交通違反で免許停止になっていた状況を遠回しに述べたものです。※ ［副詞］then：さらに、それから

⑩ 動名詞を主語に用いたものです。riding my bicycle「自転車に乗ること」。ここは自分の身を案じて「自転車通勤のほうが安全だね」ということを遠回しに述べたものですね。

日本語訳

Ms. Parker：①ねぇ、ケリーが職場までいつでも一緒に乗せてってくれるって。

Mr. Evine：②ほんとに？　③彼女の電話番号を聞いて、連絡しないとね。

Ms. Parker：④でもケリーが運転してるところを見たことあるの？⑤ちょっと考えるだけでドキドキするわよ。

Mr. Evine：⑥そんなにひどいの？

Ms. Parker：⑦う〜ん、こないだなんか、彼女はもう少しで私たち全員殺すところだったのよ。

Mr. Evine：⑧ゾッとするなぁ。

Ms. Parker：⑨それに昨日、彼女は運転免許がようやく（免許停止から）戻ってきたところだって聞いたわよ。

Mr. Evine：⑩そうかそうか、じゃあ自転車通勤でしっかり運動するか。

p. 186–189

Section3 Proficiency Test / Answer Key

A（3点×10）Answer & Script

01.（う）What should I do first? — Pour water into the bowl.

02.（か）Which do you like better, fish or meat? — I'm a vegetarian.

03.（け）What do you do for a living? — I teach English at a high school.

04.（く）Who helped my brother? — Nobody. He did it by himself.

05.（お）Did you go to Disneyland in Tokyo yesterday? — Yeah. It was fantastic.

06.（あ）How do you go to work? — By car.

07.（こ）How was your flight? — It was fine, but quite long.

08.（き）Whose idea is it? — It's my sister's.

09.（い）What color is your new car? — It's blue.

10. (え)How many children were there in the group? — I'm not sure, but more than 20.

疑問詞は返事の内容に直結しますから確実に聞きとらなければなりません。疑問詞は頭に来るのが原則ですから出だしをしっかり押さえることをまずは意識してください。

01.「物事」の内容を尋ねる what「何」ですね。質問の内容は「何を最初にするべきですか」ですから、Pour water（水を注ぎなさい）と具体的な行動内容を示した英文（う）が正解になります。※［前置詞］into：…の中へ **(訳：最初に私は何をするべきですか。— ボウルに水を注いで)**

02. 限られた選択肢の中から尋ねる which「どちら」です。「魚か肉か」のどちらとも答えていませんが「ベジタリアン（菜食主義者）」が一番文脈として自然と判断できます。**(訳：魚料理と肉料理のどちらが好きですか。— 私はベジタリアンです)**

03. What do you do (for a living)？は相手の職業を尋ねる一般的な表現です。そこで間接的に職業を答えている英文（け）が文脈に合います。**(訳：お仕事は何ですか。— 高校で英語を教えています)**

04.「人」を尋ねる who「誰」です。英文（く）の Nobody が「誰も…ない」と「人」を示す表現でこれが正解です。**(訳：誰が私の弟[兄]を手伝ってくれたんですか。— 誰も手伝っていませんよ。彼は一人でそれをやりました)**

05. 疑問詞を用いない疑問文は Yes/No で答えることができます。**(訳：昨日、東京のディズニーランドに行ったんですか？—うん。とても良かったです)**

06.「手段・方法」を尋ねる how「どうやって」です。答えとして手段を示す前置詞 by「…で」「…によって」を用いている英文（あ）が正解ですね。※ go to work：会社に行く **(訳：どのように通勤していますか。— 車です)**

07. 問題 06. と比較。「様子」「状態」を尋ねる how「どのように」です。感想を答えている英文（こ）が文脈に合いますね。**(訳：フライトはどうでしたか。— 問題なかったですよ、でもかなり長かったですね)**

08.「所有者」を尋ねる whose「誰の」です。ここでは形容詞用法で用いられ whose ＋ …（名詞）「誰の…（名詞）」で１セットになっています。所有を意味する「アポストロフィー（ ' ）s」（…の）で表現された英文（き）が正解です。※代名詞用法の whose は「誰のもの」という意味です。**(訳：それは誰のアイデアですか。— 私の姉[妹]のアイデアです)**

09. 形容詞用法の what「何の」で後ろの名詞とセットになります。what color「何色の…」。「色」を答えている英文（い）が正解ですね。これはシンプルな問題でした。**(訳：あなたの新しい車は何色ですか。— 青色です)**

10. How many ＋複数名詞で「数」を尋ねる表現「いくつの…、どれくらいの…」になっています。「数」を答えている英文（え）が正解ですね。※ I'm not sure, but ...：確かではないが…、more than：…を超える **(訳：どれくらいの子供たちがそのグループにはいたのですか。— 確かではありませんが、20 人は超えていました)**

B（1点×26）

01. Just (let) me know (when) he comes back.

02. I'll (pick) (you) (up) anyway.

03. I'll (get) some coffee (for) (you).

04. I think I'm (getting) (better).

05. Do you (want) (me) (to) help you?

06. I (had) my hair (cut) short and permed.

07. (Could) you please (explain) it (to) me?

08. What (would) you (like) (to) do?

09. You (should) (make) him (get) up.

10. Thank you (for) (what) you have done.

01. let me know は「私に教える、知らせる」という意味でよく用いる let の慣用表現です。when 節は「時」を示す副詞節で、現在形で表現されています。**(訳：彼が戻ったら、ちょっと私に知らせて)**

02. pick up ...「…を車で迎えに行く」は目的語に代名詞を取る場合は必ず pick と up の間に入れます。pick ＋代名詞（O）＋ up。※［副詞］anyway：とにかく **(訳：とにかく私が車で迎えに行きます)**

03. get O for ...「…に O を買ってあげる、手に入れてあげる」。SVOO 文型の get O₁ O₂「O₁ に O₂ を買ってあげる、手に入れてあげる」を SVO 文型で言い換えたものですね。前置詞 for がポイントです。get は他にも「O₁ に O₂

をおごる」という意味でも用います。(訳：コーヒーをおごってあげるよ)

04. get well「(調子などが) 良くなる」の比較級 get better は「以前の状態よりも上向き」であるニュアンスですね。また現在進行形で示すことで「徐々に変化している」状態を表現しています。I think の後ろには接続詞 that「…ということ」が省略され I think (that) ...「…ということを思う」という意味になっています。(訳：調子が段々良くなってきていると思います)

05. Do you want me to Vg ... ? は Shall I ... ?「…しましょうか」という丁寧な提案表現になります。直訳は「私に…してほしいですか」ですね。me は不定詞の意味上の主語です。(訳：手伝いましょうか)

06. have O Vpp で「O を…してもらう、させる」という意味ですね。my hair was cut short and permed という意味上の受け身関係になっています。(cut は過去分詞) ※ [他動詞] perm：…にパーマをかける (訳：髪を短く切って、パーマをかけてもらいました)

07. Could you ... ?「…していただけませんか」は相手に丁寧な依頼をする表現ですね。また explain は「…を説明する」という他動詞ですが説明する相手を示すには前置詞 to が必要です。(訳：私にそれを説明していただけませんか)

08. What do you want to do?「何をしたいですか」の関連表現で丁寧に相手の要求を尋ねることができます。※ would like to Vg「…させていただきたい (と思う)」。(訳：何をなさりたいですか)

09. make O Vg「O に…させる」という使役表現で強制ニュアンスがあります。ここでの should は当然ニュアンスで「…すべきだ」という意味ですね。(訳：彼を起こすべきです)

10. Thank you for ...「…をありがとう」。前置詞 for の目的語として名詞節となる関係代名詞 what 節を用いた形です。what の中身を見ると他動詞 do の目的語が抜けていることから関係代名詞節と判断できます。他の関係代名詞は先行詞が必要ですが what は不要です。(訳：あなたがしてくれたことに感謝します)

C (4点×6)

Script

01. I used to live in Hokkaido.

02. You mustn't say anything about it.

03. Let's go out for a drink.

04. Will you have him talk?

05. It's very difficult to hate someone.

06. I don't know what I should say.

Answer

01. I (lived) (in) Hokkaido.

02. (Don't) (say) anything about it.

03. (Shall) (we) go out for a drink?

04. Will you (get) him to talk?

05. (Hating) someone (is) very difficult.

06. I don't know (what) (to) say.

01. 過去形で過去の習慣を示すことができます。used to Vg「以前は…したものだ」もまた過去の習慣を示すことができ、「現在と対比した過去の習慣」を明確に伝えることができます。([script の訳] 私は以前、北海道に住んでいました / [解答の訳] 私は北海道に住んでいました)

02. mustn't (＝ must not) で「…してはいけない」と禁止を表現しますので、「…するな、…してはいけません」という意味の否定の命令文 Don't Vg ... で言い換えることができます。([script の訳] それについて何も言ってはいけません / [解答の訳] それについて何も言わないで)

03. Let's Vg ... は話し手を含んで「一緒に…しましょう」という提案の表現ですから、Shall we ... ?「一緒に…しませんか」で言い換えることができますね。※ go out for a drink：飲みに出かける ([script の訳] 飲みに行きましょう / [解答の訳] 一緒に飲みに行きませんか)

04. have O Vg「O に…してもらう」は get O to Vg で言い換えることができます。Will you ... ?「…してくれませんか」はカジュアルに相手に依頼する表現です。フォーマルな場面には適しません。(訳：彼に話をさせませんか)

05. It is ~ to Vg「…することは~だ」構文ですが、不定詞部分を動名詞 Ving で言い換え、主語として文頭に用いるこ

とができます。この it は形式主語で意味はありません。**(訳：誰かを憎むことはとても難しいです)**

06. what I should Vg は what to Vg「何をすべきか」で言い換えることができます。「疑問詞＋不定詞」表現には should のニュアンスが含まれますので覚えておきましょう。**(訳：私は何を言うべきか分かりません)**

D (2点×3)

01. I was <u>discussing</u> this with my wife yesterday.
　⇒ I was（**talking**）（**about[over/of]**）this with my wife yesterday.

02. Black smoke was <u>going up</u> from the building.
　⇒ Black smoke was（**rising**）from the building.

03. He says I <u>resemble</u> my mother.
　⇒ He says I（**take**）（**after**）my mother.

01. 他動詞 discuss「…について議論する」は「自動詞＋前置詞」talk about[over/of] ...「…について話す」で言い換えることができます。専門的な内容になると on が好まれます。他動詞と自動詞の違いを意識しましょう。**(訳：私は昨日、妻とこれについて話をしていました)**

02. go up「上がる」は自動詞 rise で言い換え可能です。ここは過去進行形で過去の一時点に起こっていた出来事を表現したものですね。他動詞 raise「…を上げる」「…を育てる」と混同しないように注意しましょう。**(訳：黒煙がその建物から上っていました)**

03. 他動詞 resemble「…に似ている」は「自動詞＋前置詞」take after で言い換えることができます。ちなみにこれらの表現は進行形にはできませんので注意しましょう。他動詞 say「…と言う」の後ろには接続詞 that「…ということ」が省略されています。**(訳：彼は私が母と似ていると言います)**

E (4点×12)

01. He showed me a nice picture, and gave <u>it to me</u>（× me it）.

02. I got <u>to my office</u>（× my office）around 10 a.m. yesterday.

03. I found some nice jackets, and tried <u>them on</u>（× on them）.

04. I want <u>you to</u>（× to you）talk to me more.

05. She never answers <u>my calls</u>（× for my calls）.

06. The seminar will <u>be held</u>（× hold）next Saturday.

07. I'm going to leave <u>Canada</u>（× for Canada）tomorrow.

08. It would take <u>us a lot of time and effort</u>（× a lot of time and effort us）.

09. Someone's yelling, so I can't hear <u>you</u>（× to you）.

10. She <u>became</u>（× got）a famous actress in Japan.

11. He spends his free time <u>(in) playing</u>（× to play）jazz.

12. I didn't mention <u>it</u>（× about it）in my speech.

01. give O₁ O₂「O₁ に O₂ を与える」の O₂（物）に代名詞を用いることができません。そこで SVO 文型で言い換えて前置詞 to を用いると OK です。show も SVOO 文型となっています。show O₁ O₂「O₁ に O₂ を見せる」。

02. get は「着く」という意味では完全な自動詞ですから場所を示す名詞の前に前置詞 to が必要です。

03. 「他動詞＋副詞」フレーズ try on ...「…を試着する」ですが、目的語に代名詞を用いる場合は直接 try の後ろに置かなければなりませんでしたね。語順に要注意です。（○）try those jackets on ⇔ try on those jackets、（×）try on them、（○）try them on

04. 不定詞の意味上の主語は to の直前に置きます。want 人 to Vg「（人）に…してほしい（と思う）」

05. answer「…に答える」は他動詞用法で前置詞は不要です。※ [名詞] call：電話、呼び出し

06. hold は他動詞で「…を開催する」という意味です。開催されるものが主語になっている場合は受身表現 be Vpp になります。ここでは未来の予定や計画を示す助動詞 will を用いた形ですね。助動詞＋ be ＋ Vpp の語順です。

07. ここでの leave は「…を去る、出発する」という意味の他動詞なので、前置詞は不要です。自動詞用法の leave for ... は「…に向けて出発する」という意味になり、問題の文意に合わず不適切です。

08. take O₁ O₂「O₁ が O₂ を必要とする」。O₁ には「人」を置きますので語順が反対ですね。「お金」がかかるという場合は take を cost で言い換えれば OK です。※［名詞］effort：努力

09. hear「…が聞こえる」は完全な他動詞で前置詞は不要です。listen to ...「…を聴く」と区別しましょう。yell は自動詞で「叫ぶ」という意味ですね。

10. get は後ろに名詞が来る場合は他動詞「…を手に入れる」という意味になります。名詞を補語にして「…になる」と表現する場合は become を用いましょう。※［形容詞］famous：有名な、［名詞］actress：女優

11. spend O (in) Ving「O（時間）を…するのに使う（…して過ごす）」。この用法で不定詞は用いません。

12. mention は他動詞「…について言及する」で前置詞は不要です。

F（3点×5）

01. Things are (**going**) wrong.

02. It (**tastes**) like chicken, doesn't it?

03. It's going to (**stay**) hot for a while.

04. Can I (**call**) you Becky?

05. I want to learn more about your father's life. It (**seems**) very interesting to me.

01. go は「（悪い状態）になる」という意味で後ろに補語を取ります。ネガティブなニュアンスですので wrong「誤っている」に注目して判断します。※［名詞］thing：物、事、（複数形で）事情、事態 **（訳：状況は悪くなっています）**

02. taste like ＋名詞「…のような味がする」。文意を考えれば判断できます。コンマ（,）doesn't it?「…です（よ）ね」は確認、念押しの表現です。**（訳：それはチキンのような味がしますよね）**

03. stay ＋形容詞「…のままである」（＝ remain）。引き続き「暑い」状態が今後も続くことを be going to Vg と一緒に用いて表現しています。※ for a while：しばらくの間 **（訳：しばらく暑い状況が続くでしょう）**

04. call OC「O を C と呼ぶ」。O ＝ C、つまり you are Becky の意味上の関係になっています。**（訳：あなたをベッキーと呼んでもいいですか）**

05. seem C to ...「…にとって C のようだ（に思える）」（＝ appear）。見た目の印象が強い場合は look になります。more は「もっと」という意味で learn を修飾しています。**（訳：あなたのお父さんの人生についてもっと知りたいです。私にはとても面白く思えます）**

G（4点×4）

01. (a) I heard him.　(b) He was whispering to his girlfriend.
　I (**heard**) him (**whispering**) to his girlfriend.

02. (a) I lost my passport.　(b) I still don't have it.
　I (**have**) (**lost**) my passport.

03. (a) I replied to you.　(b) I remember it now.
　I (**remember**) (**replying**) to you.

04. (a) Who is that woman?　(b) She is waiting for someone.
　Who is that woman (**waiting**) (**for**) someone?

01. hear O Ving「O が…しているのが聞こえる」。行為・動作の一部だけを聞いたというニュアンスで、一部始終を耳にしたという場合は現在分詞の代わりに動詞の原形（原形不定詞）を用います。訳：(a)（私は彼の声が聞こえました）(b)（彼はガールフレンドにささやいていました）（私は彼がガールフレンドにささやいているのが聞こえました）

02. 過去のある時点から、現在もその状況が継続していることを表現する現在完了形 have Vpp です。訳：(a)（私はパスポートをなくしました）(b)（私はそれをまだ持っていません）（私はパスポートをなくしてしまいました）

03. remember Ving「…したことを覚えている」。過去に行った出来事を覚えていることを表現する動名詞です。訳：(a)（私はあなたに返事をしました）(b)（私は今もそれを覚えています）（私はあなたに返事をしたことを覚えています）

04. 名詞＋現在分詞のカタマリ（ここでは waiting for someone）で「…している（名詞）」。現在分詞を用いた語句は

H（5点×7）

01. Her father（ encouraged her to apply for ）the position.

02.（ Leave him alone ）, please.

03. He（ found it easy to get people to open ）up to him.

04.（ I saw him pull over at ）the side of the road.

05. You（ have to take the work more seriously ）.

06. Please call（ us if you have any questions ）.

07. Would you tell（ us what you think about ）our library?

01. encourage O to Vg「O に…するように励ます」。her が不定詞の意味上の主語になっています。不定詞の後ろは動詞の原形ですから applying は NG ですね。※ apply for ...：…に申し込む **（訳：彼女の父親は彼女にその職に応募するように励ましました）**

02. leave OC（形容詞）「O を C のままにしておく」。keep と言い換えることができますが、leave には放置ニュアンスがあります。**（訳：彼を一人のままにしてやってください）**

03. find it 〜 to Vg「…することは〜であると分かる、気付く」。この不定詞に get O to Vg「O に…してもらう」という表現を用いた形ですね。※ open up to ...：…に心を開く **（訳：彼は、人々に彼に心を開いてもらうのは簡単だと気づきました）**

04. see O Vg「O が…するのを見る」。不定詞の to は受け身の場合に必要になります。cf. He was seen to pull over.（彼は車を脇に寄せるのを見られました）※ pull over：車を道の片側に寄せる **（訳：私は彼が道路の脇に車を寄せるのを見ました）**

05. この take は他動詞で「（仕事など）を引き受ける」「（責任など）を負う」という意味があります。「もっと真剣に」というニュアンスで副詞 seriously を比較級にしたものですが、比較対象を示す語句がありませんので than は不要です。**（訳：あなたはもっと真剣にその仕事を引き受けなければなりません）**

06. 時や条件を示す副詞節の中では現在時制で表現するため will have は不適切です。この文の接続詞 if は「もし…であれば」と条件を示す副詞節です。**（訳：もし何か質問があれば、私たちにお電話ください）**

07. tell O₁ O₂「O₁ に O₂ を話す」。この O₂ に関係代名詞 what 節を用いたものです。think O about ...「…について O を思う」の O が what に変化しています。what you think about ... で「あなたが…について思うこと」という意味になっています。Would you ...?「…していただけませんか」はとても丁寧に相手に依頼する表現ですね。**（訳：私たちの図書館について、あなたが思うことを私たちに話していただけませんか）**

Proficiency Test 自己評価チェック

Grade A Excellent
180 - 200 points

素晴らしい！余裕の合格です。このテストではすべてのポイントを網羅しているわけではありませんが、必須スキルは確実に養われていると言えます。今後は、実際に英語で話す場面に積極的に参加し、スキルに磨きをかけてください。

Grade B Good
160 - 179 points

文句なしの合格です。まだ少し苦手とするポイントがあるようですが、それを補えるだけの知識が十分にあります。今回ミスした原因分析を怠らず、必要に応じてしっかりと時間をかけて復習してください。本書の完全制覇まであと一歩！

Grade C Passed
130 - 159 points

まずは合格。ただし、まだ「話せる」レベルに達しているとは言えず、不安材料をポツポツ抱えているようです。ここで満足せず、間違えた問題の分析と関連する Unit の復習にしっかりと時間をかけ、上のレベルを目指しましょう。

Grade D Behind
100 - 129 points

残念、不合格です。時間はかかりますが全体的な見直しが必要です。まずはすべての演習に再挑戦し、間違えた問題のポイントを徹底的に覚えてください。その上で、もう1度修了テストに挑戦しましょう。まずは合格レベル必達です。

Grade E Low
- 99 points

再スタートを切りましょう。残念ながら本書で挙げたポイントをほとんど理解できていない、あるいは動詞の語法を覚えきれていない状態です。ここで諦めてこれまでの努力と時間を無駄にしないように、今すぐ2周目に入りましょう。